Fritz Bulla

Digitalgrafik

Informatik · Kybernetik · Rechentechnik

Herausgegeben von der Akademie der Wissenschaften der DDR
Zentralinstitut für Kybernetik und Informationsprozesse

Band 14

Digitalgrafik

von Fritz Bulla

Digitalgrafik

Zugang zur rechnergestützten geometrischen Modellierung

von Fritz Bulla

Mit 86 Abbildungen

Akademie-Verlag Berlin 1987

Verfasser: Dr.-Ing. Fritz Bulla
Technische Universität Dresden

ISBN 3-05-500038-2
ISSN 0232-1351

Erschienen im Akademie-Verlag Berlin, DDR-1086 Berlin, Leipziger Straße 3—4

Lizenznummer: 202 · 100/405/86
Printed in the German Democratic Republic
Gesamtherstellung: VEB Druckhaus „Maxim Gorki", 7400 Altenburg
Lektor: Dipl.-Phys. Gisela Lagowitz
LSV 1085
Bestellnummer: 763 590 0 (6960)
04500

Vorwort

Digitale Rechenanlagen sind in allen Bereichen der Gesellschaft zu einem unentbehrlichen Instrument und Rationalisierungsmittel geworden. Ihre Anwendungsbreite stieg durch die umwälzenden Entwicklungen der Mikroelektronik weiter sprunghaft an. Das grundlegende Arbeitsprinzip digitaler Rechenanlagen, das auf der Speicherung und Verarbeitung binärer Zahlen durch binäre physikalische Zustände in Zellen von Speichermedien und elektronischen Schaltungen beruht, führte in erster Linie zur Abbildung und Verarbeitung von Zahlen und Zeichen und damit verbunden zur Ein- und Ausgabe alphanumerischen Textes. Der Einsatz digitaler Rechenanlagen im wissenschaftlich-technischen Bereich erforderte in zunehmendem Maße die rechnerinterne Abbildung und Verarbeitung geometrischer Sachverhalte, die automatische Erzeugung der Ergebnisse in Form von grafischen Darstellungen und Zeichnungen, die Eingabe geometrischer Informationen und die Einflußnahme auf die Arbeit des Rechners über grafische Terminals, verbunden mit der zweidimensionalen Darstellung.
So entwickelte sich eine grafische Kommunikationstechnik mit umfangreicher Softwareunterstützung und damit das Arbeitsgebiet Digitalgrafik bzw. grafische Datenverarbeitung. Der Schwerpunkt der Entwicklung lag dabei vor allem bei der Ein- und Ausgabe grafischer Informationen und deren rechnerinterner Darstellung und Verarbeitung. In erster Linie ging es demzufolge neben den Ein- und Ausgabeprozessen um die Speicherung, Übertragung und Verarbeitung zweidimensionaler Bildinformationen. Unausbleiblich wurden aber auch die eigentlichen zwei- und dreidimensionalen geometrischen Objekte im engen Zusammenhang mit den Modellen der zugehörigen wissenschaftlichen und technischen Objekte rechnerintern abgebildet und verarbeitet.
Die rechentechnische Verarbeitung der Geometrie einerseits und der Grafik, d. h. der Bildinformation, andererseits werden nach Ansicht des Autors noch unzweckmäßig voneinander getrennt. In dem vorliegenden Buch wird deshalb allgemein von der rechentechnischen Verarbeitung des geometrischen Modells ausgegangen, unabhängig von seiner im Bearbeitungszustand augenblicklich gegebenen Darstellungsform. Die Digitalgrafik wird deshalb im unmittelbaren Zusammenhang mit der rechnergestützten geometrischen Modellierung und als deren integrierter Bestandteil betrachtet. Die Digitalgrafik hat dabei die spezifische Aufgabe, die Transformation zwischen den internen Darstellungsformen des geometrischen Modells im Rechner und den sichtbaren lesbaren Darstellungsformen dieses geometrischen Modells außerhalb des Rechners zum Zwecke der grafischen Mensch-Maschine-Kommunikation zu übernehmen. Die erste grundsätzliche Aussage des vorliegenden Buches besteht also darin, die rechner-

gestützte geometrische Modellierung, einschließlich der grafischen Mensch-Maschine-Kommunikation als geschlossenes Aufgabengebiet zu betrachten.
Die Lösung der zugeordneten erforderlichen Aufgaben verlangt eine umfangreiche Softwareentwicklung, die wiederum moderne Entwurfsmethoden voraussetzt. Die moderne Softwaretechnologie sieht in der klaren und eindeutigen Verständigung der Softwareingenieure über Algorithmen und Objektbeschreibungen eine erstrangige Aufgabe, die noch vor der Implementierung und der damit verbundenen sprachlichen Formulierung für den Rechner rangiert. Eine zweite grundsätzliche Aussage des vorliegenden Buches soll auf die Notwendigkeit von Entwurfssprachen für die Beschreibung geometrischer Objekte und geometrischer Operationen aufmerksam machen. Dazu werden geeignete Lösungsvorschläge unterbreitet. Sie sollen helfen, die Lücke, die bezüglich der formalisierten Beschreibung geometrischer Sachverhalte besteht, zu schließen.
Selbstverständlich nimmt die Programmierung grafischer Ein- und Ausgabegeräte entsprechend ihrer derzeitigen Bedeutung einen breiten Raum ein. Das Buch zielt darauf ab, dem Leser die Zusammenhänge zwischen den einzelnen Programmelementen und der bei ihrer Abarbeitung entstehenden Steuer- und Bildprozessorprogramme für Zeichenautomaten und grafische Bildschirmgeräte verständlich zu machen. Dadurch soll er in die Lage versetzt werden, von den konkret gewählten geräte- und programmtechnischen Lösungen zu abstrahieren und prinzipielle Zusammenhänge zu erkennen. Die dritte grundsätzliche Aussage des Buches will demnach diese prinzipiellen Zusammenhänge deutlich machen, die zwischen der Programmierung grafischer Ein- und Ausgabegeräte und den durch die Programme bei ihrer Abarbeitung erzeugten internen Abbildungen der geometrischen Objekte bestehen, die über die grafischen Ausgabegeräte sichtbar gemacht bzw. über die grafischen Eingabegeräte beeinflußt werden.
Die vierte grundsätzliche Aussage des Buches besagt: Für die Softwareentwicklung der geometrischen Modellierung müssen sogenannte Kerne bereitgestellt werden, die sowohl anwendungs- als auch geräteunabhängig sind und zu Zwecken der Austauschbarkeit der Software über definierte standardisierte Schnittstellen verfügen.
Sollen die Rechentechnik und die Technik der grafischen Mensch-Maschine-Kommunikation für die auf unterschiedlichen Fachgebieten tätigen Anwender der rechnergestützten geometrischen Modellierung ein wirkliches Hilfsmittel sein, so muß ihre Nutzung unkompliziert und frei von Forderungen nach Spezial- und Detailkenntnissen der Informatik sein. Die fünfte grundsätzliche Aussage zielt auf Lösungen in der Systementwicklung, die dem fachbezogenen Nutzer den einfachen Zugriff auf vorgefertigte Funktionsbausteine und einfache Möglichkeiten der Editierung grafischer und geometrischer Strukturen bei der geometrischen Modellierung erlauben.
Bei der Systementwicklung der rechnergestützten geometrischen Modellierung müssen Lösungen entstehen, auf die sowohl spezielle Anwenderlösungen gleichermaßen Bezug nehmen können, die aber auch die Implementierung für die unterschiedlichen Basisanlagen auf gleicher Grundlage erlauben. Als sechste grundsätzliche Aussage wurde deshalb hervorgehoben, welche außerordentliche Bedeutung die Anwendung der Dreischichtenarchitektur und die Bereitstellung konzeptueller Informationsmodelle auch für die Systementwicklung der rechnergestützten geometrischen Modellierung hat. Es wurde der Begriff konzeptuelle geometrische Modellierung gewählt, der von der Tatsache ausgeht, daß allgemeine Aufgaben der Geometrie unabhängig von ihrer konkreten Anwendung und unabhängig von ihrer rechnerinternen Bearbeitung über eine abstrakte

Darstellung der Objekte und Operationen auf einer sogenannten konzeptuellen Ebene beschreibbar sind. Die konzeptuelle geometrische Modellierung soll die grundlegende Basis für die schnelle Entwicklung spezieller Anwendungslösungen und ihrer Implementierung für eine beliebige konkrete Rechen- und Gerätetechnik und die zugehörigen Betriebssysteme liefern.

Im vorliegenden Buch wird nur eine repräsentative Auswahl von Anwendungsbeispielen der rechnergestützten geometrischen Modellierung genannt. Dabei soll in einer siebenten grundsätzlichen Aussage deutlich gemacht werden, daß bei der Anwendungsvielfalt die Lösung einer jeden speziellen Anwendungsaufgabe auf die Lösung der gleichen prinzipiellen Aufgaben der rechnergestützten geometrischen Modellierung zurückgeführt werden kann. Das Buch wendet sich an einen Leserkreis, der auf dem Gebiet der Informatik tätig ist bzw. diese Fachrichtung studiert und sich den Fragen der Digitalgrafik und rechnerinternen geometrischen Modellierung vertieft widmen möchte. Es soll aber auch die Leser ansprechen und ihnen Unterstützung geben, die sich von einem speziellen Anwendungsgebiet her mit den Aufgaben der Informatik bei der rechnergestützten geometrischen Modellierung vertraut machen möchten.

Mit dem vorliegenden Buch soll ein Beitrag zu einem Arbeitsgebiet geleistet werden, das bei den gegenwärtig außerordentlich wichtigen Aufgaben der rechnergestützten Ingenieurarbeit, der rechnergestützten Konstruktion, Fertigungsvorbereitung und Fertigung, bekannt unter den internationalen Begriffen CAE und CAD/CAM, eine zentrale Stellung einnimmt.

Die Grundlagen zu diesem Buch entstanden durch die bei meiner Tätigkeit auf diesem Gebiet am Vereinigten Institut für Kernforschung in Dubna und an der Sektion Informationsverarbeitung der Technischen Universität Dresden in Forschung und Lehre gesammelten Erfahrungen. Dem Akademie-Verlag Berlin, insbesondere der Lektorin, Frau Dipl.-Phys. G. Lagowitz, möchte ich für die Förderung dieses Buchvorhabens herzlichst danken. Durch ihre wertvollen Hinweise und Ratschläge sowie ihr Verständnis und ihre Unterstützung bei der Überwindung auftretender Terminschwierigkeiten war es mir letztendlich möglich, das Vorhaben trotz vieler anderer wichtiger Aufgaben zu realisieren.

Dresden, August 1985 Fritz Bulla

Inhaltsverzeichnis

Einleitung

Der zunehmende Einsatz der Rechentechnik in der Ingenieurarbeit, vor allem in Konstruktion, Technologie und Fertigungsvorbereitung, aber auch in vielen anderen wissenschaftlich-technischen Disziplinen, brachte es mit sich, daß auch geometrische Aspekte der Modellierung wissenschaftlich-technischer Probleme der rechentechnischen Bearbeitung unterzogen wurden. Dabei wurden besonders die Aufgaben hervorgehoben, die mit der Ein- und Ausgabe geometrischer Informationen und mit deren unmittelbarer rechnerinternen Verarbeitung für diese Prozesse zusammenhängen, während die Lösung umfassender und darüber hinausgehender geometrischer Aufgaben nicht von der Lösung anderer wissenschaftlich-technischer Aufgaben unterschieden wurde. Es entstand das spezielle Arbeitsgebiet Grafische Datenverarbeitung, das im Englischen mit dem Begriff computer graphics bezeichnet wird und im Russischen durch die Begriffe grafičeskaja obrabotka dannych bzw. mašinnaja grafika ausgedrückt wird. In der DDR entstanden in den siebziger Jahren die Begriffe Digitalgrafik (Wilhelm-Pieck-Universität Rostock) und Digitalgeometrie (Technische Universität Dresden).
Sie bringen zum Ausdruck, daß die Ein- und Ausgabe grafischer Informationen und die Lösung von Aufgaben der Geometrie besonders im Hinblick auf den Einsatz digitaler Rechenanlagen und die damit zusammenhängenden Aufbereitungsprozesse zu sehen sind.
Unter dem Begriff Digitalgrafik werden vorwiegend die Aufgaben der Ein- und Ausgabe sowie Verarbeitung, Transformation und Speicherung grafischer Informationen eingeordnet, d. h. derjenigen Informationen, die in der letztendlich sichtbaren grafischen Darstellung der Geometrie von Objekten ihren Bezug haben.
Dem Begriff Digitalgeometrie werden vorwiegend die Aufgaben zugeordnet, die mit der rechnergestützten Lösung von Aufgaben der Geometrie, einschließlich der Ein- und Ausgabe, sowie Übertragung und Speicherung geometrischer Informationen verbunden sind.
Beide den Begriffen Digitalgrafik/Digitalgeometrie zugeordneten Aufgabengebiete sind nicht klar voneinander abzugrenzen. Die Praxis erfordert allzuoft, diese Aufgaben in ihrem unmittelbarem Zusammenhang zu behandeln.
Den folgenden Abhandlungen liegt deshalb das Bestreben zugrunde, als integrierendes Aufgabengebiet die rechnergestützte geometrische Modellierung in den Mittelpunkt der Betrachtungen zu stellen und die Umwandlung der Modelldarstellungen vom sichtbaren geometrischen Abbild zum rechnerinternen Abbild des geometrischen Modells und umgekehrt mit einzubeziehen. In Fachkreisen wird zwischen den Begriffen Digitalgrafik und Digitalgeometrie unterschieden, obwohl es bezüglich der Begriffsinhalte

eine Reihe von Überdeckungen gibt. Auch im englischen und russischen Sprachgebrauch unterscheidet man zwischen computergraphics bzw. mašinnaja grafika auf der einen Seite und computer geometry bzw. mašinnaja geometrija auf der anderen Seite.
Diesem Sachverhalt Rechnung tragend, wird im folgenden häufig der Doppelbegriff Digitalgrafik/Digitalgeometrie benutzt, um die enge, vielfach schwer zu trennende Verknüpfung beider Arbeitsgebiete zum Ausdruck zu bringen.
Die Digitalgrafik/Digitalgeometrie ist demzufolge ein Arbeitsgebiet der Informatik, das sich mit der internen Abbildung und Manipulierung von geometrischen Modellen auf digitalen Rechenanlagen und mit der Umwandlung externer sichtbarer Abbildungen des geometrischen Modells in rechnerinterne Abbildungen mit Hilfe entsprechender peripherer (grafischer) Geräte und umgekehrt befaßt und alle damit zusammenhängenden mathematischen, programmierungstechnischen und sprachlichen Probleme zum Inhalt hat. Mit anderen Worten: Die Digitalgrafik/Digitalgeometrie befaßt sich mit Problemen der Verarbeitung von Informationen über geometrische Modelle in digitalen elektronischen Rechenanlagen und der Ein- und Ausgabe dieser Informationen über ihre Peripherie.
Die Digitalgrafik/Digitalgeometrie hat sich bereits in vielen Anwendungsgebieten durchgesetzt und ist dort nicht mehr wegzudenken. In der geistig-schöpferischen Tätigkeit des Menschen ist die bildhafte, anschauliche Darstellung beliebiger Sachverhalte, die Abbildung zu untersuchender und zu entwickelnder Strukturen in geometrischen Modellen eine der bedeutendsten und häufigsten Darstellungsmethoden. Der geistig-schöpferische Prozeß, insbesondere auch in Forschung und Entwicklung, d. h. in der Tätigkeit des Wissenschaftlers und Ingenieurs, wird vorwiegend in Verbindung mit der Manipulation geometrischer Modelle vollzogen.
Gegenstand der Digitalgrafik/Digitalgeometrie sind das geometrische Modell und die Operationen seiner zielgerichteten Manipulierung unter dem Aspekt einer rechnerinternen digitalen Abbildung. Die Digitalgrafik/Digitalgeometrie stellt Theorien, Methoden, Verfahren und Hilfsmittel zum optimalen Einsatz der Rechentechnik für die Lösung jener Probleme bereit, bei denen sich der Mensch des geometrischen Modells im geistig-schöpferischen Prozeß bedient, und trägt damit zur Rationalisierung dieser Prozesse durch ihre weitestgehende Automatisierung bei.
Die Digitalgrafik/Digitalgeometrie als untrennbarer Bestandteil der Informatik stützt sich im allgemeinen auf die gleichen Theorien, Methoden, Verfahren und Hilfsmittel wie die Informatik selbst. Besonderheiten ergeben sich aus ihrem spezifischen Gegenstand, dem geometrischen Modell, und vor allem in bezug auf die technische Realisierung der Mensch—Maschine-Kommunikation und die spezifischen Strukturen der rechnerinternen Abbildung geometrischer Sachverhalte einschließlich der internen Manipulation dieser Strukturen.

1. Das geometrische Modell

In vielen Wissenschaftszweigen verläuft der schöpferische Prozeß unter Nutzung geometrischer Modelle. Viele wissenschaftlich-technische Aufgaben haben den Charakter geometrischer Konstruktionsaufgaben, bzw. ihre Ergebnisse und Zwischenergebnisse können geometrisch veranschaulicht werden.

Ein Modell dient dem Bearbeiter oder Bearbeiterkollektiv durch seine Struktur-, Funktions- und/oder Verhaltensanalogie zu einem bereits existierenden oder zu schaffenden realen Objekt zum Erkenntnisgewinn über dieses Objekt. Von der Beschaffenheit der Modelle hängt in nicht unwesentlichem Maße die Effektivität der geistig-schöpferischen Arbeit ab. Das geometrische Modell kommt dem räumlichen Orientierungsvermögen des Menschen außerordentlich entgegen und vermittelt die Eigenschaften eines realen Objektes in sehr anschaulicher Art und Weise. Es ist universell in nahezu allen Fachgebieten einsetzbar. Seine externe Darstellungsform ist ein zweckmäßiger Informationsspeicher, läßt große Informationsdichten zu und gestattet einen schnellen Zugriff zu allen Informationen und ihren logischen Verbindungen, d. h., in ihr enthaltene Informationen sind für den Menschen leicht lesbar.

Nach Klaus [1] existiert im Erkenntnisprozeß bzw. im geistig-schöpferischen Prozeß eine dreistellige Relation zwischen dem aktiv handelnden Menschen, dem Objekt als Gegenstand der Betrachtung und dem Objekt-Modell. Diese dreistellige Relation gilt auch für die Tätigkeit eines Forschungs- und Entwicklungskollektivs einschließlich der Prozesse der Konstruktion und Fertigungsvorbereitung. Im Forschungs- und Entwicklungskollektiv wirkt schöpferisch der Mensch, der über ein gedankliches Modell von der objektiven Realität und ihren geplanten Veränderungen, über konkrete Zielstellungen sowie persönliche Erfahrungen, Fähigkeiten, Fertigkeiten und Kenntnisse verfügt. Das Modell muß in einer externen Form, d. h. sichtbar und lesbar, vorliegen, da nur so im Forschungs- und Entwicklungskollektiv die Kommunikation über das Modell möglich ist. Es wird über Abstraktion, Modellierungsverfahren und Manipulation gewonnen und durch Interpretation, Konkretisierung, Realisierung und Prüfverfahren auf logische Richtigkeit und praktische Brauchbarkeit überprüft und durchläuft viele Modellzustände, bis es eine hinreichend genaue Abbildung der Wirklichkeit darstellt. Dieser Zustand ist in der Regel erst während des Einsatzes eines zu entwickelnden technischen Objektes erreicht. Ein Modell besteht aus Teilmodellen und, abhängig vom Aspekt der Betrachtung und des Abbildungsmodus, aus Abstraktionsstufen bzw. Modellierungsschichten oder -ebenen. Eine solche Abstraktionsstufe ist das geometrische Modell.

Definition für das Modell

Ein Modell ist „die Abbildung komplizierter Strukturen, Funktionen oder Verhaltensweisen eines Objektes oder Systems von Objekten in vereinfachter, nur auf die wesentlichen Eigenschaften beschränkter, übersichtlicher Form" [2].

Definition für das geometrische Modell (GM)

Ein geometrisches Modell ist die Abbildung komplizierter Strukturen, Funktionen oder Verhaltensweisen eines Objektes oder Systems von Objekten durch Punkte sowie geordnete Punktmengen und deren räumliche Zuordnung im euklidischen Raum.
Geometrische Modelle sind universell einsetzbar. Das erklärt sich daraus, daß die genannten geometrischen Elemente und ihre Zuordnungen im Raum beliebigen Elementen und Relationen analog sein können und damit vielfältige Aspekte realer Objekte widerspiegeln können.

1.1. Die formale Beschreibung des geometrischen Modells

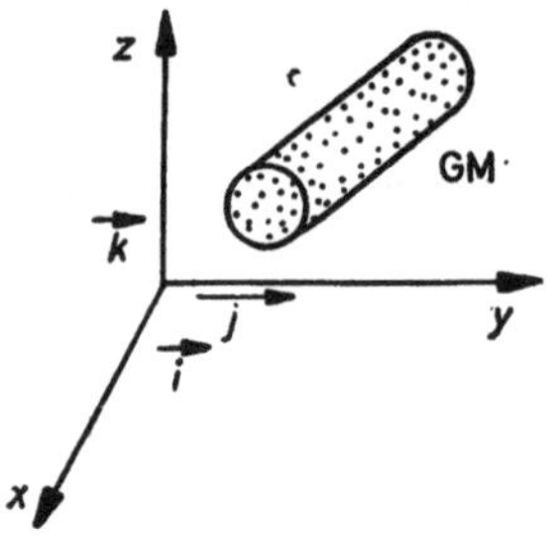

Abb. 1.1. Geometrisches Modell

Der geometrische Raum (GR)

$$\mathrm{GR} = \{\mathrm{P}_i \mid i \in \mathrm{R} \wedge i > 0\} \quad (1)$$

$$\text{mit} \quad \mathrm{P}_i = x_i\vec{i} + y_i\vec{j} + z_i\vec{k}$$

$$\text{oder} \quad \mathrm{P}_i = (x_i, y_i, z_i) \in \mathrm{R}^3, \quad \mathrm{R} = \text{Menge aller reellen Zahlen.}$$

Der geometrische Raum ist eine unendliche nicht-abzählbare (oder überabzählbare) Punktmenge, wobei jeder Punkt durch einen Ortsvektor definiert ist. Jedes Vektortripel ist Element des dreifachen Kreuzproduktes der Menge aller reellen Zahlen R.

Das geometrische Modell (GM)

$$\mathrm{GM} \subset \mathrm{GR}; \quad (2)$$

$$\mathrm{GM} = \{\mathrm{P}_i \mid (\mathrm{P}_i)\ \mathrm{q}\},$$

$$\text{wobei} \quad \mathrm{q} \leftrightarrow \mathrm{A}\ \sigma\ 0$$

$$\text{mit} \quad \mathrm{A} = f(x, y, z,) \quad \text{und} \quad \sigma \in \{=, <, \leqq, \geqq, >, \neq\}.$$

Das geometrische Modell wird als echte Teilmenge im geometrischen Raum erklärt. Es ist die Menge aller Punkte P_i, die die Eigenschaft q besitzen. Die Eigenschaft q wird durch die Relation eines arithmetischen Ausdruckes zu Null bestimmt, der von der Funktion $f(x, y, z)$ abhängt.

1.2. Technologie der geometrischen Modellierung

Die Erzeugung geometrischer Modelle geht erfahrungsgemäß intuitiv vor sich. Trotzdem lassen sich dafür Regeln formulieren:

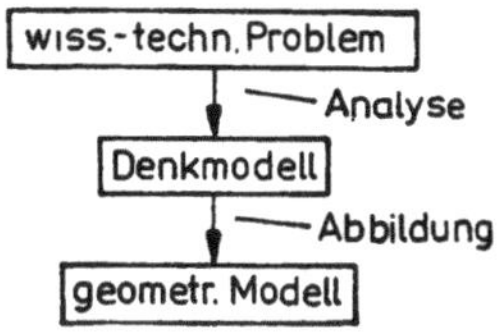

Abb. 1.2. Geometrische Modellierung

1. Nach der Analyse eines wissenschaftlich-technischen Problems liegt ein Denkmodell im Endresultat extern fixiert vor, das sowohl Elemente in verbaler Formulierung als auch in mathematischer Formulierung, in bildhaften Skizzen, in Tabellenform oder mit anderen Hilfsmitteln beschrieben besitzen kann.
2. Die Elemente und Relationen dieses Denkmodells werden nunmehr – allgemein ausgedrückt – Punkten sowie geordneten Punktmengen im euklidischen Raum zugeordnet. Mit anderen Worten: Im euklidischen Raum sind geometrische Elemente und Relationen zu definieren, die eine eindeutige Abbildung des Denkmodells auf eine dafür aufgebaute geometrische Struktur ermöglichen.

1.3. Beispiele geometrischer Modelle

Das Diagramm

Den Werten der abhängigen und unabhängigen Variablen einer Funktion werden geometrische Koordinaten zugeordnet.

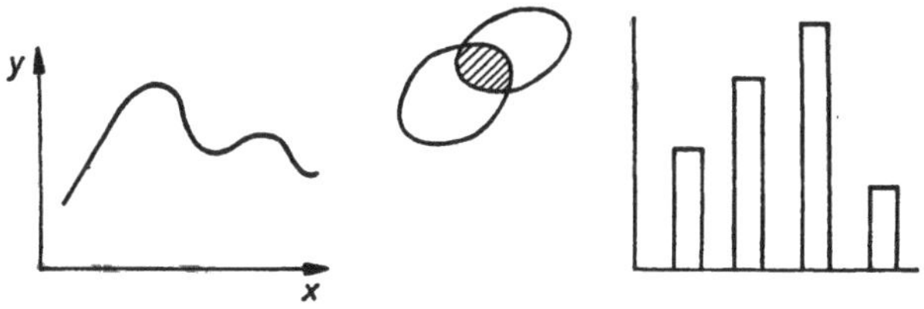

Abb. 1.3. Diagramme

Das geometrische Modell des Graphen

Beliebige Elemente werden als Punkte, Kreise oder andere geometrische Elemente im geometrischen Raum und ihre Relationen als Verbindungslinien abgebildet.

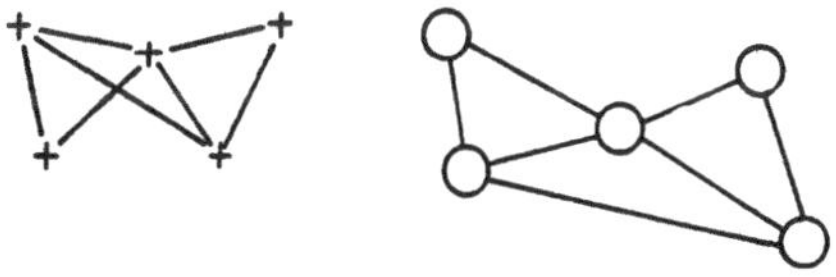

Abb. 1.4. Geometrisches Modell des Graphen

Das Funktionsschaltbild

Funktionselemente (Funktionsbausteine) werden als symbolische Gebilde dargestellt, ihre logischen Verknüpfungen als Linienzüge. Dazu gehören u. a. Blockschaltbilder, Programm- und Datenflußpläne, Netzpläne, elektrische Schaltpläne.

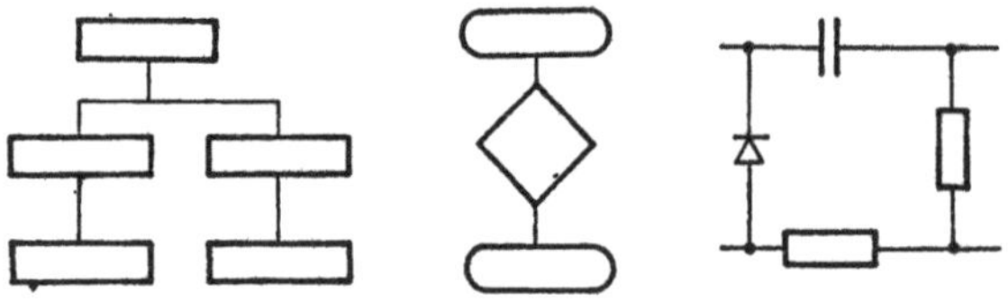

Abb. 1.5. Funktionsschaltbild

Die Prinzipskizze

Physikalische Wirkungen an Objekten mit geometrischen Ausdehnungen werden durch Symbole, Kurven und eine vereinfachte geometrische Struktur des Objektes dargestellt.

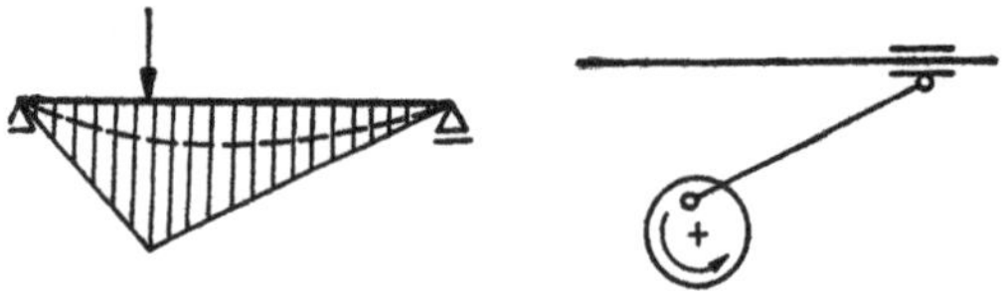

Abb. 1.6. Prinzipskizze

Die Konstruktionszeichnung

Die geometrischen Umrisse eines Körpers werden maßstabsgerecht dargestellt.

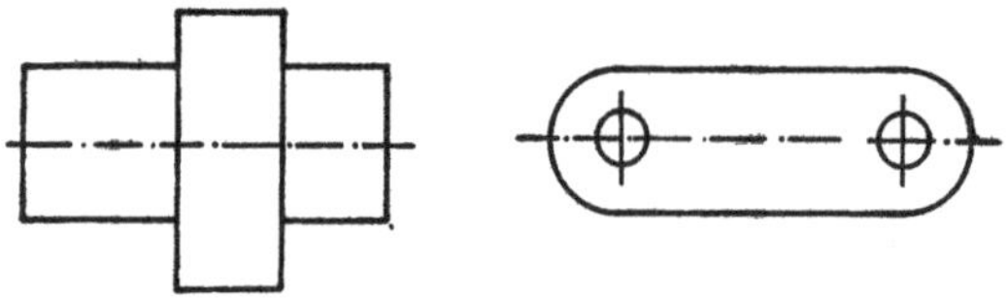

Abb. 1.7. Konstruktionszeichnung

2. Die formalisierte Beschreibung geometrischer Strukturen

Die Digitalgeometrie — die interne Abbildung und Manipulierung geometrischer Modelle auf digitalen Rechenanlagen — stellt bestimmte sprachliche Anforderungen an die Beschreibung geometrischer Strukturen [89], [111]:

- Es ist eine formalisierte Beschreibung geometrischer Strukturen (Objekte und Operationen) zur Analyse und Synthese digitalgeometrischer Systeme notwendig, d. h. eine Entwurfssprache für die konzeptuelle Ebene[1].
- Zum anderen muß eine formalisierte Beschreibung geometrischer Strukturen existieren, die bestimmten Anwendergruppen die Nutzung digitalgeometrischer Systeme ermöglicht, d. h. eine geometrieorientierte Fachsprache der externen Ebene[1].
- Schließlich werden Sprachen zur Implementierung digitalgeometrischer Systeme gebraucht, d. h. digitalgeometrische Programmiersprachen der internen Ebene[1] [119], [120].

Mit der ersteren Art der Beschreibung wollen wir uns in diesem Kapitel näher befassen.

2.1. Anforderungen an eine Entwurfssprache der Digitalgeometrie [94], [136]

Folgende Forderungen werden gestellt:

- Die Entwurfsprache muß ermöglichen, digitalgeometrische Systeme unabhängig von der Implementierung zu analysieren bzw. zu projektieren und konstruieren.
- Die Darstellung muß ingenieurmäßig abstrakt sein, d. h. nur so abstrakt, wie für die praktische Zielstellung der Systemanalyse und -synthese notwendig ist.
- Sie muß auf einer bekannten mathematischen Symbolik aufbauen und eine Ergänzung zu dieser darstellen.
- Sie muß möglichst wenig neue Grundsymbole enthalten, die leicht, ggf. auch maschinell, darzustellen und einprägsam sind.
- Ihre Grammatik muß in etwa der Grammatik entsprechen, die aus der Formel-

[1] Die genannten Begriffe werden im Sinne der Datenbanktechnologie gebraucht.
konzeptuelle Ebene: anwendungs- und implementierungsunabhängige Beschreibung
externe Ebene: anwendungsbezogene Beschreibung
interne Ebene: implementierungsbezogene Beschreibung.

sprache der Mathematik und formalen Logik bekannt ist. Sie muß eindeutig und widerspruchsfrei sein.

- Sie muß die Darstellung von geometrischen Objekten (Bildelementen, Gebilden) und geometrischen Operationen (Algorithmen) einschließlich aller erforderlicher Hilfsoperationen (z. B. für interaktive Arbeit) in einer übersichtlichen und mnemonisch günstigen Art und Weise ermöglichen.
- Sie muß eine günstige Ausgangsbasis für eine konkrete Implementierung sein.
- Mit ihr müssen die geometrischen Objekte sowohl statisch, unabhängig von der Bilderzeugung, als auch dynamisch als Erzeugungsalgorithmus ausgabeorientiert, aber geräteunabhängig darstellbar sein.

2.2. Klassen geometrischer Objekte

Unter dem Aspekt der formalisierten Beschreibung, insbesondere der mathematischen Beschreibung und der rechnerinternen Abbildung, werden drei Klassen oder Arten geometrischer Objekte unterschieden [3], [18] (s. Abb. 2.1).

Abb. 2.1. Klassen geometrischer Objekte.
a) Graphen: Punkte, Polygone, (Teil-)Graphen;
b) Flecken: COONs-Flecken, (Teil-)Flecken;
c) Körper: Ebenen, Flächen 2. Ordnung, (Teil-)Körper

Graphen[1] sind alle ebenen und räumlichen geometrischen Objekte, die aus Punkten und deren linienhaften Verbindungen bestehen. Flecken sind die Abbildungen skulpturartiger Flächen durch regelmäßige, orthogonale Netzgitter, die durch Stützpunkte und je zwei zugehörige Tangentialvektoren bestimmt werden. Körper sind alle räumlichen geometrischen Objekte, die durch Ebenen und Flächen (in der Regel 2. Ordnung) begrenzt werden.

2.3. Hierarchie geometrischer Objekte

2.3.1. Geometrisches Modell (GM) — Bild (B) — Bildelement (BE)

Die für die geometrische Modellierung eines technischen Objektes übliche Aufteilung in Zeichnungssatz, Zeichnung und Darstellungselement soll durch die analoge Gliederung GM — B — BE verallgemeinert werden.

Bild (B): Unter einem Bild soll der in eine zusammenhängende Betrachtung einbezogene Teil oder die Schicht (auch Ebene) eines geometrischen Modells verstanden werden.

[1] auch als Kanten-, Drahtgitter- oder Glaskörpermodell bezeichnet

Das schließt also auch räumliche geometrische Objekte und deren rechnerinterne Abbildung mit ein.

Bildelement (BE): Unter einem Bildelement versteht man den Teil eines Bildes, der als geschlossene, in der Regel über einen Namen ansprechbare Einheit aufgefaßt werden kann (entspricht in etwa den Begriffen Item [4] und Segment [5]).

Beispiel „Netzteil“

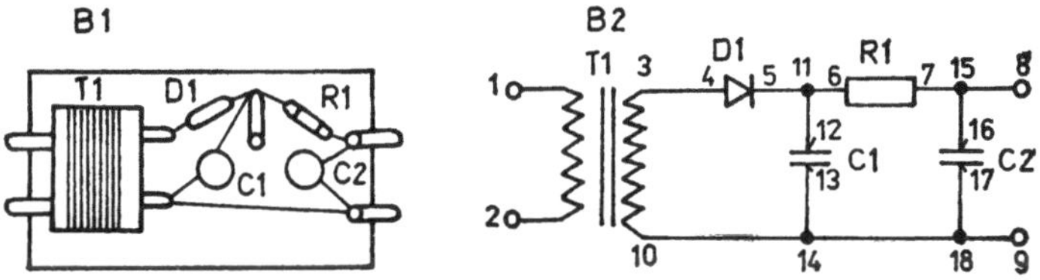

Abb. 2.2. Beispiel Netzteil (N).

GM(N) = geometrisches Modell vom technischen Objekt „Netzteil“
B1 = Konstruktionszeichnung der Bauteilmontage bzw. Leiterplattenbestückung
B2 = Schaltplan
GM(N) = {B1, B2}
B2 = {T1, D1, R1, C1, C2, V(3, 4), V(5, 6), V(7, 8), V(9,10), V(11, 12), V(13, 14), V(15, 16), V(17, 18)}
V(*i*, *k*) = Verbindung von Punkt *i* nach Punkt *k*

Verallgemeinerung:

$$GM = \{B_i, i = 1, \ldots, n\} \tag{3}$$

$$B_k = \{BE_{kl}, l = 1, \ldots, m\} \tag{4}$$

2.3.2. Geometrisches Gebilde (GB) — Geometriebaustein (GBS) — Geometrisches Grundelement (GGE) — Punkt (P)

Geometrisches Gebilde (GB): GB sind geometrische Objekte einer bestimmten Grundstruktur mit variablen Parametern, die wiederholt zum Aufbau von Bildern benötigt werden (Wiederholelemente). Durch Vermittlung aktueller Parameter (Wertzuweisung) und die Zuordnung zu einem Namen wird aus einem geometrischen Gebilde (GB) ein Bildelement (BE).

GB sind zum Teil abhängig vom Anwendungsgebiet und können dann auch als problembezogene Bausteine geometrischer Modelle verstanden werden.

Allgemeine Beschreibung:

$$BE_{kl} = GB_t(LS_{tkl}) \tag{5}$$

BE_{kl} = Bildelement l des Bildes k
GB_t = geom. Gebilde vom Typ t
LS_{tkl} = Spezifikationsparameter zum GB_t für das BE_l im B_k

Beispiel:

$C1 = C(x_{C1}, y_{C1}, n_{C1})$
C1 = Bildelement plazierter Kondensator
C = geometrisches Gebilde Kondensator
(n = Neigung)

Geometriebausteine (GBS): GBS sind problemunabhängige geometrische Gebilde (z. B. Dreieck, Rechteck).

Geometrische Grundelemente (GGE): GGE sind elementare Geometriebausteine, die die Basis zur Beschreibung aller geometrischen Objekte darstellen (z. B. Strecke, Kreisbogen).

Punkte (P): Der Punkt kann als das Atom in der Hierarchie geometrischer Objekte aufgefaßt werden und ist ein nicht mehr unterteilbares GGE. Er wird durch den Ortsvektor im geometrischen Raum (GR) definiert.

2.3.3. Zusammenfassende Übersicht

Geometrischer Raum (GR):	unendliche Punktmenge im euklidischen Raum,
Geometrisches Modell (GM):	echte Untermenge im GR, Abbildung eines realen technischen Objektes,
Bild (B_i):	Teil oder Schicht eines GM in zusammenhängender Betrachtung,
Bildelement (BE_{kl}):	Teil eines Bildes B_k, als geschlossene Einheit (über Namen) ansprechbar,
Geometrisches Gebilde (GB_t):	geometrisches Objekt bestimmter Grundstruktur (Typ t) mit variablen Parametern LS_t, Wiederholelement,
Geometriebaustein (GBS_t):	problemunabhängiges geometrisches Gebilde (GB_t);
Geometrisches Grundelement GGE_t):	elementarer Geometriebaustein (GBS_t);
Punkt (P):	elementarster, nicht mehr unterteilbarer GBS_t, Atom des geometrischen Objektes.

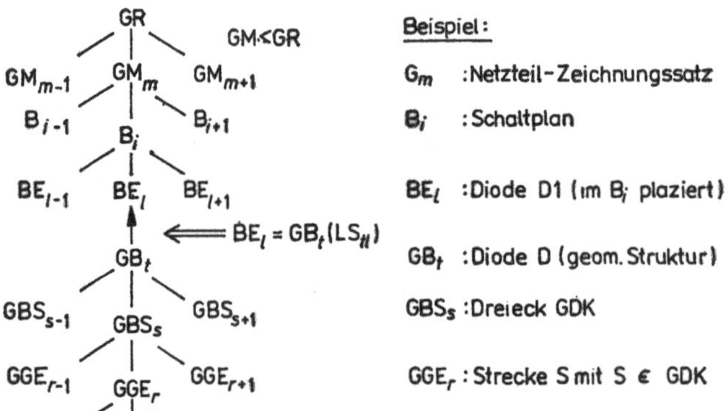

Abb. 2.3. Hierarchie geometrischer Objekte
(1. Beispielzeile im Bild muß lauten: GM_m: Netzteil-Zeichnungssatz)

2.4. Beschreibung geometrischer Objekte

2.4.1. Statische Beschreibung von Bildelementen

Jedes Bildelement läßt sich als eine Menge spezifizierter geometrischer Gebilde bestimmen.

Beispiel Diode:

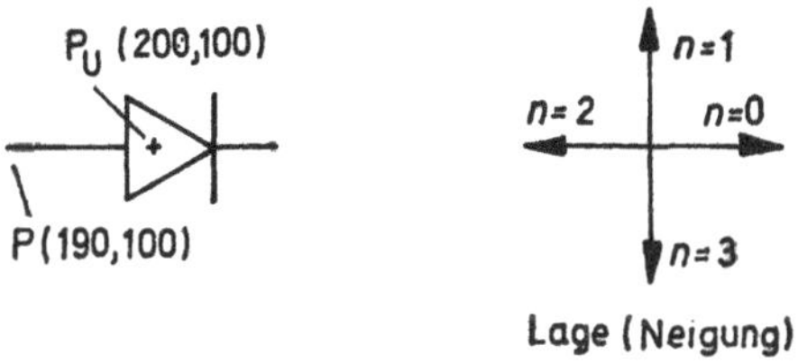

Abb. 2.4. Gebildetyp D (Diode)

D1 = D(200,100,0)

mit D1 $\in \overline{\mathrm{D}}$, $\overline{\mathrm{D}} = \mathrm{D}(x_{\mathrm{U}}, y_{\mathrm{U}}, n)$,

$\overline{\mathrm{D}}$ = Menge aller durch den GB-Typ D beschreibbaren BE;

aber auch:

D1 = {S1,GDK1,S2,S3}

= {S(190,100,197,100), GDK(197,100,8,—90), S(204,104,204,96), S(204,100,207,100)}

mit $\overline{\mathrm{S}} = \mathrm{S}(x_{\mathrm{A}}, y_{\mathrm{A}}, x_{\mathrm{B}}, y_{\mathrm{B}})$,

$\overline{\mathrm{S}}$ = Menge aller durch den GB-Typ S (Strecke) beschreibbaren BE

und $\overline{\mathrm{GDK}} = \mathrm{GDK}(x_{\mathrm{U}}, y_{\mathrm{U}}, \mathrm{K}, n)$,

$\overline{\mathrm{GDK}}$ = Menge aller durch den GB-Typ GDK (gleichseitiges Dreieck mit der Kantenlänge K) beschreibbaren BE.

Verallgemeinerung:

$\mathrm{BEN}_i = \{\mathrm{BEN}_k,\ k = 1, \ldots, n\}$ — Bildelement BE_i als eine Menge von n Unterbildelementen BE_k $(i \neq k)$ (6)

mit $\mathrm{BEN}_k = \mathrm{GB}_t(\mathrm{LS}_k)$ (7)

Bildelementname — Gebildetyp — Liste der aktuellen Spezifikationsparameter

und $\mathrm{BE}_k \in \overline{\mathrm{GB}}_t$,

$\overline{\mathrm{GB}}_t = \mathrm{GB}_t\ (\mathrm{LS})$ (8)

Menge aller durch den GB-Typ GB_t beschreibbaren BE — Gebildetyp — Liste der formalen Spezifikationsparameter

2.4.1.1. Geometrische Grundlemente der zweidimensionalen Darstellung (2d-Darstellung)

$P = P(x,y)$,	Punkt	(9.1)
$G = G(\alpha,n_0)$,	Gerade	(9.2)
$L = L(x_0,y_0,\alpha)$,	Strahl	(9.3)
$S = S(x_A,y_A,x_B,y_B)$,	Strecke	(9.4)
$KB = KB(x_M,y_M,r,\alpha,\beta)$,	Kreisbogen	(9.5)
$K = K(x_M,y_M,r)$,	Kreis	(9.6)
$PW = PW\big(((x_i,y_i)),\ i = 1, \ldots, n\big)$,	Punktwolke	(9.7)
$SZ = SZ\big(((x_i,y_i)),\ i = 1, \ldots, n\big)$,	Streckenzug	(9.8)

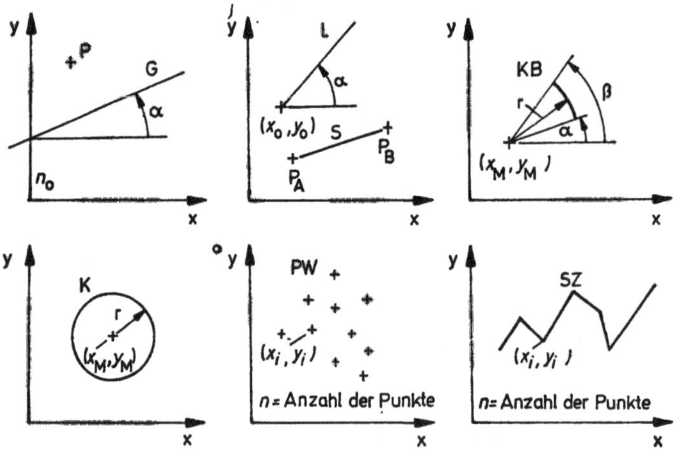

Abb. 2.5. Geometrische Grundelemente

Auf der Basis dieser geometrischen Grundelemente (GGE) lassen sich alle möglichen 2d-Bilder erzeugen.

2.4.1.2. Allgemeine Algorithmendarstellung

Für die Darstellung von Algorithmen soll folgende Schreibweise gewählt werden:

```
aN(LP):
  .. : ...
  .. : ...
     :
     :
ma : anweisung
     .
     .
  .. : ·/·N
```

Erläuterung:

- Der Algorithmus erhält einen Kopf „aN(LP):“,
  - der ihn durch einen kleinen Buchstaben a als Algorithmus einer bestimmten Klasse kennzeichnet; dabei kann a definiert sein als d (Definitionsalgorithmus), e (Erzeugungsalgorithmus) oder q (Klassifizierungsalgorithmus) usw.,
  - der ihm durch eine anschließende Buchstabenfolge N, beginnend mit großem Buchstaben, einen Namen gibt,
  - der, in Klammern gesetzt, eine Liste von Ein- bzw. Ausgabeparametern nennt und
  - der durch „:“ abgeschlossen wird.
- Der Algorithmus erhält einen Rumpf, der aus chronologisch zeilenweise geordneten Anweisungsfolgen

  ma : anweisung

  mit

  ma = symbolische Adresse der Anweisung
  : = Trennsymbol zwischen Adresse und Anweisung

  besteht. Die Kennzeichnung der Anweisung durch „ma:“ wird nur angegeben, wenn es für die Beschreibung des Algorithmus erforderlich ist, ebenso das Trennzeichen „:“.
- Das Ende des Algorithmus wird durch das Symbol „·/·“, gefolgt von seinem Namen, gekennzeichnet.
- Aus Platzgründen werden kurze Anweisungen durch „;“ getrennt hintereinander in eine Zeile geschrieben, wenn es die eindeutige Beschreibung erlaubt.
- Die Anweisungen können

  - arithmetische Anweisungen,
  - logische Anweisungen
  - geometrische Anweisungen oder
  - Steueranweisungen

  sein.
  - Bei arithmetischen Anweisungen charakterisiert das Gleichheitszeichen (=) eine Wertzuweisung.
  - Bei logischen Anweisungen charakterisiert das Gleichheitszeichen (=) die Äquivalenz.
  - Bei geometrischen Anweisungen charakterisiert das Gleichheitszeichen (=) die Zuweisung einer rechts vom Gleichheitszeichen beschriebenen geometrischen Struktur zu einem links vom Gleichheitszeichen (=) stehenden Namen eines Speicherbereiches. Dabei kann es sich im Sinne von SCHRACK [89] sowohl um Kopiezuweisungen (:=) als auch um Synonymzuweisungen (:–) handeln. In der Regel treffen letztere zu, da es meist nur um die Zuordnung einer Struktur zu einem Namen geht.
- Jede Anweisung kann entweder elementar oder selbst durch einen zugeordneten Algorithmus definiert sein.

2.4.1.3. Definitionsalgorithmus – Definitionsanweisung

Jedem Gebildetyp GB_t ist ein Definitionsalgorithmus dGB_t zugeordnet, dessen Operationsfolge angibt, wie sich alle durch den Gebildetyp beschreibbaren Bildelemente BE aus den definierten geometrischen Grundelementen GGE bestimmen lassen. Bei den geometrischen Grundelementen selbst beschränkt sich diese Operationsfolge auf eine entsprechend den Formeln (9) beschriebene Definitionsanweisung.
Allgemein gilt:

$$GB_t(LS) \rightarrow dGB_t(LS) \tag{10}$$

oder

$$\overline{GB_t} = GB_t(LS) ::= dGB_t(LS): \ldots \tag{10.1}$$
$$\ldots$$
$$\ldots,$$

d. h., die Definitionsanweisung für ein geometrisches Gebilde $\overline{GB_t} = GB_t(LS)$ kann durch den zugeordneten Definitionsalgorithmus dGB_t substituiert werden.

Beispiel Gebildetyp Quadrat (Q)

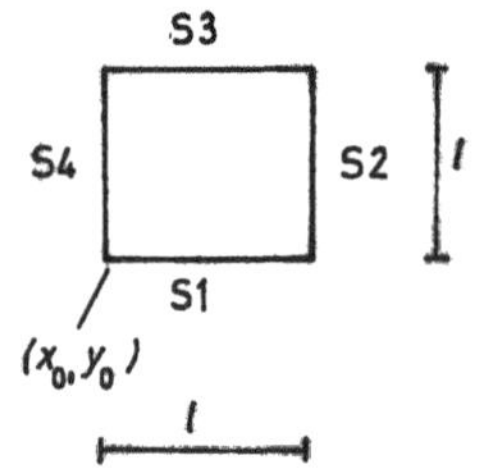

Abb. 2.6. Beispiel Quadrat

$\overline{Q} = Q(x_0,y_0,l) ::=$
$dQ(x_0,y_0,l)$:

$$\overline{S1} = S(x_0,y_0,x_0+l,y_0)$$
$$\overline{S2} = S(x_0+l,y_0,x_0+l,y_0+l)$$
$$\overline{S3} = S(x_0,y_0+l,x_0+l,y_0+l)$$
$$\overline{S4} = S(x_0,y_0,x_0,y_0+l)$$
$$\overline{Q} = \{\overline{S1},\overline{S2},\overline{S3},\overline{S4}\}$$

Bestimmung eines Bildelementes Q1:

Q1 = Q(150,150,100) ::= dQ(150,150,100):
S1 = S(150,150,250,150)
S2 = S(250,150,250,250)
S3 = S(150,250,250,250)
S4 = S(150,150,150,250)
Q1 = {S1,S2,S3,S4}

allgemein:

$$BEN_k = GB_t(LS_k) ::= dGB_t(LS_k): . \tag{11}$$
$$\ldots$$
$$\ldots$$

Beispiel Bildelement Wandplatte (WP)

GB_i: Rechteck (R), $R = R(x_0, y_0, c, b)$
Quadrat (Q), $Q = Q(x_0, y_0, l)$

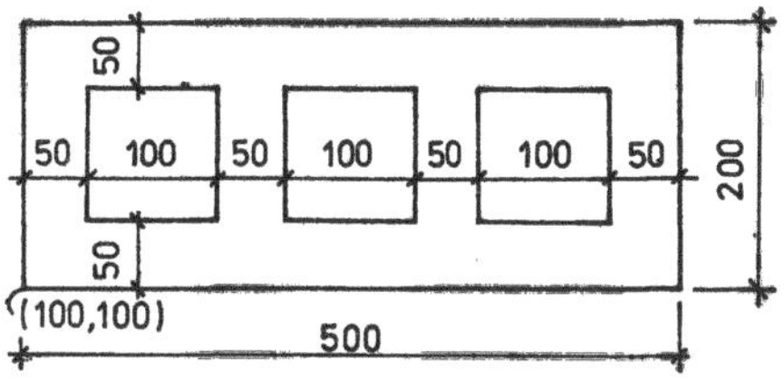

Abb. 2.7. Beispiel Wandplatte

$dWP(D_i, i = 1, \ldots, n)$: D_i = Eingabedaten

R1 = R(100,100,500,200)
Q1 = Q(150,150,100)
Q2 = Q(300,150,100)
Q3 = Q(450,150,100)
WP = {R1,Q1,Q2,Q3}

oder ausführlich:

$dWP(D_i, i = 1, \ldots, n)$:

dR(100,100,500,200):
S1 = S(100,100,600,100)
S2 = S(100,300,600,300)
S3 = S(100,100,100,300)
S4 = S(600,100,600,300)
R1 = {S1,S2,S3,S4}

dQ(150,150,100):
S11 = S(150,150,250,150)
S12 = S(150,250,250,250)
S13 = S(150,150,150,250)
S14 = S(250,150,250,250)
Q1 = {S11,S12,S13,S14}

dQ(300,150,100):
S21 = S(300,150,400,150)
S22 = S(300,250,400,250)
S23 = S(300,150,300,250)
S24 = S(400,150,400,250)
Q2 = {S21,S22,S23,S24}

→ (*)

(*):

$d\overline{Q}$(450,150,100):
S31 = S(450,150,550,150)
S32 = S(450,250,550,250)
S33 = S(450,150,450,250)
S34 = S(550,150,550,250)
Q3 = {S31,S32,S33,S34}

WP = {R1,Q1,Q2,Q3}

2.4.1.4. Spezifizierung der Gebilde

Die Gebildetypen lassen sich so definieren, daß sich entsprechend den problembezogenen Anforderungen die Mächtigkeit der durch den Gebildetyp und die Spezifikationsparameter festgelegten Menge der Bildelemente über den Spezifizierungsgrad bestimmen läßt

$$\text{card } \mathrm{GB}_t = f\big(\mathrm{GB}_t(\mathrm{LS})\big).$$

Die Kardinalzahl nimmt fortschreitend von der Allgemeinheit zur Konkretheit ab. Sie ist aber nur bei endlicher Begrenzung und endlicher Auflösung des geometrischen Raumes endlich.

Beispiel Viereck (V) — Rechteck (R) — Quadrat (Q)

$$\overline{\mathrm{V}} = \mathrm{V}\big((x_i, y_i), i = 1, \ldots, 4\big),$$

$$\overline{\mathrm{R}} = \mathrm{R}(x_0, y_0, c, b, \alpha),$$

$$\overline{\mathrm{Q}} = \mathrm{Q}(x_0, y_0, l, \alpha),$$

$$\left.\begin{array}{l} \mathrm{dV}\big((x_i, y_i), i = 1, \ldots, 4\big): \\ \quad x_5 = x_1;\ y_5 = y_1, \\ \quad \overline{\mathrm{V}} = \mathrm{SZ}\big((x_i, y_i), i = 1, \ldots, 5\big) \end{array}\right\} \overline{\mathrm{V}} = \mathrm{V}\big((x_i, y_i), i = 1, \ldots, 4\big)$$

$$\left.\begin{array}{ll} \mathrm{dR}(x_0, y_0, c, b, \alpha): & \\ \quad x_1 = x_0; & y_1 = y_0 \\ \quad x_2 = x_0 + c \cdot \cos\alpha; & y_2 = y_0 + c \cdot \sin\alpha \\ \quad x_3 = x_2 - b \cdot \sin\alpha; & y_3 = y_2 + b \cdot \cos\alpha \\ \quad x_4 = x_0 - b \cdot \cos\alpha; & y_4 = y_0 + b \cdot \sin\alpha \\ \quad \overline{\mathrm{R}} = \mathrm{V}\big((x_i, y_i), i = 1, \ldots, 4\big) & \end{array}\right\} \overline{\mathrm{R}} = \mathrm{R}(x_0, y_0, c, b, \alpha)$$

$$\left.\begin{array}{l} \mathrm{dQ}(x_0, y_0, l, \alpha): \\ \quad c = l;\ b = l, \\ \quad \overline{\mathrm{Q}} = \mathrm{R}(x_0, y_0, c, b, \alpha) \end{array}\right\} \overline{\mathrm{Q}} = \mathrm{Q}(x_0, y_0, l, \alpha),$$

daraus folgt:

$$\overline{\mathrm{R}} \subset \overline{\mathrm{V}};\ \overline{\mathrm{Q}} \subset \overline{\mathrm{R}};\ \overline{\mathrm{Q}} \subset \overline{\mathrm{V}}.$$

2.4.1.5. Klassifizierungsalgorithmus

Jedem Gebildetyp GB_t ist ein Klassifizierungsalgorithmus qGB_t zugeordnet, durch dessen Operationsfolge geprüft wird, ob ein beliebiger Punkt $P(x_i, y_i)$ zu jenem Bildelement gehört, das durch diesen Gebildetyp und seine Spezifikationsparameter beschrieben wird.

Allgemein:

$$GB_t(LS) \rightarrow qGB_t(LS, P_i, w_i) \tag{12}$$

mit $BE \in B$; $B \in GM$; $GM = \{P_i \mid (P_i)\, q\}$ siehe (2)

$w_i \in \{0, 1\}$ zweiwertiger logischer Ausdruck

entsteht die Beziehung

$$BE_k = \{P_i \mid (P_i)\, q_k\}, \tag{13}$$

d. h., durch den Klassifizierungsalgorithmus qGB_t und die aktuellen Spezifikationsparameter LS_k für die Definition des entsprechenden Bildelementes BE_k werden aus der Punktmenge des geometrischen Raumes GR diejenigen Punkte P_i ausgesondert, für die der qGB_t den Wahrheitswert $w_i = 1$ erzeugt, d. h., die die Eigenschaft q_k besitzen. BE_k ist damit die Menge aller Punkte P_i, die alle die Eigenschaft q_k besitzen.
Damit werden durch den Gebildetyp GB_t, durch die aktuellen Spezifikationsparameter LS_k und durch den zugeordneten Klassifizierungsalgorithmus qGB_t das zugehörige Bildelement BE_k eindeutig definiert.
Für die praktische rechnerunterstützte geometrische Modellierung und Manipulierung ist es allerdings nur sinnvoll, Punktmengen mit angemessener, eingeschränkter Kardinalzahl mit Hilfe des genannten Algorithmus zu klassifizieren.
Die Klassifizierungsalgorithmen qGB_t werden nur für die geometrischen Grundelemente GGE bestimmt. Für alle anderen geometrischen Gebilde GB_t werden sie durch Verknüpfungsregeln erzeugt.

Beispiel Strecke (S) — Quadrat (Q)

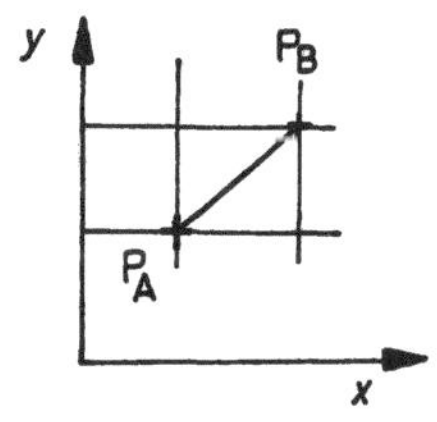

Abb. 2.8. Beispiel Strecke

Der Klassifizierungsalgorithmus für die Strecke lautet:

$qS(x_A, y_A, x_B, y_B, x_i, y_i, w_i)$:

$T((x_i < x_A) \vee (y_i < y_A) \vee (x_i > x_B) \vee (y_i > y_B)) \to m1$

$T((y_i - y_A)(x_B - x_A) - (x_i - x_A)(y_B - y_A) = 0) \to m2$

m1: $w_i = 0$

$\to m3$

m2: $w_i = 1$

m3: ...

Das Quadrat entsteht durch die Vereinigung von vier Strecken

$dQ(x_0, y_0, l, \alpha)$

...

$\overline{Q} = \overline{S1} \cup \overline{S2} \cup \overline{S3} \cup \overline{S4}$.

Der Klassifizierungsalgorithmus für das Quadrat lautet dann:

$qQ(x_0, y_0, l, \alpha, x_i, y_i, w_i)$:

...

$q^*Q = qS1 \vee qS2 \vee qS3 \vee qS4$ — alternative Verknüpfung der Klassifizierungsalgorithmen der vier Strecken

$w_i = w1_i \vee w2_i \vee w3_i \vee w4_i$

allgemein[1]:

$$qGB_t = \bigcup_{i=1}^{n} (\circ\, qGB_{ti}), \tag{14}$$

$$wGB_t = \bigcup_{i=1}^{n} (\circ\, wGB_{ti}) \tag{15}$$

mit $GB_{ti} \in \{GGE_k, k = 1, \ldots, m\}$ — eingeschränkte Menge geometrischer Grundelemente GGE

$\circ \in \{\vee, \wedge\}$

d. h., der Klassifizierungsalgorithmus für ein geometrisches Gebilde GB_t ergibt sich durch die logische Verknüpfung der Klassifizierungsalgorithmen der geometrischen Grundelemente GGE_k analog zur Mengenverknüpfung dieser Gebilde.

2.5. Beschreibung geometrischer Operationen

Erzeugungsoperationen — dynamische Beschreibung der Bildelemente

Jedes geometrische Objekt der Klasse „Graph" läßt sich durch die Angabe der Punkte und deren linienhafte Verbindungen beschreiben. Das ist besonders für zweidimensionale (ausgabeorientierte) Bilder von Bedeutung.

---

[1] Der Operator $\bigcup_{i=1}^{n}$ bedeutet in diesem Zusammenhang die Vereinigung zu einer geordneten Menge bzw. Folge von n durch gleiche Operatoren miteinander verknüpften Elementen.

So lassen sich folgende Beispiele in der angegebenen Art und Weise darstellen.

Beispiel Diode (D1):

$D1 = P_1 \ominus P_2 \ominus P_3 \ominus P_4 \ominus P_2 \circ P_5 \ominus P_6 \circ P_7 \ominus P_8$

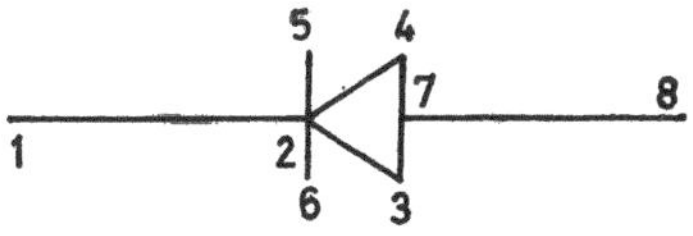

Abb. 2.9. Beispiel Diode (D1)

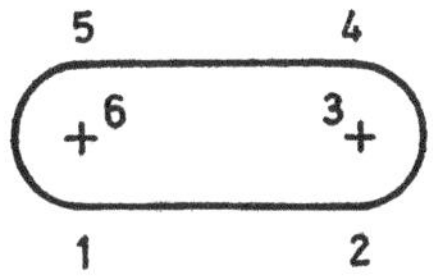

Abb. 2.10. Beispiel Verbindungslasche (VL1)

Beispiel Verbindungslasche (VL1):

$VL1 = P_1 \ominus P_2 \curvearrowright P_4(P_3) \ominus P_5 \curvearrowright P_1(P_6)$

Allgemeine Darstellung der Erzeugnisoperationen

$\circ$	$P(x_1, y_1) \circ P(x_2, y_2)$ $\bigcup_{i=1}^{n} (\circ P_i)$	(16.1)	„angereiht“ 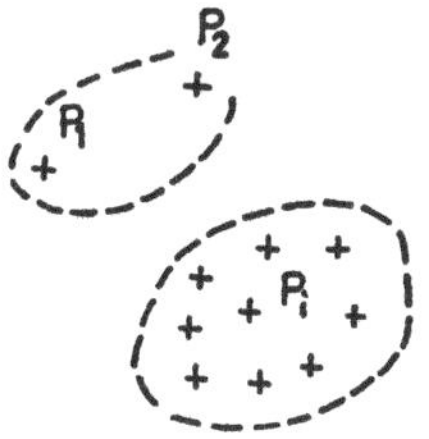
$\ominus$	$P(x_1, y_1) \ominus P(x_2, y_2)$ $\bigcup_{i=1}^{n} (\ominus P_i)$	(16.2)	„geradlinig verbunden mit“ 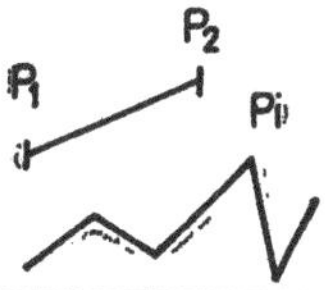
$\curvearrowright$	$P(x_1, y_1) \curvearrowright P(x_2, y_2) \big(P(x_M, y_M)\big)$ $\bigcup_{i=1}^{n} \big(\frown P_i(P_{Mi})\big)$	(16.3)	„kreisförmig verbunden mit“ 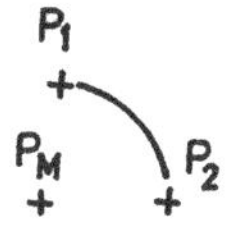
	$\frown$ unbest. Umlaufsinn, $\curvearrowright$ math. pos., $\smile$ math. neg., $\curvearrowright P_i(P_{Mi}) = \smile \big(-P_i(P_{Mi})\big)$		
‚...‘	$P(x_1, y_1) \circ$ ‚D1‘ $P_1 \circ \bigcup_{i=1}^{n}$ ‚A_i‘	(16.4)	alphanum. Textangabe
$\tilde{\ominus}$	$\bigcup_{i=1}^{n} \big((\tilde{\ominus}, f)\, P_i\big)$	(16.5)	Interpolationskurve f = Interpolationsfunktion bzw. -algorithmus mit $f(x, y) = 0$

Transformationsoperationen

Transformationsoperationen sind Operationen (der Manipulation), die eine Veränderung der Lage und der Ausdehnung geometrischer Objekte bewirken.

Skalierung (Maßstabsänderung)

$*$

$$P(x', y') = P(x, y) * (m_x, m_y) \quad (17.1)$$

$$\text{mit } x' = x \cdot m_x$$
$$y' = y \cdot m_y$$

„multipliziert mit" dem Vektor (m_x, m_y)

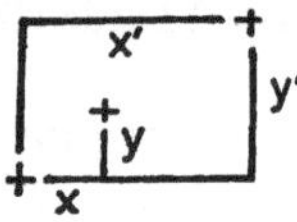

Translation

$\twoheadrightarrow$

$$P(x', y') = P(x, y) \twoheadrightarrow (v_x, v_y) \quad (17.2)$$

$$\text{mit } x' = x + v_x$$
$$y' = y + v_y$$

„verschoben um" den Vektor (v_x, v_y)

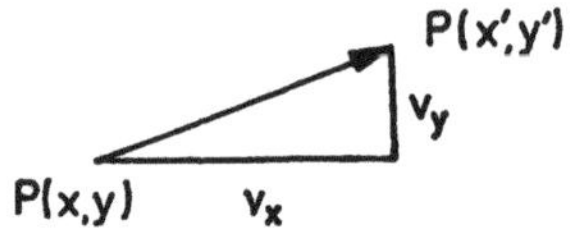

Rotation

$\circlearrowleft$

$$P(x', y') = P(x, y) \circlearrowleft P(x_D, y_D), \varphi \quad (17.3)$$

$$\text{mit } x' = x_D + (x - x_D) \cos \varphi - (y - y_D) \sin \varphi$$
$$y' = y_D + (x - x_D) \sin \varphi + (y - y_D) \cos \varphi$$

„gedreht um" Punkt $P(x_D, y_D)$ „mit" Winkel

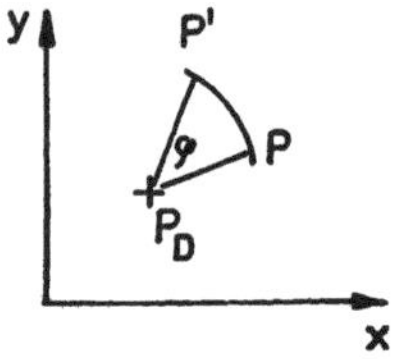

Prioritäten der Grundoperationen

Bei der Abarbeitung der Erzeugungs- und Transformationsoperationen gelten folgende Prioritäten:

$$\begin{aligned} &1.\ *,\ \twoheadrightarrow,\ \circlearrowleft \\ &2.\ \circ,\ \ominus,\ \frown,\ \smile. \end{aligned} \quad (17.4)$$

Ansonsten wird die Reihenfolge der Abarbeitung der Operationen durch Klammern festgelegt.

Weitere geometrische Operationen

Der Vollständigkeit halber sollen weitere geometrische Operationen aufgezählt werden (siehe hierzu Abschnitt 9.2):

- Mengenoperationen (Durchschnitt, Vereinigung u. a.) in der Anwendung auf geometrische Punktmengen,

- Schnittbildung,
- Körperdurchdringung,
- Parallelprojektion,
- Dreitafelprojektion u. a.

Nichtgeometrische Operationen

Folgende nichtgeometrische Operationen werden definiert:

: → m	unbedingter Sprung zur Marke m,	(18.1)
: T(w) → m	bedingter Sprung zur Marke m bei w = wahr (bzw. = 1),	(18.2)
: $(x, y) = \mathrm{PK}(x_K, y_K)$	Positionierkugelabgriff,	(18.3)
: ↓FT(LN, n)	Funktionstastenbetätigung n = Nr. der betätigten FT LN = (fn_i, $i = 1, \ldots$, NZF) Liste der verfügbaren und arbeitsbereiten Funktionstasten	(18.4)
: ↓LS(BEN)	Lichtstiftbetätigung BEN = Name des erfaßbaren Bildelementes,	(18.5)
: ↓AT(‚TEXT')	Betätigung der alphanumerischen Tastatur ‚TEXT' = eingegebene Textzeichen,	(18.6)

(18.3 bis 18.6 entsprechen den Funktionen LOKATOR, CHOISE, PICK und STRING in Abschnitt 7.).

Beispiele der dynamischen Bildelementedarstellung

Beispiel Zahnstange (ZST)

$$
\begin{aligned}
&: \mathrm{ZST} = 0\\
&: \mathrm{ZN} = \mathrm{P}(0, b) \ominus \mathrm{P}(0, b + h) \ominus \mathrm{P}(a, b + h) \ominus \mathrm{P}(a, b)\\
&: i = 1\\
\mathrm{m1}&: \mathrm{ZST} = \mathrm{ZST} \ominus \mathrm{ZN}\\
&: i = i + 1\\
&: \mathrm{ZN} = \mathrm{ZN} \twoheadrightarrow (2a, 0)\\
&: \mathrm{T}(i \leq 4) \rightarrow \mathrm{m1}\\
&: \mathrm{ZST} = \mathrm{ZST} \ominus \mathrm{P}(l, 0) \ominus \mathrm{P}(0, 0) \ominus \mathrm{P}(0, b).
\end{aligned}
$$

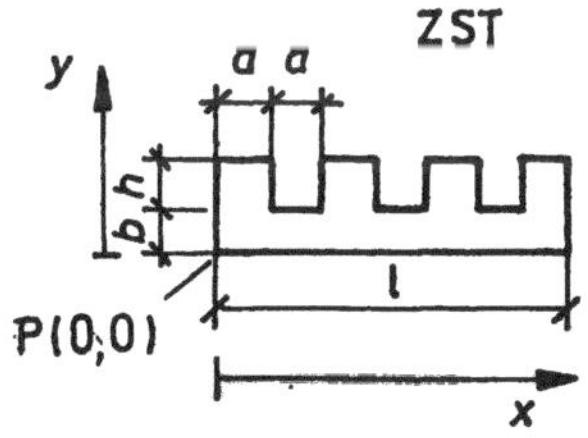

Abb. 2.11. Beispiel Zahnstange (ZST)

ZST ist eine geometrische Variable mit der Wertart Struktur [138]. Sie enthält im Endergebnis eine ausgabeorientierte Bilderzeugungsstruktur. ZN = Zahn, ebenfalls geom. Variable.

Beispiel Zahnkranz (ZKR)

$$
\begin{aligned}
&: \mathrm{ZKR} = 0\\
&: \mathrm{ZN} = \mathrm{P}\big(-(r+b)\cos\alpha,\ (r+b)\sin\alpha\big) \ominus\\
&\qquad \mathrm{P}\big(-(r+b+h)\cos\alpha,\ (r+b+h)\sin\alpha\big) \circlearrowright\\
&\qquad \mathrm{P}\big(-(r+b+h)\cos(\alpha+\varphi),\ (r+b+h)\sin(\alpha+\varphi)\big),\ \mathrm{P}(0,0) \ominus\\
&\qquad \mathrm{P}\big(-(r+b)\cos(\alpha+\varphi),\ (r+b)\sin(\alpha+\varphi)\big)\\
&: i = 1\\
\mathrm{m1}&: \mathrm{ZKR} = \mathrm{ZKR} \circlearrowright \mathrm{ZN},\ \mathrm{P}(0,0)\\
&: i = i + 1\\
&: \mathrm{ZN} = \mathrm{ZN} \overset{+}{\circlearrowleft} \mathrm{P}(0,0),\ 2\varphi\\
&: \mathrm{T}(i \leqq 4) \rightarrow \mathrm{m1}\\
&: \mathrm{ZKR} = \mathrm{ZKR}\ \mathrm{P}\big(-\,r\cos(\alpha+7\varphi),\ r\sin(\alpha+7\varphi)\big) \curvearrowright\\
&\qquad \mathrm{P}(-\,r\cos\alpha,\ r\sin\alpha),\ \mathrm{P}(0,0) \ominus\\
&\qquad \mathrm{P}\big(-(r+b)\cos\alpha,\ (r+b)\sin\alpha\big)
\end{aligned}
$$

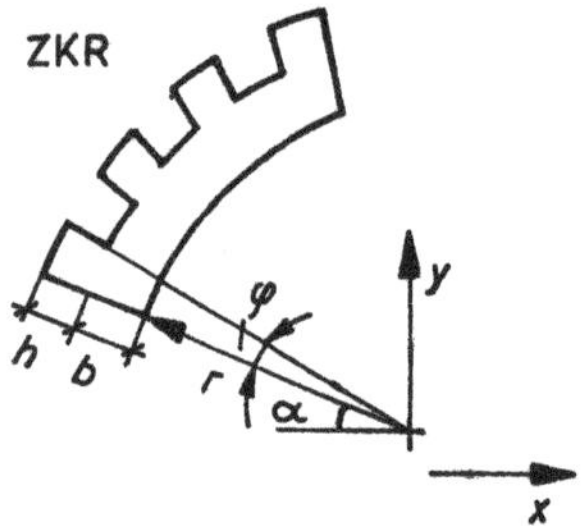

Abb. 2.12. Beispiel Zahnkranz (ZKR)

2.6. Beschreibung geometrischer Strukturen im dreidimensionalen Raum

Wie für das geometrische Modell allgemein gilt auch für den Körper, d. h. ein geometrisches Gebilde im dreidimensionalen Raum, die Beziehung (2):

$$\mathrm{K} = \{\mathrm{P}i \,\forall\, (\mathrm{P}_i)\ \mathrm{q_K}\},$$

d. h., ein Körper ist die Menge aller Punkte P_i des dreidimensionalen geometrischen Raumes, die die Eigenschaft $\mathrm{q_K}$ besitzen.

Hierarchie dreidimensionaler geometrischer Objekte

Wir wollen die in Kapitel 2.3. beschriebene Hierarchie geometrischer Objekte auch auf dreidimensionale Objekte übertragen. Unter den einzelnen Hierarchiestufen ist dann folgendes zu verstehen:

- geometrisches Modell (GM)

  als dreidimensionales geometrisches Modell, z. B. die gesamte dreidimensionale geometrische Modellierung einer Werkzeugmaschine,
- Bild (B)

  als dreidimensionales Bild ein in eine zusammenhängende Betrachtung einbezogener Teil oder Schicht eines dreidimensionalen geometrischen Modells, z. B. das Getriebe einer Werkzeugmaschine,
- Bildelement (BE)

  als dreidimensionales Bildelement der Teil eines dreidimensionalen Bildes, der als geschlossene in der Regel über einen Namen ansprechbare Einheit aufgefaßt werden kann, z. B. das Zahnrad eines Getriebes,
- geometrisches Gebilde (GB_t)

  soll als dreidimensionales geometrisches Objekt verstanden werden, das eine bestimmte Grundstruktur und variable Parameter bezüglich einzelner geometrischer Daten besitzt. Durch die Vermittlung aktueller Parameter (Wertzuweisung) und die Zuordnung zu einem Namen wird es zu einem Bildelement. Es besitzt den Charakter eines Wiederholelementes, z. B. ein bezüglich seiner Geometrie standardisiertes Zahnrad.
- Geometriebaustein (GBS_t)

  als dreidimensionales, problemunabhängiges geometrisches Gebilde, z. B. Zylinder, Quader, Prismen usw.,
- geometrisches Grundelement (GGE_t)

  als dreidimensionaler elementarer Geometriebaustein. Die geometrischen Grundelemente stellen die Basis zur Beschreibung aller dreidimensionalen geometrischen Objekte dar. Dazu gehören die geometrischen Grundelemente linienhafter Ausdehnung Punkt, Gerade, Strahl, Strecke, Kreisbogen, Kreis, Punktwolke, Streckenzug und Interpolationskurve in dreidimensionaler Darstellung sowie die Grundelemente Ebene und Fläche zweiter Ordnung.
- Punkt (P)

  als elementarstes geometrisches Gebilde, das geometrische Atom, das nicht weiter teilbar ist. Es besitzt in der dreidimensionalen Darstellung einen Ortsvektor mit drei Komponenten.

Geometrische Grundelemente in dreidimensionaler Darstellung

$$\overline{\mathrm{P}} = \mathrm{P}(x, y, z), \quad \text{Punkt,} \tag{19.1}$$

$$\overline{\mathrm{G}} = \mathrm{G}(\alpha, \beta, \gamma, n_x, n_y) \quad \text{Gerade} \tag{19.2}$$

mit

α = Neigungswinkel gegenüber der x-Achse
β = Neigungswinkel gegenüber der y-Achse
γ = Neigungswinkel gegenüber der z-Achse
n_x, n_y = Koordinaten des Durchstoßpunktes durch die Ebene $z = 0$,

$$\overline{\mathrm{L}} = \mathrm{L}(x_0, y_0, z_0, \alpha, \beta, \gamma), \quad \text{Strahl} \tag{19.3}$$

mit

α, β, γ = Neigungswinkel wie bei Gerade,
x_0, y_0, z_0 = Koordinaten des Anfangspunktes,

$$\overline{\mathrm{S}} = \mathrm{S}(x_\mathrm{A}, y_\mathrm{A}, z_\mathrm{A}, x_\mathrm{B}, y_\mathrm{B}, z_\mathrm{B}), \quad \text{Strecke} \tag{19.4}$$

mit

$x_\mathrm{A}, y_\mathrm{A}, z_\mathrm{A}$ = Koordinaten des Anfangspunktes,
$x_\mathrm{B}, y_\mathrm{B}, z_\mathrm{B}$ = Koordinaten des Endpunktes.

$\overline{\mathrm{KB}}, \overline{\mathrm{K}}$ Die elementaren geometrischen Gebilde Kreisbogen und Kreis ergeben sich in der dreidimensionalen Darstellung aus Schnittbildungen zwischen Kugel und Ebenen bzw. zwischen Kreiszylinder und Ebenen.

$$\overline{\mathrm{PW}} = \mathrm{PW}\big((x_i, y_i, z_i),\ i = 1, \ldots, n\big), \quad \text{Punktwolke,} \tag{19.5}$$

$$\overline{\mathrm{SZ}} = \mathrm{SZ}\big((x_i, y_i, z_i),\ i = 1, \ldots, n\big) \quad \text{Streckenzug} \tag{19.6}$$

$$\overline{\mathrm{EB}} = \mathrm{EB}(a_1, a_2, a_3, a_0) \quad \text{Ebene}^1, \tag{19.7}$$

mit

$$a_1x + a_2y + a_3z + a_0 = 0$$

$$\overline{\mathrm{FL}} = \mathrm{FL}(a_1, a_2, a_3, \ldots, a_9, a_0) \quad \text{Fläche 2. Ordnung} \tag{19.8}$$

mit

$$a_1x^2 + a_2y^2 + a_3z^2 +$$
$$a_4x \cdot y + a_5x \cdot z + a_6y \cdot z +$$
$$a_7x + a_8y + a_9z + a_0 = 0$$

Definitions- und Klassifizierungsalgorithmen

Auch für dreidimensionale geometrische Gebilde gelten die im Kapitel 2.4. beschriebenen Definitions- und Klassifizierungsalgorithmen. Auch hier soll die Annahme gelten, daß die Klassifizierungsalgorithmen qGB_i nur für die geometrischen Grundelemente GGE bestimmt werden und für alle anderen geometrischen Gebilde durch Verknüpfungsregeln entstehen. Bei der Formulierung der Klassifizierungsalgorithmen für dreidimensionale geometrische Objekte wird gedanklich ein weiteres geometrisches Grundelement, der geometrische Halbraum, in die Betrachtung einbezogen. Er stellt den durch eine Ebene oder Fläche begrenzten und sich in Richtung der Flächennormalen erstreckenden Teil des geometrischen Raumes dar.

Beispiel Würfel (W)

Ein Würfel W ist durch sechs Begrenzungsebenen EB_i, $i = 1, \ldots, 6$ gegeben. Gesucht sind die Klassifizierungsalgorithmen für den Würfelkörper W, die Würfeloberfläche WF und die Würfelkanten WK.

---

[1] Die Parameter a_1, a_2, a_3 sind in der Regel die Komponenten der Flächennormalen und der Parameter a_0 der Abstand der Ebene vom Koordinatenursprung.

Die Begrenzungsebenen sind

EBi = EB(a_{1i}, a_{2i}, a_{3i}, a_{0i}),
EB1 = EB(1, 0, 0, −300),
EB2 = EB(1, 0, 0, −600),
EB3 = EB(0, 1, 0, −250),
EB4 = EB(0, 1, 0, −550),
EB5 = EB(0, 0, 1, −200),
EB6 = EB(0, 0, 1, −500).

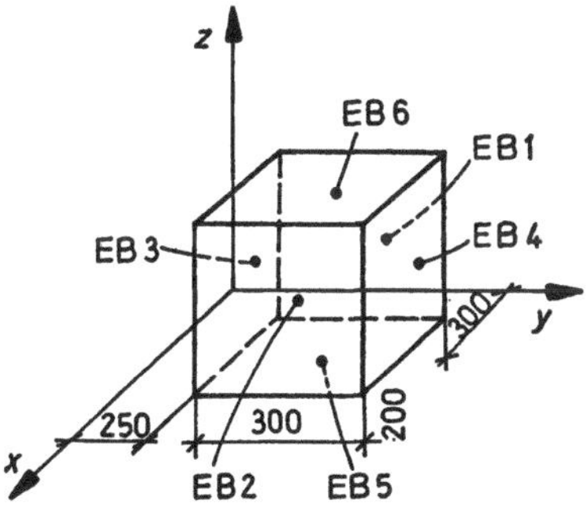

Abb. 2.13. Beispiel Würfel (W)

Daraus ergeben sich folgende arithmetische Ausdrücke:

EB1: A1 = x − 300, EB2: A2 = x − 600,
EB3: A3 = y − 250, EB4: A4 = y − 550,
EB5: A5 = z − 200, EB6: A6 = z − 500.

Sie ermöglichen die Angabe der Eigenschaften von sechs Halbräumen:

qH1 = A1 ≧ 0; qH2 = A2 ≦ 0; qH3 = A3 ≧ 0,
qH4 = A4 ≦ 0; qH5 = A5 ≧ 0; qH6 = A6 ≦ 0.

Außerdem können damit die Eigenschaften von sechs begrenzten Würfelflächen angegeben werden:

qF1 = (A1 = 0) ∧ (A5 ≧ 0) ∧ (A6 ≦ 0) ∧ (A3 ≧ 0) ∧ (A4 ≦ 0),
qF2 = (A2 = 0) ∧ (A5 ≧ 0) ∧ (A6 ≦ 0) ∧ (A3 ≧ 0) ∧ (A4 ≦ 0),
qF3 = (A3 = 0) ∧ (A1 ≧ 0) ∧ (A2 ≦ 0) ∧ (A5 ≧ 0) ∧ (A6 ≦ 0),
qF4 = (A4 = 0) ∧ (A1 ≧ 0) ∧ (A2 ≦ 0) ∧ (A5 ≧ 0) ∧ (A6 ≦ 0),
qF5 = (A5 = 0) ∧ (A1 ≧ 0) ∧ (A2 ≦ 0) ∧ (A3 ≧ 0) ∧ (A4 ≦ 0),
qF6 = (A6 = 0) ∧ (A1 ≧ 0) ∧ (A2 ≦ 0) ∧ (A3 ≧ 0) ∧ (A4 ≦ 0).

Für den achsenparallelen Würfel mit den Bezugspunktkoordinaten: $x_0 = 600$; $y_0 = 250$; $z_0 = 200$ und der Kantenlänge: $l = 300$ lassen sich folgende Klassifizierungsalgorithmen formulieren:

Für den Würfelkörper:

q W(x_0, y_0, z_0, l, x_i, y_i, w_i):
: Bestimmung der A_j, $j = 1, \ldots, 6$,
: Bestimmung der qH_j, $j = 1, \ldots, 6$,
: q*W = qH1 ∧ qH2 ∧ qH3 ∧ qH4 ∧ qH5 ∧ qH6,
: T(q*W) → m1,
: $w_i = 0$,
: → m2,
m1: $w_i = 1$,
m2: ...

Für die Würfeloberfläche:

qWF(x_0, y_0, z_0, l, x_i, y_i, w_i):

: Bestimmung der A_j, $j = 1, \ldots, 6$,
: Bestimmung der qF_j, $j = 1, \ldots, 6$,
: $q^*WF = qF1 \vee qF2 \vee qF3 \vee qF4 \vee qF5 \vee qF6$,
: $T(q^*WF) \rightarrow m1$,
: $w_i = 0$,
: $\rightarrow m2$,
m1: $w_i = 1$,
m2: ...

Für die Würfelkanten:

qWK(x_0, y_0, z_0, l, x_i, y_i, w_i):

: Bestimmung der A_j, $j = 1, \ldots, 6$,
: Bestimmung der qF_j, $j = 1, \ldots, 6$,
: $q^*WK = (qF1 \wedge qF3) \vee (qF2 \wedge qF3) \vee (qF1 \wedge qF4) \vee (qF2 \wedge qF4) \vee$
$(qF3 \wedge qF5) \vee (qF3 \wedge qF6) \vee (qF4 \wedge qF6) \vee (qF4 \wedge qF5) \vee$
$(qF1 \wedge qF5) \vee (qF2 \wedge qF5) \vee (qF2 \wedge qF6) \vee (qF1 \wedge qF6)$,
: $T(q^*WK) \rightarrow m1$,
: $w_i = 0$,
: $\rightarrow m2$,
m1: $w_i = 1$,
m2: ...

3. Gerätetechnik der Digitalgrafik

Für die Digitalgrafik steht im wesentlichen die auch sonst übliche Rechen- und Gerätetechnik zur Verfügung, die aber durch eine spezielle Gerätetechnik zur Ein- und Ausgabe zwei- oder dreidimensionaler geometrischer Informationen ergänzt werden muß.

3.1. Eingabetechnik für geometrische Informationen

Zur rechnergestützten Manipulierung geometrischer Modelle ist es zuallererst notwendig, geometrische Informationen in den Rechner zu bringen. Dazu gibt es, abhängig von den konkreten Anforderungen und der vorhandenen Technik, verschiedene Möglichkeiten.

3.1.1. Nutzung der allgemeinen alphanumerischen Eingabetechnik

Geometrische Informationen können über die allgemeine alphanumerische Eingabetechnik, wie die alphanumerische Tastatur von Bildschirmgeräten und Schreibmaschinen mit oder ohne Zwischendatenträger (Lochband, Magnetband, Diskette u. a.), in den Rechner übermittelt werden, wenn eine grafische Eingabesprache existiert. Eine solche Sprache knüpft an die in den Abschnitten 2.4. und 2.6. getroffenen Aussagen über die Objektbeschreibung an. Die allgemeinste Form ist die mit der Beziehung (7) angegebene Darstellung

$$\mathrm{BEN}_k = \mathrm{GB}_t(\mathrm{LS}_k).$$

Einem konkreten Bildelementenamen (BEN_k) wird ein geometrisches Objekt zugeordnet, das durch Gebildetyp (GB_t) und eine Liste konkreter, aktueller Spezifikationsparameter (LS_k) beschrieben wird. Grafische Eingabesprachen laufen in der Regel darauf hinaus, die in den Beziehungen (9) und (19) angegebenen geometrischen Grundelemente und ihre Verknüpfung zu komplexeren Objekten über alpha-numerische Zeichenketten zu beschreiben und dem Rechner in gewünschter Kombination zu vermitteln. Kodierungsprogramme müssen dann für eine zweckmäßige rechnerinterne Darstellung der Objekte sorgen.
Allgemein muß über eine Eingabesprache gesichert werden, daß von einem geometrischen Objekt der Name, die zum Objekt gehörigen geometrischen Grundelemente und ihre Verknüpfung zur Objektstruktur angegeben werden können.

$$\mathrm{EI(GO)} = \big(\mathrm{NA(GO)};\ \mathrm{GI(GO)},\ \mathrm{SI(GO)}\big) \qquad (20.1)$$

mit

$$\mathrm{GI} = \big(\mathrm{EI(GTO)}_i,\ i = 1, \ldots, \mathrm{NTO}\big) \tag{20.2}$$

$$\mathrm{SI} = \big((\mathrm{NA(GTO)}_i,\ \mathrm{NA(GTO)}_k,\ \mathrm{VI})_e,\ e = 1, \ldots, \mathrm{NS}\big) \tag{20.3}$$

$$\big(\mathrm{NA(GTO)}_i,\ \mathrm{NA(GTO}_k)\big) \in \overline{\mathrm{NA(GTO)}} \times \overline{\mathrm{NA(GTO)}} \tag{20.4}$$

Erläuterung:

GO = geometrisches Objekt,
EI(GO) = Eingabeinformation über ein GO,
NA(GO) = Name des GO,
GI(GO) = Gebildeinformation des GO,
SI(GO) = Strukturinformation des GO,
GTO = geometrisches Teilobjekt,
NTO = Anzahl der Teilobjekte,
VI = Verknüpfungsinformation,
NS = Anzahl der Strukturinformationen,
$\overline{\mathrm{NA(GTO)}}$ = Menge (der Namen) aller zum Objekt gehörigen geometrischen Teilobjekte.

Diese allgemeine Aussage, die in den vielfältigen konkreten Eingabesprachen ihren Ausdruck findet, soll am Beispiel einer Eingabesprache für linienhafte ebene geometrische Objekte [6] verdeutlicht werden.

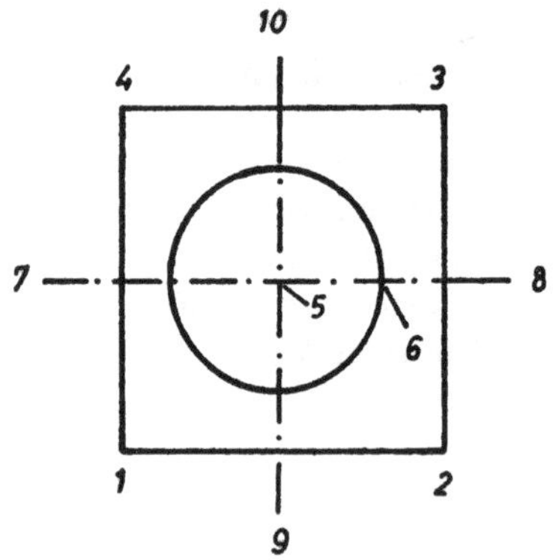

Abb. 3.1. Beispielobjekt TEIL 1

P_1 = 200,200 P_6 = 350,300
P_2 = 400,200 P_7 = 100,300
P_3 = 400,400 P_8 = 500,300
P_4 = 200,400 P_9 = 300,100
P_5 = 300,300 P_{10} = 300,500

Für das in Abb. 3.1 dargestellte Objekte TEIL 1 kann folgender Eingabetext formuliert werden:

TEIL 1:	NA(GO)
200,200,400,200,400,400,200,400 300,300,350,300, 100,300,500,300,300,100,300,500;	GI(GO)
P1*V1*P2*V1*P3*V1*P4*V1* P1*V0*P6*V4*P5*V4*P6*V0* P7+L2V1+P8*V0* P9+L2V1+P10; /;	SI(GO)

Erläuterung:

Im Eingabetext wird die erste Zeichenkette bis zum Doppelpunkt „:" als Name des geometrischen Objektes NA(GO) interpretiert. Es müssen durch Komma getrennte Zahlenpaare folgen, die als x, y-Koordinaten gewertet werden, einen Index in der Reihenfolge ihrer Eintragung erhalten und mit einem Semikolon „;" abgeschlossen werden. Sie stellen die Gebildeinformationen des geometrischen Objektes GI(GO) dar.
Es schließt sich eine Zeichenkette an, die einen regelmäßigen alternierenden Aufbau hat. Dabei liegt zwischen zwei Punkten (die durch den Buchstaben P gekennzeichnet sind, dem der zugehörige Index der Koordinatenwerte folgt) die Verknüpfungsinformation, die durch die Zeichen „*" oder „+" begrenzt ist. Beim Zeichen „*" liegt eine Verbindung mit Standardattributen für Intensität (z. B. Intensitätsstufe 3) und Linienart (z. B. Volllinie) vor. Beim Zeichen „+" können abweichende Attribute (z. B. Strich-Punkt-Linie (L2) und Intensitätsstufe 3 (I3)) angegeben werden. Für fehlende Attributangaben werden die Standardwerte angenommen. Die mit dem Buchstaben V beginnende Information stellt die Verbindungsart dar mit V0 = nicht verbunden, V1 = geradlinig verbunden, V2 = kreisförmig verbunden math. positiv, V3 = kreisförmig verbunden mathematisch negativ und V4 = Vollkreis. Die kreisförmige Verbindung wird in zwei Schritten vom Anfangspunkt über den Mittelpunkt zum Zielpunkt angegeben. Die somit angegebene Strukturinformation des geometrischen Objektes SI(GO) wird durch Semikolon „;" abgeschlossen. Die Eingabe über das geometrische Objekt wird ingesamt durch das Zeichen „/;" abgeschlossen.
Bei dem gewählten Beispiel bestehen die geometrischen Teilobjekte (GTO) aus Punkten. Die zugehörigen Eingabeinformationen sind die x, y-Koordinaten und der Index als Objektname. Die Gebildeinformation GI ist also die Folge der 1 bis NTO Koordinaten-Wertepaare. Im allgemeinen kann aber ein geometrisches Teilobjekt (GTO) selbst ein strukturiertes komplexeres Gebilde sein. Die Strukturinformation des geometrischen Objektes SI(GO) gibt dann die Verknüpfungen bereits strukturierter geometrischer Teilobjekte (GTO) an. Dazu sind die Namen der Teilobjekte $\mathrm{NA(GTO)}_i$ und $\mathrm{NA(GTO)}_k$ und die Verknüpfingsinformation VI erforderlich.
Für den Eingabevorgang bedeutet das, daß mit der Eingabe der elementarsten geometrischen Teilobjekte begonnen werden muß und diese über die komplexeren Teilobjekte bis zum Gesamtobjekt fortzusetzen ist.
Über die alphanumerische Tastatur und damit über Zeichenketten kann auch der Aufruf der in Abschnitt 2.5. angegebenen Operationen vorgenommen werden, wenn eine mplementierte Eingabesprache vorliegt.

3.1.2. Digitalisiergeräte

Beim Vorhandensein externer geometrischer Modelle, wie Zeichnungen, Schablonen, Fertigungsmuster u. a., optisch oder mechanisch tastbarer geometrischer Modelle, wäre es unzweckmäßig die Koordinatenwerte relevanter Stützpunkte des Modells durch eine Messung zu vermitteln und über die alphanumerische Tastatur in den Rechner einzugeben.
Digitalisiergeräte übernehmen die Aufgabe, beim optischen oder mechanischen Erfassen eines Stützpunktes der Vorlage und Tastendruck durch Bediener die zugehörigen Koordinatenwerte zu ermitteln, dem Rechner direkt oder über Zwischendatenträger zu übergeben und die digitalen Werte gleichzeitig optisch anzuzeigen.

Das allgemeine Prinzip der Digitalisiergeräte besteht darin, daß über einen Kursor vom Nutzer die Punkte anvisiert werden, deren Koordinaten erfaßt werden sollen. Dieser Kursor ist gerätetechnisch mit einer Meßeinrichtung verbunden, durch die die Koordinatenwerte bestimmt und als Folge von Punktkoordinaten auf einem Datenträger ausgegeben werden (Abb. 3.2).

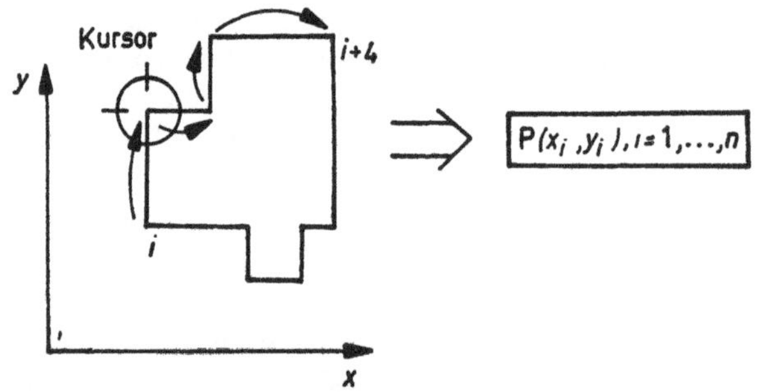

Abb. 3.2. Prinzip der Digitalisierung

Bei der Rasterpunktermittlung ist die Arbeitsfläche des Digitalisiergerätes mit einem Raster versehen, dessen Spalten- und Zeilenwert für jeden getasteten Rasterpunkt meßtechnisch ermittelt werden können.
Auf letztgenanntem Prinzip beruhen die vom VEB Kombinat ROBOTRON angebotenen hochauflösenden Digitalisiergeräte robotron-REISS K 6401 und K 6402. Sie gehören zur Peripherie eines Arbeitsplatzes für Konstruktion und Technologie robotron A 6454 [7], [8].
Stellvertretend für eine Vielzahl angebotener Digitalisiergeräte sollen diese beiden Geräte etwas näher beschrieben werden. Sie unterscheiden sich durch das Format ihrer Arbeitsflächen. K 6401 besitzt eine Arbeitsfläche im Format A 2 (420 mm × 594 mm) und ist für die Arbeit mit kleineren Vorlagen an Sitzarbeitsplätzen ausgelegt, und K 6402 erlaubt als Standgerät mit einer Arbeitsfläche von 841 mm × 1189 mm das Digitalisieren von Vorlagen in Formaten bis zu A 0.

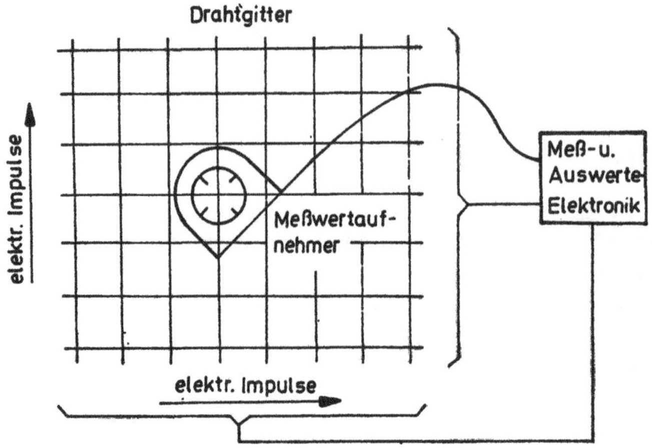

Abb. 3.3. Induktive Rasterpunktermittlung

Beide Geräte besitzen ein präzise in die Meßfläche eingebrachtes, exakt ausgemessenes streng orthogonales Drahtgitter mit einer erzielten Auflösung von 0,01 mm. Dieses Drahtgitter ist in den Randbereichen nach einem besonderen Schema kontaktiert und mit der Meß- und Auswerteelektronik verbunden (Abb. 3.3).
Zur Bestimmung der Koordinatenwerte gibt es zwei prinzipiell unterschiedliche technische Möglichkeiten:

— die Weglängenmessung und die
— Rasterpunktermittlung.

Bei der Weglängenmessung werden die bei der Kursorbewegung zurückgelegten positiven und negativen Wegkomponenten, bezogen auf einen festgelegten Koordinatenursprung, erfaßt und daraus die Koordinatenwerte des anvisierten Punktes errechnet.
Durch dieses Drahtgitter werden von der Elektronik erzeugte elektrische Impulse ausgesendet, die nach einem induktiven Meßprinzip vom Meßwertaufnehmer empfangen, elektronisch ausgewertet und als Koordinatenwerte interpretiert werden. Als Meßwertaufnehmer dient ein Stift, der sich für eine schnelle Arbeitsweise, aber mit geringerer Genauigkeit ($\pm$0,5 mm) eignet, oder eine auf die Arbeitsfläche auflegbare Meßlupe mit einem beleuchteten Fadenkreuz und fünf Funktionstasten, die eine exakte Koordinatenaufnahme mit höherer Genauigkeit ($\pm$0,1 mm) ermöglicht.

3.1.3. Abtastautomaten

Neben den Digitalisiergeräten zum manuellen Erfassen relevanter Koordinatenwerte existieren Geräte, die das automatische Abtasten und Eingeben zwei- und dreidimensionaler geometrischer Objekte erlauben. Da sie digitale Abbilder dieser Objekte erzeugen, sind sie im eigentlichen Sinne ebenfalls unter die Digitalisiergeräte einzuordnen.
Es gibt Geräte, die eine zweidimensionale Vorlage zeilenweise abtasten und dabei über eine optische Elektronik die Helligkeitswerte für einen hinreichend kurzen Zeilenabschnitt aufnehmen [9]. Dadurch entsteht ein digitales Abbild der Vorlage, das $m \times n$ Bildpunkte (m = Anzahl der Zeilen, n = Anzahl der Spalten) und ihre zugehörigen Helligkeits- bzw. Grauwerte enthält und in einem Speicher eingetragen wird. Das Prinzip entspricht der Arbeitsweise einer Fernsehkamera, wobei die aufgenommene Bildinformation als digitale Wertemenge in einer Datei abgelegt wird.
Will man technische Zeichnungen auf diese Art und Weise mit der erforderlichen Genauigkeit digitalisieren und speichern, so würde sich ein ungerechtfertigt hoher Speicherplatzbedarf ergeben. Aus diesem Grunde ist es notwendig, die in diesen digitalen Abbildern enthaltene hohe Redundanz durch Verarbeitungsprogramme zu beseitigen und günstigere rechnerinterne Darstellungen der abgetasteten geometrischen Objekte zu erzeugen.
Für die manuelle und automatische Digitalisierung dreidimensionaler geometrischer Objekte gelten ähnliche Prinzipien. Durch das zusätzliche Erfassen einer dritten Koordinate und durch die Gültigkeit der Gesetze der Stereometrie werden die Anforderungen an die Gerätetechnik wesentlich komplizierter. Auch der Speicherplatzbedarf wächst sprunghaft an, so daß geeignete Verarbeitungsprogramme zur Beseitigung der Redundanz noch zwingender werden.

3.2. Verarbeitungstechnik, spezielle Anforderungen

Da die geometrischen Informationen rechnerintern als digitale Werte vorliegen, ergeben sich an die Verarbeitungstechnik im allgemeinen keine anderen Anforderungen als bei der herkömmlichen Datenverarbeitung. Es werden also für Aufgaben der Digitalgeometrie die auch für andere Aufgaben genutzten elektronischen digitalen Rechenanlagen benutzt.
Spezielle Anforderungen ergeben sich durch ständig wiederkehrende zeitaufwendige geometrische Operationen, wie Transformationen, Schnittbestimmungen, Projektionen usw., wobei es sich anbietet, bestimmte Grundfunktionen hardwaremäßig zu realisieren und sogenannte Geometrieprozessoren zu entwickeln [10], [11]. Durch die rasche Entwicklung der Mikroelektronik und die engere Verschmelzung von Hardware- und Softwarelösungen wird auch in zunehmendem Maße dort eine spezielle Verarbeitungstechnik entstehen, wo es für die Lösung geometrischer Grundaufgaben effektiv ist.

3.3. Ausgabetechnik für geometrische Informationen

Es ist notwendig, die durch Verarbeitungsprogramme erzeugten und manipulierten rechnerinternen geometrischen Modelle wieder in externe oder mit anderen Worten in sichtbare geometrische Modelle umzuwandeln. Dazu stehen sowohl herkömmliche Ausgabegeräte, wie Seriendrucker, Paralleldrucker, Mosaikdrucker, alphanumerische Bildschirmgeräte; als auch spezielle grafische Ausgabegeräte, wie *x-y*-Schreiber, Trommelzeichenautomaten, Tischzeichenautomaten, Rasterbildschirmgeräte, Vektorbildschirmgeräte, Elektronenstrahlplotter, zur Verfügung.

3.3.1. Pseudografische Ausgabegeräte

Unter dieser Kategorie sollen die genannten herkömmlichen Ausgabegeräte aufgeführt werden, die zur Erzeugung einer grafischen Darstellung, einer sogenannten Pseudografik, benutzt werden. Weit verbreitet ist die Benutzung des alphanumerischen Druckers, der für die Ausgabe von Text und Zahlen vorgesehen ist.
Er dient zur Ausgabe von Grafiken, meist schematischen Darstellungen, Diagrammen u. a. Bildern, die keine großen Anforderungen an die Darstellungsgenauigkeit stellen, wie der in Abb. 3.4 gezeigte Ausschnitt eines elektrischen Schaltbildes. Dabei werden

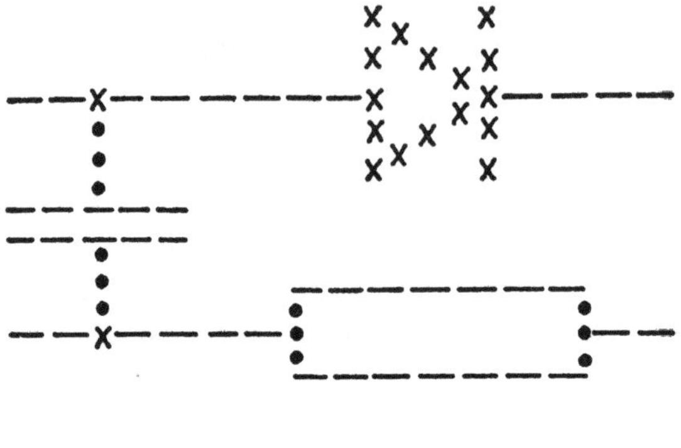

Abb. 3.4. Pseudografik über Drucker

die alphanumerischen Zeichen zur angenäherten Erzeugung der geometrischen Elemente benutzt.
Auch alphanumerische Bildschirmgeräte lassen sich auf diese Art und Weise als pseudografische Ausgabegeräte benutzen. Für Spezialgebiete ist auch der Einsatz von Druckern und Bildschirmgeräten möglich, die über grafische Sonderzeichen verfügen, wie Schaltungssymbole in der Elektrotechnik, der Hydraulik oder beim Rohrleitungsbau oder auch Symbole zur Kennzeichnung meteorologischer Zustände auf Wetterkarten. Ein Grenzfall ist der Einsatz des Mosaikdruckers. Man kann noch von Pseudografik sprechen, wenn das Bild lediglich unter Benutzung des alphanumerischen Zeichengenerators erzeugt wird; wird aber das Bild durch einzeln anzusteuernde Drucknadeln lückenlos zusammengesetzt, dann wäre diese Technik der Rastergrafik zuzuordnen, und der Mosaikdrucker kann dann als vollwertiges grafisches Ausgabegerät angesehen werden.

3.3.2. Zeichengeräte (Plotter)

Soll ein sichtbares zweidimensionales geometrisches Modell (Zeichnungssatz, Zeichung) erzeugt werden, das als Arbeitsunterlage längere Zeit aufbewahrt werden muß und quantitativ genauer als eine Pseudografik sein soll, so ist als Ausgabegerät der Zeichenautomat einzusetzen.
Es gibt zwei prinzipiell unterschiedliche Typen von Zeichenautomaten:

— den Trommelzeichenautomaten und
— den Tischzeichenautomaten.

Bei beiden Zeichenautomaten wird die Spur durch die Relativbewegung zwischen Zeichenstift und dem Zeichenmedium (Papier, Folie u. a.) sowie dem Aufsetzen und Anheben des Zeichenstiftes verursacht. Meist kann dabei von mehreren Zeichenstiften (unterschiedlicher Farbe) durch die Steuerung des Automaten einer ausgewählt werden. Es sind auch verschiedene Arten von Zeichenwerkzeugen montierbar, wie Kugelschreiber, Tuscheschreiber, Graviernadeln u. a.
Beim Trommelzeichengerät (Abb. 3.5) wird die Relativbewegung dadurch erzeugt, daß die Bewegung in einer Achsrichtung (meist der angenommenen x-Achse) durch das Auf- und Abwickeln des Zeichenmediums auf Trommeln entsteht, während in der anderen Achsrichtung der Zeichenstift auf einer über dem Zeichenmedium angebrachten Laufschiene bewegt wird.

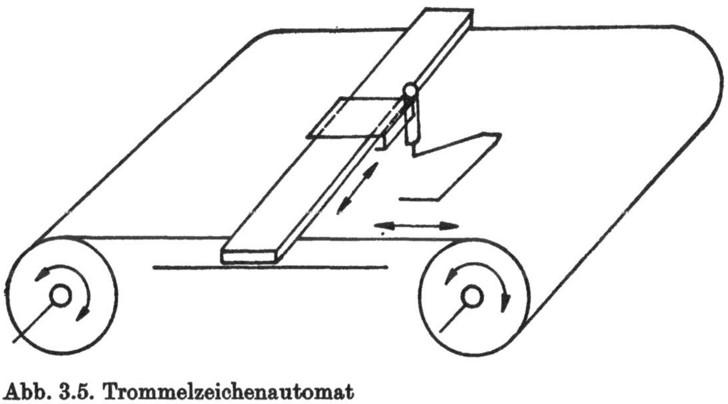

Abb. 3.5. Trommelzeichenautomat

Beim Tischzeichenautomaten (Abb. 3.6) werden eine auf Gleitschienen geführte Brücke über die Zeichenfläche (meist in angenommener x-Richtung) und gleichzeitig ein Läufer, der den Zeichenstift trägt, senkrecht dazu auf dieser Brücke bewegt.

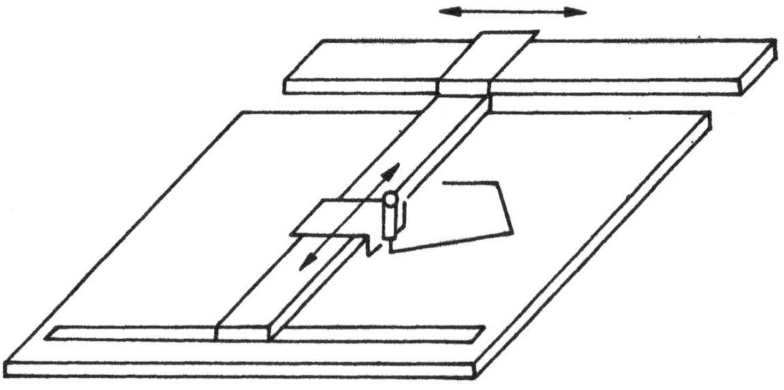

Abb. 3.6. Tischzeichenautomat

Bei beiden Arten von Zeichenautomaten wird die Bewegung durch Präzisionsmotoren hervorgerufen, die in Verbindung mit ihrer elektronischen Steuerung genau bemessene Schrittlängen erzeugen können.
Beide Grundtypen von Zeichenautomaten besitzen bestimmte Vor- und Nachteile: Trommelzeichenautomaten sind in der Regel platzsparender, da die Ausdehnung in der x-Richtung praktisch sehr gering gehalten werden kann. Es lassen sich aber Zeichnungen herstellen, die gerade in dieser Ausdehnungsrichtung nahezu beliebig lang sein können, was für bestimmte Anwendungsgebiete (z. B. Strak-Zeichnungen im Karosseriebau, Schiffbau und Flugzeugbau) vorteilhaft ist. Eine höhere Zeichengenauigkeit läßt sich im allgemeinen mit Tischzeichenautomaten erzielen. Diese haben außerdem den Vorteil, daß sich das Zeichenmedium schnell auflegen und abnehmen läßt (meist elektrostatische Halterung). Dadurch wird es auch möglich, genaue Positionierung des Zeichenblattes vorausgesetzt, an bereits vorhandene Zeichnungen Ergänzungen anzubringen oder auf gedruckte Formblätter zu zeichnen.
An dieser Stelle sollten einige Beispiele von Zeichenautomaten genannt werden [4], [12], [13].

Trommelzeichenautomat EC 7052

Herstellerland:	UdSSR
Größe:	400 mm × 600 mm
Auflösung:	0,1 mm
Genauigkeit:	0,2 mm

Tischzeichenautomat DIGIGRAF 1008

Herstellerland:	ČSSR
nutzbare Zeichenfläche:	1000 mm × 800 mm
Auflösung:	0,05 mm
Genauigkeit:	0,1 mm
max. Zeichengeschwindigkeit:	250 mm/s

Tischzeichenautomat DIGIGRAF 1208

Herstellerland:	ČSSR
nutzbare Zeichenfläche:	1200 mm × 800 mm
Auflösung:	0,01 mm
Genauigkeit:	0,1 mm
max. Zeichengeschwindigkeit:	400 mm/s

Die Zeichenautomaten DIGIGRAF in den Versionen 1008 und 1612 werden als ESER-Zeichengeräte unter der Nomenklatur EC 7054 eingesetzt.
Die Geräte werden außerdem in verschiedenen Versionen bezüglich anderer Leistungsparameter ausgeliefert. In der Regel geht eine höhere Zeichengeschwindigkeit zu Lasten der Zeichengenauigkeit. Bei dem angegebenen Gerät DIGIGRAF 1208 handelt es sich um eine verbesserte Version dieses Typs, das bezüglich Genauigkeit und Geschwindigkeit günstige Parameter besitzt und als peripheres Gerät zum Arbeitsplatz für Konstruktion und Technologie robotron A 6454 [7] angeboten wird.
Die angegebenen maximalen Zeichengeschwindigkeiten beziehen sich auf das Erzeugen einer geraden Linie ohne die Anfahr- und Abbremsphase. Die tatsächlichen Arbeitsgeschwindigkeiten liegen wesentlich darunter und hängen vom Charakter der Zeichnung, den bei ihrer Herstellung notwendigen Beschleunigungs- und Verzögerungsphasen und der geforderten Spurgenauigkeit ab.
Nicht unerwähnt bleiben sollen die obengenannten x-y-Schreiber. Es handelt sich dabei um einfache, relativ preisgünstige grafische Ausgabegeräte. Sie sind vorwiegend für die grafische Darstellung von Funktionen $y = f(x)$ gedacht. Da sie aber nach dem gleichen Grundprinzip arbeiten wie die Zeichenautomaten, sind sie auch für die Herstellung anderer Arten sichtbarer zweidimensionaler geometrischer Modelle, wie Schaltbilder, Diagramme u. a., geeignet; d. h. überall dort, wo keine allzu hohe Genauigkeit, aber doch mehr als die Pseudografik hergibt, verlangt wird.

3.3.3. Grafische Bildschirmtechnik

Sollen nur vorübergehend zweidimensionale geometrische Modelle sichtbar gemacht werden, so bietet sich der Einsatz grafischer Bildschirmgeräte an. Genutzt werden derzeit im wesentlichen nur grafische Sichtgeräte, die auf dem physikalisch-technischen Prinzip der Kathodenstrahlröhre arbeiten.
Eine erste Einteilung der Bildschirmgeräte ergibt sich unter dem Aspekt der Bildspeicherung.
Gehen wir vom allgemein bekannten Arbeitsprinzip der Kathodenstrahlröhre aus! Der Kathodenstrahl wird in seiner Intensität und durch Ablenkeinrichtungen gesteuert. Die vorgelagerte Bildschirmfläche besitzt die Eigenschaft, beim Auftreffen des Kathodenstrahles an den getroffenen Stellen kurzzeitig zu leuchten, wobei die Lichtstärke von der Energie des Kathodenstrahles abhängt. Durch diese Ursachen entsteht auf dem Bildschirm eine sichtbare Spur unterschiedlicher Helligkeit, die aber sofort wieder verschwindet, wenn der Kathodenstrahl nicht wiederholt auf sie auftrifft und sie zum Leuchten anregt. Deshalb muß die Steuerinformation für den Kathodenstrahl wiederholt aus einem Speicher entnommen werden können, wenn ein bleibendes Bild auf der Leuchtschicht entstehen soll.

Daraus ergibt sich die erste Gruppe der Bildschirmgeräte: *Bildschirmgeräte mit Bildwiederholspeicher.* Die Bezeichnung ist unabhängig davon, ob das Bildschirmgerät als Geräteeinheit diesen Speicher selbst besitzt oder dafür den Speicher eines mit ihm gekoppelten Steuerrechners benutzt.
Nun gibt es Kathodenstrahlröhren, die eine Schirmfläche besitzen, deren Leuchtschicht eine relativ lange Nachleuchtdauer (ca. 15 min) ermöglicht. Soll dann das erzeugte Bild für praktische Zwecke in der erforderlichen Zeit sichtbar bleiben, so ist das erneute Abfragen eines Bildwiederholspeichers und damit dieser Speicher selbst nicht erforderlich. Das Bild verschwindet wieder, wenn die eingetragene Ladung durch Anlegen einer negativen Spannung gelöscht wird.
Nach dem genannten Prinzip ergibt sich die zweite Gruppe der Bildschirmgeräte: *Bildschirmgeräte mit Speicherbildröhre.*

Es gibt Kathodenstrahlröhren, die eine Leuchtschicht besitzen, deren Eigenschaft sich bei einer bestimmten Energie des auftreffenden Kathodenstrahles qualitativ verändert. Liegt die Energie unter diesem Schwellwert, so leuchtet die getroffene Stelle nur kurzzeitig nach, überschreitet sie diesen, so leuchtet die getroffene Stelle längere Zeit. Diese Bildschirmgeräte vereinigen die Eigenschaft der zuvor genannten beiden Gruppen. Gesteuert über die Energie des Kathodenstrahles, kann für einen Teil des Bildes der Effekt der Speicherbildröhre genutzt werden, während der andere Teil des Bildes über den Bildwiederholspeicher aufgebaut wird. Der erste Teil wird zweckmäßigerweise die Bildinformation enthalten, die über längere Zeit unverändert bleiben kann, während der andere Teil die variable Bildinformation enthält. Dadurch wird der Bildwiederholspeicher entlastet und auch bei wachsender Bildinformation das Bild länger flimmerfrei gehalten. Das Bild muß nämlich mit einer bestimmten Frequenz (etwa 20···50 Hz) ständig regeneriert werden, um dem Auge des Menschen noch flimmerfrei zu erscheinen, und die erreichbare Wiederholfrequenz wird durch die Länge der gespeicherten Bildinformation beeinflußt. Nach diesem genannten Prinzip arbeitet die dritte Gruppe der Bildschirmgeräte: *Bildschirmgeräte mit Speicherbildröhre und Bildwiederholspeicher.*

Eine weitere Einteilung der Bildschirmgeräte ergibt sich durch die Art der Kathodenstrahlbewegung. Sie kann periodisch und aperiodisch sein.
Beim sogenannten *Rasterbildschirmgerät* bewegt sich der Kathodenstrahl periodisch, zeilenweise über den Bildschirm. Das Bild wird dadurch erzeugt, daß der Kathoden-

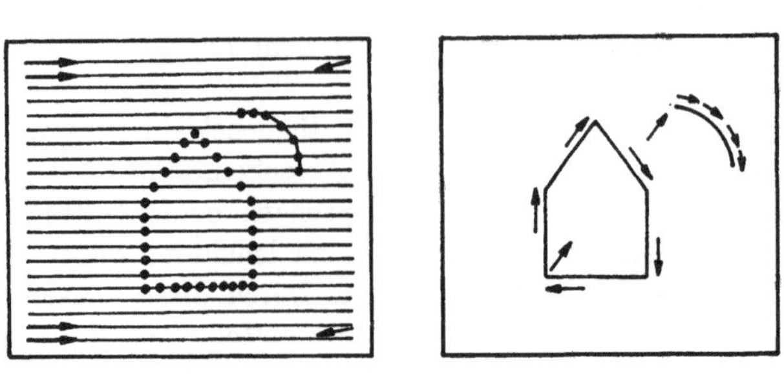

a) b)

Abb. 3.7. Periodische und aperiodische Bilderzeugung.
a) Raster-BSG, b) Vektor-BSG (BSG = Bildschirmgerät)

strahl an bestimmten Stellen der Zeile einen von Null verschiedenen Helligkeitswert hervorruft. Das Bild setzt sich dann aus den hellen Rasterpunkten der einzelnen Zeilen zusammen (hierzu Abb. 3.7a). Dieses Prinzip findet auch in der Fernsehtechnik Anwendung.
Beim sogenannten *Vektorbildschirmgerät* bewegt sich der Kathodenstrahl entlang der Bildkontur und bei Konturunterbrechungen auf der zwischenliegenden geradlinigen Bahn und wird an den sichtbaren Abschnitten der Spur hell gesteuert. Das Bild setzt sich demzufolge aus Vektoren zusammen, wobei gekrümmte Linien durch eine Folge kurzer Vektoren approximiert werden (hierzu Abb. 3.7b).
Eine Rasterung ergibt sich genaugenommen bei beiden Bildschirmarten, da die anzusteuernden Bildpunkte der Schirmfläche in einem Koordinatensystem mit diskreten Werteskalen liegen, die sich ihrerseits aus den diskreten Wertebereichen der dem Koordinatensystem zugrunde liegenden Ablenkspannungen ergeben. Es kommen sowohl Schwarz-weiß- als auch Farbbildschirmgeräte für beide Arten grafischer Sichtgeräte zum Einsatz. An dieser Stelle sollen einige Beispiele für grafische Bildschirmgeräte genannt werden.

Rastersichtgerät robotron K 8917 [7]

Dieses Gerät gehört zur Konfiguration des obengenannten AKT robotron A 6454 und ist ein Schwarzweiß-Gerät.
Es hat folgende Parameter:

Herstellerland:	DDR
Bildschirmdiagonale:	310 mm
Abmessungen:	510 mm × 340 mm × 410 mm
Bildwiederholspeicher:	640 × 408 Punkte
Arbeitsfläche:	210 mm × 100 mm
Darstellungsformat:	640 × 288 Punkte durch Rollmodus ist der gesamte Bildwiederholspeicher darstellbar.
Linienarten:	5
Strichstärken:	4
Intensitätsstufen:	2 (einschließlich der Nullintensität)

Vektorsichtgerät GD 71 [14]

Herstellerland:	UVR
Bildschirmdiagonale:	600 mm
Arbeitsfläche:	360 mm × 360 mm
Rasterung:	1024 × 1024 Punkte
Linienarten:	4
Strichstärken:	1
Intensitätsstufen:	4 (einschließlich der Nullintensität)

Es handelt sich um ein Schwarzweiß-Bildschirmgerät, das neben dem Vektorgenerator auch einen Kreisbogengenerator besitzt. Es verfügt selbst über keinen Bildwiederholspeicher und muß dazu den Arbeitsspeicher eines angeschlossenen Rechners benutzen.

Vektorsichtgerät GD 80 [15]

Das grafische Bildschirmgerät GD 80 ist das Nachfolgegerät das obengenannten GD 71. Es wird in der Konfiguration eines sehr leistungsfähigen Gerätesystems auf Basis der modernen Mikroelektronik in verschiedenen Varianten mit Schwarzweiß- oder Farbbildschirm ausgeliefert und verfügt über einen eigenen Bildwiederholspeicher.
Es hat in der maximalen Ausbaustufe folgende Parameter:

Herstellerland:	UVR
Bildschirmdiagonale:	507 mm
Arbeitsfläche:	360 mm × 360 mm
Rasterung:	4096 × 4096 Punkte
Linienarten:	4
Farben:	4
Intensitätsstufen:	4 (einschließlich der Nullintensität).

Die grafischen Bildschirmgeräte verfügen außerdem über Zeichengeneratoren und können natürlich auch zur Textausgabe genutzt werden mit dem Vorteil, daß die Textzeichen in der Rasterung beliebig plaziert werden können und nicht an ein Zeilen- und Spaltenformat gebunden sind. Durch entsprechende elektronische, optische und fototechnische Einrichtungen kann die Spur des Kathodenstrahles auf Filmmaterial aufgezeichnet werden. Man bezeichnet ein derartiges Gerät in der Literatur als *Elektronenstrahlplotter*. Unter dem Aspekt des Ausgabeproduktes ist dieses Gerät in die Gruppe der Zeichenautomaten einzuordnen. Durch die elektronisch-fotooptische Arbeitsweise anstelle der elektrisch-mechanischen des herkömmlichen Zeichenautomaten erhöht sich die Zeichengeschwindigkeit bzw. verkürzt sich die Zeit der Aufzeichnung eines Bildes erheblich (Größenordnung etwa 500:1).

3.3.4. Automatische Fertigungstechnik

Bei den Zeichenautomaten wurde bereits angedeutet, daß mit der vorgestellten Ausgabetechnik auch Abschnitte des Fertigungsprozesses, wie das Gravieren und das fotooptische Aufzeichnen (Maskenherstellung) zu bewältigen sind. Ansonsten wurden aber bisher lediglich Ausgabegeräte vorgestellt, die, bezogen auf den Fertigungsprozeß, nur grafische Arbeitsunterlagen liefern. Sinnvoll und konsequent ist es, unter die Ausgabetechnik der Digitalgeometrie alle die Geräte einzuordnen, die aus einem rechnerinternen geometrischen Modell ein externes geometrisches Modell erzeugen. Das schließt die Modelle ein, die identisch mit dem geometrischen Aspekt eines realen Objektes sind.
Der automatisch gesteuerte Schneidbrenner verhält sich wie ein Zeichenautomat, nur daß das Medium aus Stahlblech oder anderen Metallen besteht und die erzeugte Spur die herausgebrannte Trennfuge zwischen der Berandung eines meist ebenen Werkstückes und der restlichen Blechtafel darstellt. Bei dieser Art Ausgabegerät werden Rechenergebnisse in eine Relativbewegung zwischen dem Werkzeug, dem Schneidbrenner, und dem Werkstück, der Blechtafel, umgesetzt. Das gilt für jede andere automatisch gesteuerte Werkzeugmaschine. Rechnerinterne geometrische Informationen werden in die im allgemeinen dreidimensionale Bahnkurve einer Relativbewegung zwischen einem Werkzeug und einem Werkstück umgesetzt. Dabei ist es unbedeutend,

ob die Information in On-line- oder Off-line-Kopplung vom Rechner zur Werkzeugmaschine übertragen wird.
In diesen Abschnitt sind schließlich auch die Roboter einzuordnen, deren Manipulatoren automatisch gesteuerte, komplizierte Bewegungsabläufe im dreidimensionalen euklidischen geometrischen Raum vollziehen. Durch die Einordnung von Arten der automatischen Fertigungstechnik in die Ausgabetechnik für geometrische Informationen soll verdeutlicht werden, daß die Erkenntnisse, Theorien, Methoden und Verfahren der Digitalgeometrie und rechnergestützten geometrischen Modellierung und deren Anwendung in Forschung, Entwicklung, Konstruktion, technologischer Vorbereitung bis zur Fertigung selbst durchgängig zum Tragen kommen. Alle erarbeiteten Lösungen für diese genannten Einsatzgebiete, gleichgültig, ob sie Hardware- oder Softwarecharakter besitzen, müssen diese Durchgängigkeit berücksichtigen [16], [142].

3.4. Grafische Dialogtechnik

Bisher wurde die Technik, die entweder die Eingabe oder die Ausgabe geometrischer Informationen gestattet, getrennt voneinander erläutert. In diesem Abschnitt soll die Technik genannt werden, die interaktiv genutzt werden kann, d. h., die einen Dialog zwischen Mensch und Rechner über alphanumerische und grafische Ein- und Ausgabeeinrichtungen ermöglicht.

3.4.1. Interaktive grafische Bildschirmtechnik

Im Abschnitt 3.3.3. wurde die grafische Bildschirmtechnik unter dem Aspekt der passiven Bildausgabe beschrieben. Für bestimmte Aufgabenstellungen kann eine passive grafische Bildausgabe ohne rückwirkende Einflußnahme des Nutzers auf das Geschehen vollkommen ausreichend sein, und es kann für bestimmte Einsatzgebiete zweckmäßig sein, grafische Bildschirmgeräte zu verwenden, die nur die Bildausgabe zulassen. In der Regel sind die grafischen Bildschirmgeräte, wie auch die im Abschnitt 3.3.3. genannten Beispielgeräte, mit technischen Einrichtungen ausgestattet, die neben der grafischen Bildausgabe auch die Eingabe grafischer und alphanumerischer Informationen erlauben.
Die zum Einsatz kommenden grafischen Bildschirmgeräte sind sehr unterschiedlich mit peripheren Einrichtungen ausgerüstet. Ein leistungsfähiges interaktives grafisches Bildschirmgerät, wie die im Abschnitt 3.3.3. genannten Typen GD 71 und GD 80 verfügen über eine alphanumerische Tastatur, eine Funktionstastatur, eine Positioniereinrichtung und einen Lichtstift.
Die alphanumerische Tastatur dient, wie auch bei herkömmlichen Bildschirmgeräten, zur Eingabe alphanumerischer Zeichen (Buchstaben, Ziffern und Sonderzeichen) und festgelegter Steuersignale (Zeilenvorschub, Spaltenvorschub, Löschen des Bildschirmes u. a.).
Die Funktionstastatur dient zur Eingabe beliebig verwertbarer Signale über eine bestimmte Anzahl von Funktionstasten (z. B. 32 Tasten bei GD 80). Meist wird eine Tastenbetätigung durch eine in der Taste oder unmittelbar daneben angebrachten Kontrollampe angezeigt.

Positioniereinrichtungen sind Positionierkugel oder Steuerknüppel. Die Positionierkugel (Abb. 3.8) ist eine in eine Fassung eingelassene, in beliebiger Richtung von Hand drehbare Kugel, die die Drehbewegung auf senkrecht zueinander stehende Potentiometer überträgt. Über die Potentiometer und entsprechende Wandler werden je zwei digitale Werte erzeugt, die bei GD 71 im Rasterbereich von 0 bis 1023 liegen. Dadurch ist die Eingabe der Punktkoordinaten jeder Position des Bildschirmrasters möglich. Die gleiche Wirkung kann mit einem in beliebiger Richtung beweglichen Steuerknüppel erzielt werden.

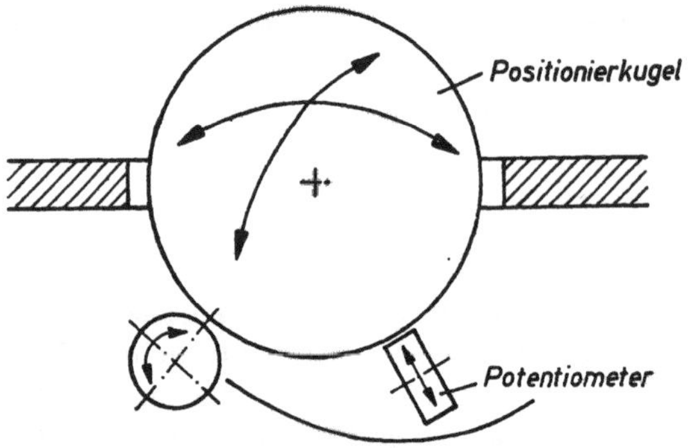

Abb. 3.8. Positionierkugelprinzip

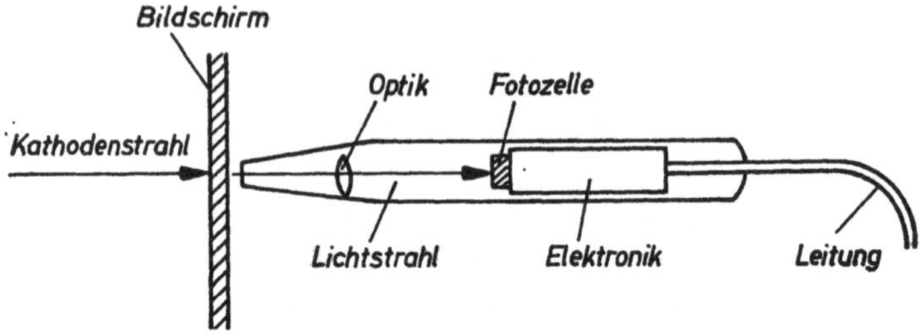

Abb. 3.9. Lichtstiftprinzip

Mit Hilfe des Lichtstiftes ist es möglich, Kathodenstrahltreffer auf dem Bildschirm zu registrieren und dadurch dargestellte Objekte zu identifizieren (Abb. 3.9). Der Lichtstift wird auf den Bildschirm aufgesetzt. Wird die Aufsetzstelle von dem Kathodenstrahl getroffen, so wird der auf der Schirmfläche erzeugte Lichtstrahl über eine Optik zu einer Fotozelle weitergeleitet und in einen elektrischen Impuls umgewandelt. Der Impuls wird verstärkt, weitergeleitet und vom Steuerrechner zur Identifizierung der auf dem Bildschirm dargestellten geometrischen und alphanumerischen Objekte in Verbindung mit dem Inhalt des Bildwiederholspeichers ausgewertet.

3.4.2. Der grafische Dialog über Digitalisiergerät und Zeichenautomat

Für bestimmte Anwendungsaufgaben kann es zweckmäßig und bei gegebener Gerätekonfiguration notwendig sein, den grafischen Dialog über Digitalisiergerät und Zeichenautomat abzuwickeln [17]. Dazu werden vor allem die Eigenschaften des Digitalisier-

gerätes genutzt, beliebige Punkte einer zweidimensionalen Darstellung anvisieren und deren Koordinatenwerte eingeben zu können. Das Grundprinzip besteht nun darin, daß eine Teilfläche der Vorlage mit einem Menüfeld belegt ist (Abb. 3.10), wobei jedem Element (Menü) des Menüfeldes eine bestimmte Funktion zugeordnet wird.
Diese Zuordnung wird vom Nutzer vorgenommen, indem er eine ausgewählte Menüfeldschablone auf dieses Feld, meist in Verbindung mit der Vorlage, auflegt und eine dazugehörige Software aktiviert. Jedes Element der Schablone enthält symbolisch einen

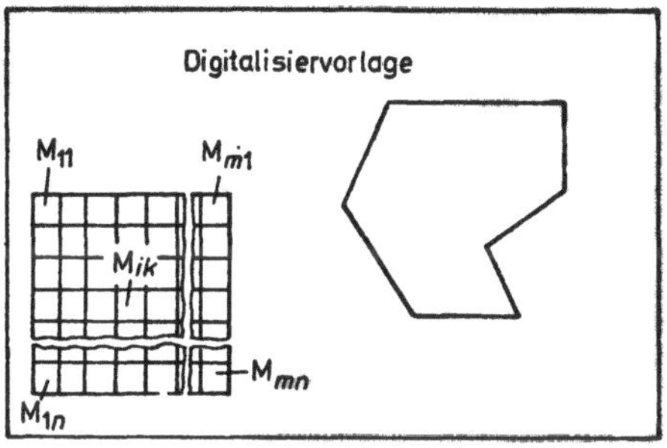

Abb. 3.10. Menüfeld bei Digitalisiervorlagen

Hinweis auf die auszuwählende Funktion. Wird nun mit dem Digitalisiergerät der Koordinatenbereich eines Menüs erfaßt und eingegeben, so wird im Rechner über die zugehörige Software die dem Menü zugeordnete Funktion ausgelöst. Geometrische Objekte der Vorlage können durch Aufnehmen und Eingeben eines Objektpunktes mit dem Digitalisiergerät und durch im Rechner laufende Zuordnungsprogramme identifiziert werden. Die grafische Ausgabe erfolgt über einen Zeichenautomaten. Die entstandenen Zeichnungen können so beschaffen sein, daß sie bei richtiger Positionierung auf dem Digitalisiergerät (Eintasten von Bezugskoordinaten) selbst wieder als Vorlage benutzt werden können. Das kann auch ein auf den Zeichenautomaten erzeugtes Menüfeld sein. Der Dialog wird darüber hinaus durch eine alphanumerische Bedieneinheit (Bildschirmgerät) unterstützt.
Für die in Abschnitt 3.1.2. genannten Digitalisiergeräte robotron-REISS K 6401 und K 6402 ist eine derartige Menütechnik hardware- und softwareseitig vorbereitet und verfügbar.

3.5. Stand und Entwicklungstendenzen

Gegenüber dem bisher verbreiteten Betrieb von Einzelgeräten der Digitalgrafik kommen in zunehmendem Maße komplette eingerichtete Arbeitsplätze, wie der Arbeitsplatz für Konstruktion und Technologie robotron A 6454 [7] u. a. zum Einsatz.
Moderne Arbeitsplätze verfügen über eine leistungsfähige grafische Peripherie mit einem oder mehreren grafischen Bildschirmgeräten, einem Digitalisiergerät und einem oder mehreren Zeichenautomaten unterschiedlicher Leistungsparameter.
Die Arbeitsplätze verkörpern die Einheit von Dezentralisierung und Zentralisierung der Rechentechnik. Sie befinden sich, wie der Name ausdrückt, einerseits dezentralisiert

in der Nähe der herkömmlichen Arbeitsplätze der Nutzer, arbeiten auf der Basis von Kleinrechnersystemen und sind andererseits Bestandteil von Rechnernetzen und bieten dadurch Zugriffsmöglichkeiten zu zentralisierten Großrechenanlagen.
Die grafischen Bildschirmgeräte waren bisher der Engpaß in der Technik der Digitalgrafik, da es sich um sehr teure Geräte hoher technischer Perfektion handelte, die nur in wenigen Stückzahlen produziert wurden. Durch die Verbesserung der Fernsehbildschirmtechnik kommen in zunehmendem Maße billigere Rastersichtgeräte zum Einsatz, die mehr und mehr aus einer Massenproduktion kommen und trotzdem den Anforderungen der Digitalgrafik genügen. Damit soll nicht gesagt werden, daß das Vektorbildschirmgerät verschwindet, das für bestimmte Aufgaben, entsprechend seinen Vorteilen, nach wie vor unentbehrlich sein wird.
Die Ablösung der Kathodenstrahlröhre durch eine Technik, die auf anderen physikalischen Wirkprinzipien beruht, ist z. Z. noch nicht zu erwarten. Zur Anwendung gekommene Lösungen, wie der Elektrolumineszenz-Bildschirm, der magneto-optische Bildschirm, der Flüssigkristall-Bildschirm, der Plasma-Bildschirm u. a. [18], [139] haben sich bisher nicht in verbreitetem Maße durchsetzen können. Überraschende Erfindungen und Neuentwicklungen sind natürlich im Zuge der wissenschaftlich-technischen Revolution nicht ausgeschlossen.
Bei den Zeichenautomaten sind in wachsendem Maße trägheitsärmere Aufzeichnungstechniken zu erwarten, die höhere Zeichengenauigkeiten auch bei zunehmend höheren Zeichengeschwindigkeiten erreichen.
Man bemüht sich auf internationaler Ebene bei der Konzipierung und Entwicklung grafischer Systeme, von der sich rasch entwickelnden und vielfältig unterschiedlichen grafischen Technik unabhängig zu werden. Das soll durch die Annahme virtueller Arbeitsplätze und einheitlicher standardisierter Geräteschnittstellen geschehen (GKS). Die virtuellen Arbeitsplätze berücksichtigen verallgemeinert alle logischen alphanumerischen und grafischen Ein- und Ausgabefunktionen, die durch das einheitliche Geräteinterface an die physisch realisierbaren Ein- und Ausgabefunktionen der tatsächlich vorhandenen Gerätetechnik angepaßt werden (siehe Abschnitt 7.) [5].
Die in diesem Abschnitt getroffenen Aussagen werden auch durch eine CAD-Marktübersicht 1984 [144] und durch eine weitere Einschätzung über CAD-Systeme [145] bestätigt. In dieser Übersicht werden CAD-Systeme von 32 Firmen des kapitalistischen Wirtschaftsgebietes ausgewertet. Daraus geht hervor:

— Der überwiegende Teil der CAD-Arbeitsplätze sind grafische Arbeitsplätze.
— Die Nutzer-Rechner-Kommunikation erfolgt über alphanumerische und grafische Bildschirmgeräte.
— Die meisten Arbeitsplätze verfügen über grafische Bildschirmgeräte, viele davon bereits über mehr als ein grafisches Bildschirmgerät.
— Es werden gleichermaßen sowohl Vektorsichtgeräte als auch Rastersichtgeräte eingesetzt.
— Für die Sichtgeräte werden sowohl Speicherbildröhren als auch Bildröhren mit Wiederholspeicher verwendet.
— Ein Teil der Sichtgeräte sind Farbbildschirmgeräte.
— Das Auflösungsvermögen der Sichtgeräte erreicht maximal 4096×4096 Bildpunkte bei Schwarzweiß-Geräten und 1536×1024 Bildpunkte bei Farbbildschirmgeräten.
— Die Größe der Bildschirme liegt maximal bei etwa 60 cm in der Diagonale.

— Das in Abschnitt 3.3.3. angegebene ungarische grafische Bildschirmgerät GD 80 kann entsprechend seinen Leistungsparametern international in die Spitzengeräte eingeordnet werden.
— Als Arbeitsplatzrechner werden überwiegend Rechner mit einer Wortbreite von 32 Bit benutzt.
— Die Hauptspeicherkapazität der Arbeitsplatzrechner erreicht eine Größenordnung, die der von Großrechnern von etwa vor zehn Jahren entspricht. Manche der Arbeitsplatzrechner verfügen bereits über Hauptspeicherkapazitäten von mehreren Megabyte.
— Die Arbeitsplatzrechner sind sehr oft über Rechnernetze mit Großrechnern und untereinander gekoppelt. Es werden mitunter 16 CAD-Arbeitsplätze für ein CAD-System angegeben. Bei einem System (AUTO-TROL) wird von Kopplungsmöglichkeiten von 100 CAD-Arbeitsplätzen auf der Basis von APOLLO-Rechnern mit je 3,5 MByte Hauptspeicherkapazität über ein Ringnetz gesprochen. Dabei können die Rechner bis zu einem Kilometer voneinander entfernt sein.
— Bei Hardcopy-Geräten versucht man, durch geänderte Ausgabeverfahren sowohl die Geschwindigkeit als auch die Qualität der grafischen Ausgabe zu erhöhen [145]. Es wurden Printerplotter entwickelt, die als schnelle Drucker im Raster- oder Matrixverfahren Bilder erzeugen. Das entspricht den im Abschnitt 3.3.1. erwähnten Mosaikdruckern in der Rastergrafik. Durch elektrostatische Verfahren zum Auftragen der Farbstoffe werden bei einer Papierbreite von ca. 30 cm und einer Auflösung von 40 Bildpunkten/cm Druckgeschwindigkeiten von etwa 10 cm/s erreicht.
  Zur Anwendung kommt auch das sogenannte Tintenspritzverfahren, wobei die Tinte bei kurzzeitigen Druckimpulsen durch Düsen auf das Papier gespritzt wird. Dabei können in mehreren Arbeitsgängen auch Farbbilder in guter Qualität erzeugt werden. Auch der im Abschnitt 3.3.3. genannte Elektronenstrahlplotter (oder Mikrofilmplotter) soll zur schnellen Ausgabe einer Hardcopy guter Qualität beitragen.

Generell sagen diese Einschätzungen aus, daß die Geräte- und Rechentechnik für CAD-Arbeitsplätze einer rasanten Weiterentwicklung unterworfen ist, wobei vor allem bei der Elektronik ein starkes Absinken der Preise zu verzeichnen ist.

4. Programmierung von Zeichenautomaten

Die gesamte im Abschnitt 3. beschriebene Gerätetechnik kann nur dann richtig arbeiten, wenn dazu die erforderliche Software bereitgestellt wird.
Der Zeichenautomat ist ein sehr wichtiges und bisher am häufigsten eingesetztes Gerät der Digitalgrafik. Die rechnergestützte geometrische Modellierung ist eigentlich erst dann effektiv, wenn nicht nur die geometrischen Parameter und geometrische Strukturen mit Hilfe des Rechners bestimmt werden, sondern wenn auch die Umwandlung des internen geometrischen Modells in ein sichtbares externes geometrisches Modell automatisch erfolgt. Dazu muß zur Peripherie einer Rechenanlage zumindestens ein grafisches Ausgabegerät vorhanden sein, und das ist meist ein Zeichenautomat.
Der Zeichenautomat bietet sich auch an, typische programmierungstechnische Probleme der Digitalgeometrie, wie die automatische Umwandlung des rechnerinternen geometrischen Modells in ein sichtbares geometrisches Modell, an einem konkreten Gerät zu erläutern. Wenn dabei auf den im Abschnitt 3. genannten Zeichenautomaten DIGIGRAF Bezug genommen wird, so soll damit das Ziel verfolgt werden, die allgemein für alle Zeichenautomaten gültigen Prinzipien ihrer Programmierung am konkreten Gerät mit der dazugehörigen Basissoftware und einer konkreten Implementierung zu vermitteln.

4.1. Das Steuerprogramm eines Zeichenautomaten

Die Hardware eines Zeichenautomaten ermöglicht, einen oder mehrere Zeichenstifte auf einer vorgegebenen Bahn relativ zur Zeichenfläche zu bewegen und dabei durch das Aufsetzen des einen bzw. eines ausgewählten Zeichenstiftes eine beabsichtigte Spur zu hinterlassen. Die dazu erforderliche Information wird dem Zeichenautomaten über ein Steuerprogramm mitgeteilt, das durch seine Steuereinheit elektronisch interpretiert und in die gewünschten Operationen umgesetzt wird.
Dem Zeichenautomaten DIGIGRAF werden, wie auch bei vielen anderen Zeichenautomaten, die Bewegungskurven durch Elementarschritte der beiden in horizontaler und vertikaler Richtung wirkenden Präzisionsschrittmotoren realisiert. Von einem aktuellen Bezugspunkt aus sind dann Elementarschritte in acht Richtungen möglich (Abb. 4.1).
Eine Kurve wird durch eine Folge solcher Elementarschritte approximiert. Die Steuerelektronik enthält Generatoren, die für bestimmte mathematisch definierte Grundkurven die zugehörigen Schrittfolgen aus den eingegebenen Grundparametern generieren. Beim Zeichenautomaten DIGIGRAF sind das Strecke, Kreisbogen und verschiedene Sätze

alphanumerischer Zeichen. Alle für die Steuerelektronik notwendigen Eingangsparameter sind im Steuerprogramm enthalten.
Das Steuerprogramm besteht aus einer Folge von Befehls- und Datenworten, die nach einer bestimmten Regel angeordnet sind, on-line oder off-line vom Rechner zum Zeichenautomaten übetragen werden und von seiner Steuerelektronik sequentiell verarbeitet werden. Steuerprogramm und Steuerelektronik entsprechen den beim grafischen Bildschirmgerät genannten Kategorien Bilddatei (Bildprozessorprogramm) und Bildprozessor (vergleiche Abschnitt 5. bzw. 5.1.). Für den Zeichenautomaten DIGIGRAF besitzt

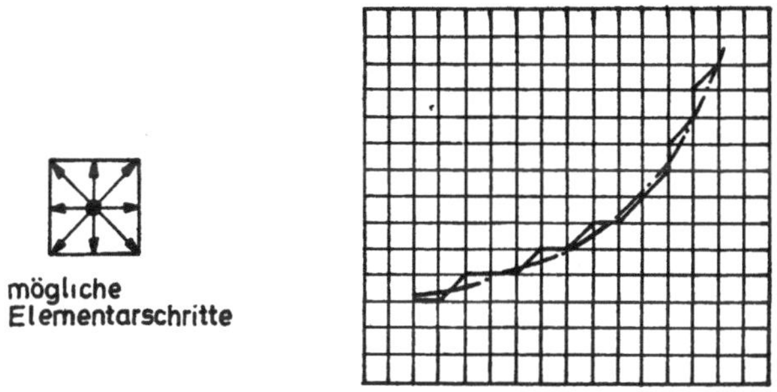

Abb. 4.1. Darstellungsprinzip

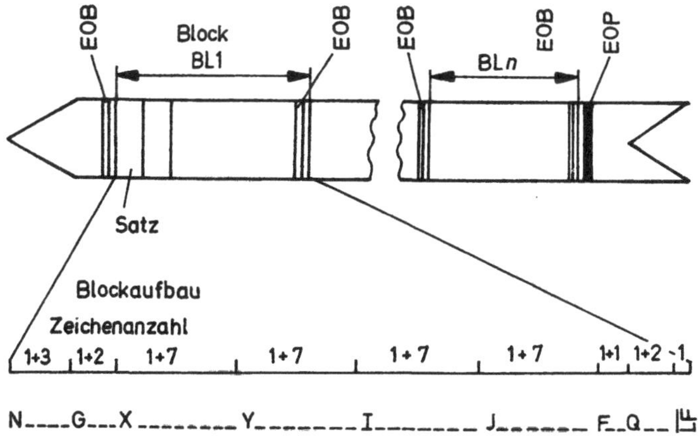

Abb. 4.2. Struktur der Steuerinformation (EOB = end of block, EOP = end of program)

das Steuerprogramm die in Abb. 4.2 angegebene Struktur. Es besteht aus Blöcken unterschiedlicher Länge. Jeder Block enthält die Informationen für eine Zeichenoperation. Es besteht aus einer variablen Anzahl unterschiedlich langer Sätze, in denen die Parameter bzw. die Merkmalswerte der jeweiligen Zeichenoperation verschlüsselt sind. Je nach Merkmal sind das Sätze eines bestimmten Typs, wobei jeder Satztyp konstante Länge aufweist. Jedes Wort eines Satzes entspricht einem Zeichen im ISO-7-Bit-Kode.

Das erste Zeichen des Satzes, ein Buchstabe, bestimmt den Satztyp, die folgenden Zeichen, eine dem Typ entsprechende Anzahl von Ziffern, geben den konkreten Satzinhalt an. Im ersten Buchstaben ist ein Merkmal der Zeichenoperation und in den folgenden Ziffern der Merkmalswert verschlüsselt.
Die verwendeten Buchstaben haben folgende Bedeutung:

N--- Dreistellige Blocknummer

G-- Generierungsparameter mit
- 0- Maßstab einstellbar
- 4- Maßstab 1 : 1
- 9- Maßstab 1 : 1, ohne Verzögerung am Ende der Operation
- -1 Interpolationsart: Gerade
- -2 Interpolationsart: Kreisbogen math. negativ
- -3 Interpolationsart: Kreisbogen math. positiv

X------ }
Y------ } Mit Vorzeichen versehene sechsstellige Koordinatenwerte des Zeichenschrittes

$X = X_z - X_a$ z = Zielpunkt
$Y = Y_z - Y_a$ a = aktueller Punkt

Dimension: 10^{-2} mm

Beispiel: X-001000
Der Zeichenschritt hat eine X-Komponente von 10 mm.

I------ }
J------ } Mit Vorzeichen versehene sechsstellige Werte der Radiuskomponenten, wenn der Zeichenschritt Kreisbogenform besitzt.

$I = X_m - X_a$ m = Mittelpunkt
$J = Y_m - Y_a$ a = aktueller Punkt

Dimension: 10^{-2} mm

F- Zeichengeschwindigkeit
Über die Ziffern 0 bis 9 sind 10 für den Zeichenautomaten festgelegte Geschwindigkeitsstufen einstellbar.

Q-- Zeichenstiftzustand
- 0- Vollinie ——— (Zustand gleichbleibend)
- 1- Strichlinie ---- } (Zustand periodisch veränderlich)
- 2- Strichpunktlinie -·-·- } (Zustand periodisch veränderlich)
- -0 abgehoben
- -1 … -4 aufgesetzt, bei gleichzeitiger Angabe der entsprechenden Zeichenstiftnummer

LF Ende der Zeichenoperation
Das Blockende (EBO), gleichzeitig das Ende der Zeichenoperation, wird durch das Steuerzeichen „linefeed“ (‚zum Zeilenanfang!‘) angegeben.

Die Redundanz der Steuerinformation wird durch folgende Festlegungen verringert:

- Die Blocknummer N braucht nur zur Identifizierung angegeben zu werden.
- Auf die Angabe der Merkmale G, F und Q kann verzichtet werden, wenn sich ihre Werte von Zeichenschritt zu Zeichenschritt nicht ändern.
- Die Merkmale I und J entfallen bei Geradeninterpolation.
- Je eines der Merkmale X und Y beziehungsweise I und J kann weggelassen werden, wenn ihre Werte Null sind.

Die Merkmale sind in der dargestellten Reihenfolge anzugeben. Bei Texterzeugung hat ein Block des Steuerprogramms einen anderen Aufbau

N---F-D---M---Q--(LF)

Die Merkmale N, F und Q haben die gleiche Bedeutung wie bei der Gebildeerzeugung. Die Merkmale G, X, Y, I und J treten nicht auf. Dafür kommen die Merkmale D und M hinzu.

D--- Zeichensymbol
eine dreistellige Zahl, in der das zu erzeugende Zeichensymbol verschlüsselt ist.

M--- Symbolgröße und -richtung
Eine dreistellige Zahl, in der Symbolgröße und -richtung verschlüsselt sind.

Als Beispiel soll ein Steuerprogramm geschrieben werden, das das in Abb. 4.3 gezeigte Verbindungselement VLN und den zugehörigen Text ABC erzeugen soll.

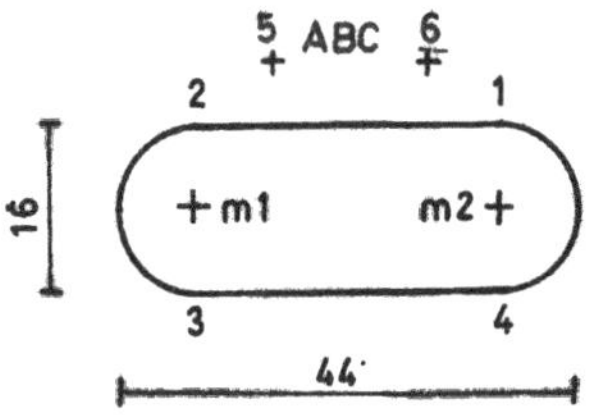

Abb. 4.3. Beispiel Verbindungselement

$P_1 = 50{,}100$ $P_5 = 30{,}110$
$P_2 = 22{,}100$ $P_6 = 42{,}110$
$P_3 = 22{,}84$ $P_{m1} = 22{,}92$
$P_4 = 50{,}84$ $P_{m2} = 50{,}92$

Die allgemeine Darstellung (siehe Abschnitt 2.5.) lautet:

$$VLN = P_1 \ominus P_2 \frown P_3\,(P_{m1}) \ominus P_4 \frown P_1(P_{m2})$$

$$TXT = P_5 \circ \text{,ABC`},$$

bei Anfangs- und Endpositionierung im Koordinatenursprung $P_0 = 0, 0$ ergibt sich für das Bild BLD

$$BLD = P_0 \circ VLN \circ TXT \circ P_0.$$

Der gleiche Sachverhalt wird in dem unten angegebenen Steuerprogramm abgebildet.

```
(LF)
N000G41X+005000Y+010000F5Q00(LF)
N001X-002800Q01(LF)
N002G43Y-001600J-000800F1(LF)
```

```
N003G41X+002800F5(LF)
N004G43Y+001600J+000800F1(LF)
N005G41X−002000Y−001000FSQ00(LF)
N006F3D193M000Q01(LF)
N007D194(LF)
N008D195(LF)
N009G41X−004200Y−011000F5Q00(LF)
```

Erläuterung:

N0: geradlinig von P_0 nach P_1 abgehoben
N1: geradlinig von P_1 nach P_2 Vollinie
N2: kreisförmig von P_2 nach P_3 Vollinie
N3: geradlinig von P_3 nach P_4 Vollinie
N4: kreisförmig von P_4 nach P_1 Vollinie
N5: geradlinig von P_1 nach P_5 abgehoben
N6: Zeichen A Vollinie
N7: Zeichen B Vollinie
N8: Zeichen C Vollinie
N9: geradlinig von P_6 nach P_0 Vollinie

4.2. Programmsysteme des automatischen Zeichnens

Es wäre für einen Nutzer unzumutbar, müßte er einen Zeichenautomaten in dem oben angegebenen Niveau eines Steuerprogrammes, d. h. im Maschinenkode des Zeichenautomaten, programmieren bzw. wollte er dieses Niveau als Schnittstelle der grafischen Ausgabe beim Schreiben von Anwenderprogrammen akzeptieren. Deshalb wird für Zeichenautomaten und die mit ihnen gekoppelten Rechner Software bereitgestellt, die dem Nutzer das Programmieren von Zeichenautomaten wesentlich erleichtert.
Eine solche Zeichensoftware stellt meist ein Unterprogrammsystem dar, wie das System OKP [19], das in den Abschnitten 4.2.1. und 4.2.2. stellvertretend für andere etwas näher erläutert werden soll.

4.2.1. Das allgemeine Prinzip von Programmsystemen des automatischen Zeichnens

Das allgemeine Prinzip solcher Systeme besteht darin, daß der Nutzer über Aufrufe in einer problemorientierten Sprache auf Unterprogramme zugreift, die bestimmte Funktionen bei der Arbeit mit dem Zeichenautomaten realisieren.
Das sind im wesentlichen:

- die Generierung grafischer Grundelemente, wie Punkt, Strecke, Streckenzug, Kreisbogen usw.,
- bei erweiterter Software die Generierung von Geometriebausteinen, wie Rechteck, Sechseck, regelmäßiges Viereck, Vollkreis, Ellipse usw. bzw. von Problembausteinen, wie elektrische und elektronische Schaltzeichensymbole, die Darstellung von ge-

normten Bauelementen eines bestimmten Anwendungsbereiches, Skalen von Koordinatensystemen usw.,
- die Koordinatentransformation, wie Skalierung, Translation und Rotation,
- bei anspruchsvolleren Systemen das Ausführen von Interpolationsverfahren für die Darstellung beliebiger Kurven, das Ermitteln von Fensterausschnitten, die Schraffur allseitig begrenzter Flächen u. a. geometrische und mathematische Verfahren zur Aufbereitung der grafisch darzustellenden Informationen,
- das Einstellen bestimmter Zeichenparameter, wie Auswahl des Zeichenstiftes, der Strichstärke, der Symbolgröße usw. und
- das Organisieren notwendiger Speicher-Kodierungs- und Übertragungsoperationen.

Diese Unterprogramme bewirken, daß entsprechend ihrer Auswahl im Zeichenautomaten ein Steuerprogramm bereitgestellt wird, das die vom Nutzer gewünschten Zeichenoperationen auslöst. Unter Benutzung der Unterprogramme des Systems OKP wäre für die Darstellung des in Abb. 4.3 gezeigten Beispiels Verbindungselement folgendes Zeichenprogramm in der Programmiersprache FORTRAN erforderlich:

```
 C    BEISPIEL VERBINDUNGSELEMENT
 1    DIMENSION IS1(4), IS2(4)
 2    DATA IS1/5000,10000,2200,10000/
 3    DATA IS2/2200,8400,5000,8400/
 4    CALL INI(2)
 5    CALL LIN(IS1,2)
 6    CALL CSC(2200,9200,1600,90000,270000)
 7    CALL LIN(IS2,2)
 8    CALL CSC(5000,9200,1600,270000,0)
 9    CALL GNR(3000,11000,0,1, ‚ABC;‘)
10    CALL EOF
      END
```

Dieses Zeichenprogramm erzeugt das auf Seite 45 angegebene Steuerprogramm für den Zeichenautomaten DIGIGRAF.

Erläuterung:

1: Vereinbarung der Integerfelder für die Punktkoordinaten der beiden Strecken S1 und S2 des Verbindungselementes
2: Angabe der Koordinatenwerte für die Punkte P1 und P2 (Strecke S1)
3: Angabe der Koordinatenwerte für die Punkte P3 und P4 (Strecke S2)
4: Initialisierung und Wahl der Off-line-Kopplung durch Parameter 2
5: Erzeugung der Strecke S1 (durch die geradlinige Verbindung der zwei angegebenen Endpunkte)
6: Erzeugung des linken Kreisbogens (unter Angabe der Mittelpunktskoordinaten, des Radius und des Anfangs- und Endwinkels, bezogen auf die positive x-Achse)
7: Erzeugung der Strecke S2
8: Erzeugung des rechten Kreisbogens
9: Erzeugung des Textes (unter Angabe der Position des 1. Zeichens und je eines Stufenwertes für die Neigung der Textzeile bzw. die Größe der Textzeichen.

10: Abschluß des Steuerprogramms und Bereitstellung in der für den Zeichenautomaten erforderlichen Form und Kodierung entsprechend der Wahl des Parameterwertes beim Unterprogramm INI.

4.2.2. Die Unterprogramme des Systems OKP [19]

An dieser Stelle sollen einige wesentliche Unterprogramme des Systems OKP beschrieben und ihre Anwendung an Beispielen gezeigt werden. Die aus der Praxis resultierenden Anforderungen an die Zeichensoftware sowie der Austausch von Erfahrungen und Ergebnissen haben im Laufe der Entwicklung dazu geführt, daß die verschiedenen Programmsysteme des automatischen Zeichnens einen ähnlichen Aufbau besitzen und über nahezu die gleichen grundlegenden Unterprogramme verfügen. Sie unterscheiden sich mitunter nur in ihrer Aufrufbezeichnung und in der Anordnung und Bezeichnung ihrer Parameter. Deshalb ist es gerechtfertigt, den prinzipiellen Aufbau und die Handhabung von Programmsystemen des automatischen Zeichnens an einem typischen und verbreiteten konkreten System wie dem hier vorgestellten OKP zu zeigen. Das System verfügt über Programme zur Generierung von Grafik und Text einschließlich einer zweckmäßigen Aufbereitung darzustellender Informationen, Programme zur Koordinatentransformation, zur allgemeinen Organisation der Zeichenarbeit und zur ausgabegerechten Strukturierung und Bereitstellung des Steuerprogramms. Die Unterprogramme sind in der Programmiersprache FORTAN mit CALL-Anweisungen aufrufbar.

4.2.2.1. Generierungsprogramme

Als wesentliche Unterprogramme zur Generierung einer zweidimensionalen geometrischen Struktur und von alphanumerischen Zeichen sollen folgende Unterprogramme genannt werden:

PUNK,IPU,N) Erzeugung einer Punktwolke,
LIN(IPU,N) Erzeugung eines Streckenzugs,
PLG(IPU,N) Erzeugung eines geschlossenen Polygonzugs,
IPO(IPU,N) Verbinden von Punkten mit einem Kurvenzug unter Nutzung eines allgemeinen Interpolationsverfahrens

mit den Parametern:

K = Schlüsselnummer des Symboles zur Kennzeichnung der Punkte,
IPU = Integerfeld der x-y-Koordinaten (Wertangabe in 0,01 mm),
N = Anzahl der Punkte,

CSC (IXM,IYM,IR,IWA,IWE)
Erzeugung eines Kreisbogens

mit den Parametern:

IXM,IYM = Mittelpunktskoordinaten (Wertangabe ganzzahlig in 0,01 mm),
IR = Radius (Wertangabe wie zuvor),
IWA,IWE = Anfangs- und Endwinkel (Wertangabe ganzzahlig in 0,001 Grad),

GNR(IX,IY,IRN,IGR,ITX)
Darstellung einer Zeichenkette

mit den Parametern:

IX,IY = Koordinaten der Position des ersten Zeichens (Wertangabe in 0,01 mm),
IRN = Richtung der Anordnungszeile (Wertangabe als Schlüsselnummer gemäß einer Tabelle),
IGR = Größe des Zeichensymbols (Wertangabe wie zuvor),
ITX = Integerfeld zur Speicherung der darzustellenden Zeichen (Wertangabe in ESER-Kodierung).

Die Wirkung der bisher genannten sechs Unterprogramme wird in Abb. 4.4 veranschaulicht.

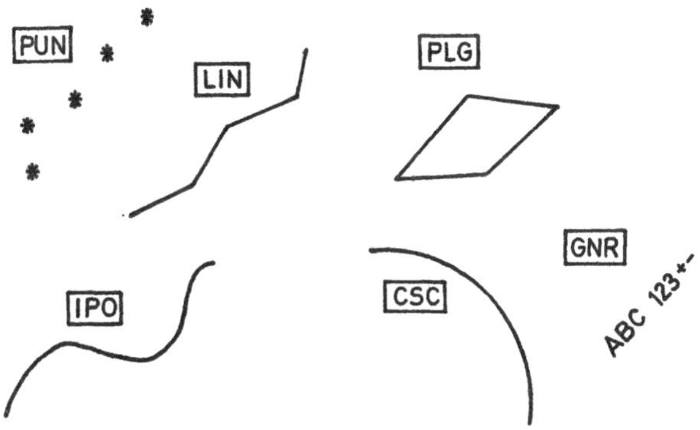

Abb. 4.4. Wirkung der Generierungsunterprogramme

Es sollen noch zwei Unterprogramme genannt werden, die den Komfort der Darstellungsmöglichkeiten erhöhen.

1. LMT(LX1,LY1,LX2,LY2)
   Begrenzung der Darstellung auf einen rechteckigen Ausschnitt (sogenannte Fensterfunktion)

mit den Parametern:

LX1,LY1, LX2,LY2 = Koordinaten zweier diagonal gegenüberliegender Eckpunkte (Wertangabe ganzzahlig in 0,01 mm)

Dieses Unterprogramm erlaubt, nur einen im Fensterausschnitt liegenden Teil der mit den zuvor genannten Unterprogrammen programmierten Darstellung sichtbar zu machen. Dies ist unter anderem auch wichtig bei berechneten oder dem Nutzer bei Festlegung des Darstellungsmaßstabes noch unbekannten Koordinatenwerten. Liegen die zugehörigen Punkte nämlich außerhalb der verfügbaren Zeichenfläche, so würde der Zeichenstift in unerwünschte Bereiche des Automaten geführt bzw. seine Arbeit durch Endschalter abgebrochen, die ihn vor Kollisionen seiner Bewegungsmechanismen schützen. Das Unterprogramm LMT bewirkt, daß der Zeichenstift von der Austrittsstelle der programmierten Zeichenspur aus dem Fensterbereich bis zu ihrer Eintrittstelle in den Fensterbereich im abgehobenen Zustand am Fensterrahmen entlanggeführt wird. Unter Fenster soll hierbei das über LMT angegebene Rechteck verstanden werden.

2. SRA(IPU,N,IW,ID)
   Erzeugung der Schraffur einer begrenzten Fläche

mit den Parametern:

IPU = x-y-Koordinatenfeld der Eckpunkte des begrenzenden Polygons,
N = Anzahl der Eckpunkte des Polygons,
IW = Neigung der Schraffurlinien zur x-Achse,
ID = Abstand der Schraffurlinien untereinander (Wertangabe für Längen und Winkel wie zuvor).

Die Wirkung der Unterprogramme LMT und SRA wird in Abb. 4.5 gezeigt.

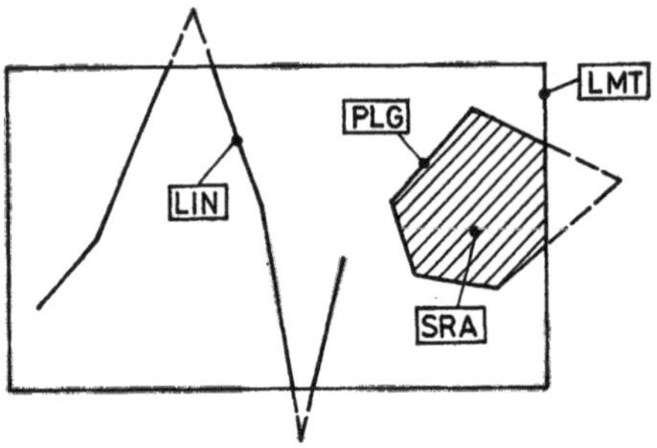

Abb. 4.5. Wirkung der Programme LMT und SRA

4.2.2.2. Transformationsprogramme

Für die Koordinatentransformation werden die vier Unterprogramme TDA, TTA, SCA, ROT bereitgestellt.

1. TDA(KVX,KVY) Translation des Koordinatensystems, bei der sich gleichzeitig angewandte Programme SCA oder ROT (siehe unten) auf das ursprüngliche Koordinatensystem beziehen;
2. TTA(KVX,KVY) Translation des Koordinatensystems, bei der sich gleichzeitig angewandte Programme SCA oder ROT bereits auf das neue Koordinatensystem beziehen.

Für 1. und 2. gelten folgende Parameter:

KVX,KVY = Komponenten des Vektors, um den das neue Koordinatensystem (und damit das darzustellende Objekt) gegenüber dem ursprünglichen verschoben wird (Wertangabe ganzzahlig in 0,01 mm).

Die Translation wurde im Abschnitt 2.5. durch die allgemeine Formulierung

$$P(x', y') = P(x, y) \nrightarrow (v_x, v_y)$$

mit $$x' = x + v_x \quad \text{und} \quad y' = y + v_y$$

beschrieben.

3. SCA(MX,MY) Skalierung des Koordinatensystems

mit den Parametern:

MX,MY = Komponenten des Vektors, mit denen die Ortsvektoren des ursprünglichen Koordinatensystems multipliziert werden, um die Ortsvektoren des neuen Koordinatensystems zu bilden (Wertangabe ganzzahlig).

Das entspricht der allgemeinen Formulierung (Abschnitt 2.5.)

$$P(x', y' = P(x, y) * (m_x, m_y), \qquad \text{wobei } MX = m_x \cdot 1000$$

mit $x' = x \cdot m_x$ und $y' = y \cdot m_y$ für $m_x > 1$,

$$MX = -\frac{1}{m_x} \cdot 1000$$

für $m_x < 1$,

MY analog.

4. ROT(IWX,IWY) Rotation des Koordinatensystems

mit den Parametern:

IWX,IWY = Winkel, um die die x-Achse bzw. die y-Achse des neuen Koordinatensystems gegenüber dem ursprünglichen Koordinationssystem gedreht wird (Wertangabe ganzzahlig in 0,001 Grad).

Das entspricht der allgemeinen Formulierung (Abschnitt 2.5.)

$$P(x', y') = P(x, y) \circlearrowleft^{+} P(0, 0), \varphi, \qquad \text{wobei } IWX = \varphi \cdot 1000 \text{ ist,}$$

mit

$$x' = x \cos \varphi - y \sin \varphi,$$

$$y' = x \sin \varphi + y \cos \alpha,$$

wobei die Einschränkung

$$\varphi = IWX = IWY \text{ gilt.}$$

Bei den Transformationsprogrammen ist zu beachten, daß sie sich untereinander beeinflussen und das Ergebnis von der Reihenfolge ihrer Anwendung abhängt. Die

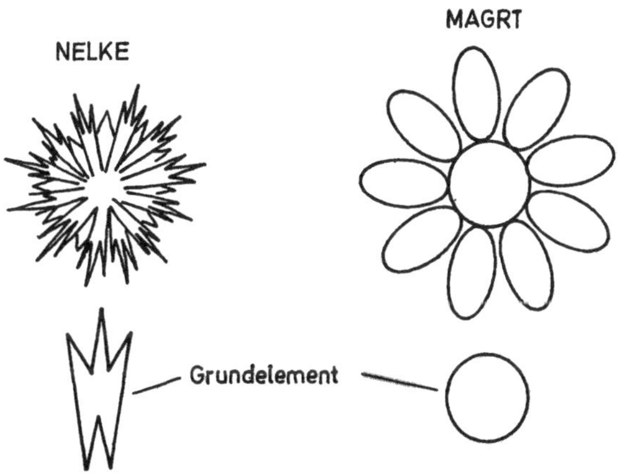

Abb. 4.6. Beispiel Blumenmuster

Anwendung der Transformationsprogramme soll an den in Abb. 4.6 gezeigten Darstellungen verdeutlicht werden. Das Beispiel zeigt, wie aus je zwei geometrischen Grundelementen durch mehrfache Anwendung der verschiedenen Transformationsprogramme zwei eindrucksvolle Gebilde entstehen. Ihre Erzeugungsprogramme wurden ebenfalls als Unterprogramme (Problembausteine) formuliert, deren Anwendung über ein Positionierungsprogramm zur Erzeugung eines Blumenmusters führt (denkbar für Musterentwürfe bei der Teppich- oder Tapetenherstellung). Zur Herstellung dieser Gebilde dienen die folgenden angegebenen FORTRAN-Unterprogramme

NELKE (IX,IY)

und MAGRT (IX,IY)

mit IX, IY = Plazierungskoordinaten

```
      SUBROUTINE NELKE (IX,IY)
      DIMENSION IBL (16), IBLT(16)
      DATA IBL/0,800,-100,400,-400,2800,-200,2000,
     *         0,2800,200,2000,400,2800,100,400/
      DO 1  I=1,8
      K = 2*I
      IBLT(K-1)=IBL(K-1)+IX
1     IBLT(K)=IBL(K)+IY
      DO 2  I=1;12
      IW1=I-1
      IW1=IW1*30000
      CALL ROT(IW1,IW1+90000)
2     CALL PLG(IBLT,8)
      DO 3  I=1,12
      IW2=I-1
      IW2=IW2*30000
      IW2=IW2=15000
      CALL SCA(1000,1200)
      CALL ROT(IW2,IW2+90000
3     CALL PLG(IBLT,8)
      CALL SCA(1000,1000)
      CALL ROT(0,90000)
      RETURN
      END
```

Erläuterung:

1. Zyklus: Im 1. Zyklus werden die eingegebenen Eckpunktkoordinaten des Grundelementes auf den Bezugspunkt (IX,IY) transformiert.

2. Zyklus: Das Grundelement wird mit den Unterprogrammen ROT und PLG in 12, jeweils um den Winkel von 30° gedrehten, Positionen als Polygonzug dargestellt.

3. Zyklus: Der Vorgang vom 2. Zyklus wird unter geänderten Voraussetzungen wiederholt, indem alle 12 Blattdarstellungen gegenüber den vorherigen 12 Darstellungen um 15° gedreht erzeugt werden und das Grundelement zuvor mit dem Unterprogramm SCA um das 1,2fache gestreckt worden ist.

```
      SUBROUTINE MAGRT (IX,IY)
      CALL TTA(IX,IY)
      CALL CSC(0,0,2000,0,0)
      DO 2  IF=1,4
      IFA=IF-1
      IFA=IFA*90000
      DO 1  KF=1,3
      KFA=KF-1
      KFA=KFA*30000+IFA
      CALL ROT(KFA,KFA+90000)
      CALL SCA(2000,1000)
      CALL TDA(2000,0)
1     CALL CSC(0,0,1000,0,0)
2     CONTINUE
      CALL SCA(1000,1000)
      CALL TDA(0,0)
      CALL TTA(0,0)
      CALL ROT(0,90000)
      RETURN
      END
```

Erläuterung:

- Das Koordinatensystem wird mit dem Unterprogramm TTA auf die Bezugspunktkoordinaten (IX,IY) verschoben.
- Mit dem Unterprogramm CSC wird ein Vollkreis vom Radius 20 mm um den Bezugspunkt gezogen.
- Ein weiterer Vollkreis mit dem Radius 10 mm wird mit dem Unterprogramm SCA in x-Richtung um das 2fache zu einer Ellipse gedehnt und mit dem Unterprogramm TDA in positiver x-Richtung um 20 mm verschoben.
- Diese Ellipsendarstellung wird mit dem Unterprogramm ROT zuvor in einem äußeren Zyklus in vier um 90° gedrehte Hauptpositionen und in einem inneren Zyklus in jeweils drei um 30° gedrehte Unterpositionen gebracht, wodurch insgesamt 12 um 30° gedrehte Darstellungen der Ellipse entstehen.
- Das Koordinatensystem wird anschließend in die ursprüngliche Position zurückgestellt.

4.2.2.3. Organisationsprogramme

Außer den Informationen über die geometrische Struktur sind zur Organisation der Zeichenarbeit über das Steuerprogramm weitere Informationen notwendig. Die Unterprogramme, die die entsprechenden Eintragungen in das Steuerprogramm bewirken, sollen in die Kategorie der Organisationsprogramme eingeordnet werden. Davon sollen folgende wesentliche Programme genannt werden:

SPD(IV) *Eintragung der Zeichengeschwindigkeit*

mit dem Parameter

IV = Geschwindigkeitsstufe (Wertangabe durch die Ziffern 0, 1, 2 bis 9)

Die Zeichengeschwindigkeit gilt dann bis zur erneuten Benutzung dieses Unterprogramms für alle weiteren Zeichenoperationen. Bei der Initialisierung wird als Standardwert die Geschwindigkeitsstufe 7 eingestellt.

TLN(N) *Eintragung der Zeichenstiftnummer*

mit dem Parameter

N = Zeichenstiftnummer (Wertangabe bei Versionen mit 4 Zeichenstiften durch die Ziffern 1 bis 4)

Durch dieses Unterprogramm wird gleichzeitig das Koordinatensystem unter Beachtung der geänderten Lage des Zeichenstiftes korrigiert. Der ausgewählte Zeichenstift wird bis zum erneuten Aufruf dieses Unterprogramms für alle Zeichenoperationen benutzt. Bei der Initialisierung wird als Standardwert die Zeichenstiftnummer 1 ausgewählt.

BLH(K) *Eintragung der Linienart*

mit dem Parameter

K = Schlüsselnummer der Linienart
- K = 0 durchgehende Linie
- K = 1 gestrichelte Linie
- K = 2 strichpunktierte Linie

Als Standardwert wird bei der Initialisierung die durchgehende Linie eingestellt. Die gewählte Linienart gilt bis zum Wiederaufruf dieses Unterprogramms bzw. der erneuten Initialisierung. Im System OKP existieren noch weitere Unterprogramme, die über Parameterangaben eine differenzierte Gestaltung der Linienarten bezüglich Länge und Abstand der Strichelemente ermöglichen.

INI(I) *Initialisierung des grafischen Systems*

mit dem Parameter

I = Schlüsselnummer für die Ausgabeart
- I = 1 On-line-Übertragung zum Zeichenautomaten
- I = 2 Off-line-Übertragung zum Zeichenautomaten
- I = 3 Ausgabe des Steuerprogramms zu Testzwecken auf Drucker

Mit dem Unterprogramm INI werden Standardwerte für die Merkmale der Zeichenoperationen und das Koordinatensystem eingestellt.

EOF *Ende der grafischen Ausgabe*

Die Unterprogramme INI und EOF sorgen als erstes bzw. letztes Unterprogramm des Zeichenprogramms zusammen mit anderen vom Nutzer nicht direkt aufrufbaren Unterprogrammen des OKP-Systems für die ausgabegerechte Strukturierung und Bereitstellung des Steuerprogrammes für den Zeichenautomaten.

CALL (INI(I)
⋮
OKP-Unterprogramme — Aufrufe
⋮
CALL EOF

Sie müssen verbindlich als erstes und letztes Unterprogramm bei der Verwendung der OKP-Unterprogramme aufgerufen werden.

4.2.3. Hinweise auf weitere Programmsysteme für automatisches Zeichnen

Es wäre müßig, wollte man auf die zahlreichen in der Welt existierenden Programmsysteme des automatischen Zeichnens eingehen und sie in der gleichen Ausführlichkeit erläutern. Für deren Anwendung ist es ohnehin notwendig, die dazu herausgegebenen Programmbeschreibungen und Programmierhinweise zu benutzen [125], [126]. Für ESER-Anlagen existieren neben dem im Abschnitt 4.2.2. beschriebenen OKP noch die Programmsysteme PLOT, PAD/ES, GOEZEI und GIPS [12].
Das Programmsystem PLOT ist Bestandteil des ESER-Betriebssystems OS/ES ab Version 4.1. Es enthält gegenüber dem OKP zwar eingeschränkte Möglichkeiten der Koordinatentransformation, bietet aber eine größere Auswahl an Unterprogrammen zur Erzeugung von Geometriebausteinen und mathematischen Kurven, wie Spiralen, Ellipsen, Hyperbeln, Polinomialfunktionen, lineare Netze, Koordinatenachsen, Säulendiagramme usw. an.
Das Programmsystem GIPS [20] ist, wie im Namen gekennzeichnet, ein grafisches interaktives Programmsystem, das die Ausgabe sowohl über ein grafisches Bildschirmgerät als auch über einen Zeichenautomaten ermöglicht. Es ist ebenfalls für ESER-Anlagen verfügbar und wird oft für anwendungsspezifische erweiterte Systeme [95] benutzt. Die Entwicklung grafischer Software geht ohnehin in eine Richtung größerer Geräteunabhängigkeit. Es wird dann nicht mehr zwischen Programmsystemen des automatischen Zeichnens und Systemen der Bildschirmprogrammierung unterschieden. Die Programme greifen dann auf das jeweilige Geräteinterface des speziellen Ausgabegerätes zu.

5. Programmierung eines grafischen Bildschirmgerätes

Bei der Programmierung grafischer Bildschirmgeräte werden wie bei der Programmierung von Zeichenautomaten Ausgabeprogramme aufgestellt, die die aus Verarbeitungsprogrammen gewonnene Information in zweidimensionale Darstellungen auf dem grafischen Bildschirm umsetzen.
In diesem Kapitel soll zunächst nur auf die passive Bildschirmprogrammierung Bezug genommen werden. Es besteht eine enge Beziehung zur Programmierung von Zeichenautomaten, und bei Verwirklichung der Standardisierungsbestrebung für grafische Software verschwinden aus bereits genannten Gründen die Unterschiede (siehe Abschnitt 7.).

5.1. Aufbau der Bilddatei

Die Bilddatei, auch als Bildprozessorprogramm oder Displayfile bezeichnet, enthält alle Daten, die vom Bildprozessor als Information zur Steuerung des Kathodenstrahls zur Erzeugung eines gewünschten Bilds auf dem Bildschirm interpretiert werden.
Im engeren Sinne soll also nur die Bilddatei nullter Ordnung BD^0 (siehe Abschnitt 9.) betrachtet werden, die die Bildinformation in einer Form enthält, wie sie unmittelbar von einem speziellen Ausgabegerät verstanden werden kann. Der Aufbau der Bilddatei BD^0 ist demzufolge von diesem speziellen Ausgabegerät abhängig. So verlangt das Rasterbildschirmgerät einen speziell anderen Aufbau der Bilddatei BD^0 als das Vektorbildschirmgerät.

5.1.1. Bilddatei für Rastergrafik

Zur Erläuterung des prinzipiellen Aufbaus der Bilddatei soll von speziellen gerätetechnischen Einflüssen der konkreten technischen Lösungen abstrahiert werden. Es wird also ganz allgemein vom zeilenweisen Aufbau des Bildes ausgegangen. Das Bildschirmraster gliedert sich in Spalten und Zeilen, d. h., es besteht aus je einer Menge diskreter X- und Y-Werte

$$X = \{X_i,\ i = 1, \ldots, \mathrm{NS}\} \qquad \mathrm{NS} = \text{Anzahl der Spalten}, \tag{21.1}$$

$$Y = \{Y_k,\ k = 1, \ldots, \mathrm{NZ}\} \qquad \mathrm{NZ} = \text{Anzahl der Zeilen}. \tag{21.2}$$

Das Bildschirmraster R stellt die Menge aller möglichen ansteuerbaren Positionen des Kathodenstrahles auf dem Bildschirm dar. Es wird mathematisch durch das Kreuzprodukt der Spalten- und Zeilenmengen ausgedrückt

$$R = X \times Y = \{(X_i, Y_k),\ i = 1, \ldots, NS;\ k = 1, \ldots, NZ\}. \tag{21.3}$$

Die Bildinformation $\bar{B}$ ist die Menge aller Bildpunkte, d. h. aller Rasterpunkte, versehen mit einem Helligkeitswert b. In der Digitalgrafik ist die Skala der Helligkeitsstufen auf eine kleine Zahl diskreter Werte, die Intensitätsstufen, begrenzt.

$$\bar{B} = \{(X_i, Y_k, b),\ i = 1, \ldots, NS;\ k = 1, \ldots, NZ\}, \tag{21.4}$$

mit

$$b \in \{0, 1, 2, 3, \ldots, n\} \tag{21.5}$$

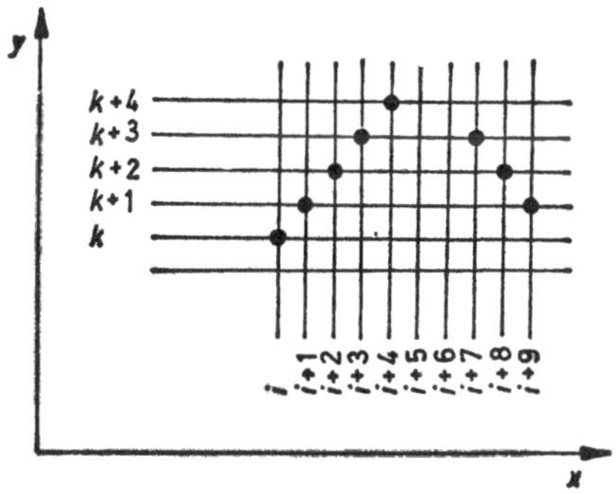

Abb. 5.1. Bilderzeugung beim Rasterdisplay

Bei einem Farbdisplay kommt zu jedem Rasterpunkt mit b ≠ 0 noch ein Farbwert f aus einer ebenfalls diskreten Farbskala hinzu. Dann ist

$$b \in \{(0, 0) \cup \{1, 2, 3, \ldots, n\} \times \{f_1, f_2, f_3, \ldots, f_z\}\}. \tag{21.6}$$

Die Bildinformation über die Punktmenge $\bar{B}$ festzuhalten, erfordert allerdings einen unnötig hohen Speicherbedarf für jedes Bild. Erfahrungsgemäß besitzt in der Digitalgrafik nur ein relativ geringer Teil der Gesamtheit aller Rasterpunkte einen von Null verschiedenen Helligkeitswert (B ≠ 0). Es ist deshalb zweckmäßig, die Bildinformation hinreichend nur durch die wesentlich geringere Untermenge der Rasterpunkte auszudrücken, die einen von Null verschiedenen Helligkeitswert besitzen

$$B^* = \{(X_i, Y_k, b),\quad \text{mit}\quad b \neq 0\}, \tag{21.7}$$

wobei

$$B^* \subset \bar{B} \tag{21.8}$$

$$\text{card } B^* \ll \text{card } \bar{B}, \tag{21.9}$$

$$\text{card } \bar{B} = NS \cdot NZ. \tag{21.10}$$

Da das Bild auf dem Schirm zeilenweise aufgebaut wird, muß die Punktmenge zeilenweise geordnet dargestellt werden.

$$B^0 = ((K_i,\ i = 1, \ldots, NBZ), ((I_k(K_i),\ i = 1, \ldots, NBZ;\ k = 1, \ldots, NBS(K_i))) \tag{21.11}$$

mit

K_i = Nummer einer Zeile, die mit sichtbaren Bildpunkten (b ≠ 0) belegt ist, wobei

$$K_i \in \{1, 2, 3, \ldots, NZ\}, \tag{21.12}$$

$$K_i < K_{i+1} \quad \text{(d. h. geordnet)}, \tag{21.13}$$

NZ = Anzahl aller Zeilen des Rasters,
NBZ = Anzahl der mit sichtbaren Bildpunkten belegten Zeilen

und mit

$I_k(K_i)$ = Nummer der Spalte des Rasters, wo sich auf der Zeile K_i ein sichtbarer Bildpunkt ($b \neq 0$) befindet.

wobei

$$I_k(K_i) \in \{1, 2, 3, \ldots, NS\}, \tag{21.14}$$

$$I_k(K_i) < I_{k+1}(K_i) \quad \text{(d. h. geordnet)}, \tag{21.15}$$

NS = Anzahl aller Spalten des Rasters,
$NBS(K_i)$ = Anzahl aller der Spalten, die auf der Zeile K_i mit einem Bildpunkt belegt sind.

Die Beziehung (21.11) gibt die Informationsstruktur B^0 an, wie sie in einer Bilddatei BD^0 der Rastergrafik für die Beschreibung eines Bildes B zu finden ist. Die in B^0 enthaltene Information wird vom Bildprozessor über einen Digital-Analog-Wandler in eine zeitabhängige Steuerspannung umgewandelt, die die Helligkeit des Kathodenstrahls (ggf. seiner drei Komponenten bei Farbbildschirm) bestimmt.
Die Information für das Rasterbild läßt sich noch verdichten, wenn für jede mit sichtbaren Bildpunkten belegte Zeile nur die Spaltenwerte mit zugehöriger Intensitätsstufe angegeben werden, bei denen eine Intensitätsänderung beginnt. Alle folgenden Rasterpunkte besitzen dann die gleiche Intensität.

$$B^0 = \big((K_i{:}(I_K, b_K),\ K = 1, \ldots, na_i),\ i = 1, \ldots, NBZ\big) \tag{21.16}$$

mit $b_1 \neq 0$, b_K = Intensitätsstufe,

$b_K \neq b_{K+1}$, $b_K \in \{0, 1, 2, \ldots, n\}$,

n = Anzahl der Intensitätsstufen,
K_i = Nummer einer Zeile, die mit sichtbaren Bildpunkten ($b_K \neq 0$) belegt ist,

$$K_i \in \{1, 2, 3, \ldots, NZ\},$$

$$K_i < K_{i+1},$$

NZ = Anzahl aller Zeilen des Rasters,
NBZ = Anzahl der mit sichtbaren Bildpunkten belegten Zeilen,
I_K = Nummer der Spalten des Rasters, bei denen auf der Zeile K_i eine Intensitätsänderung für den gegebenen und alle folgenden Rasterpunkte beginnt,

$$I_K \in \{1, 2, 3, \ldots, NS\},$$

$$I_K < I_{K+1},$$

NS = Anzahl der Spalten des Rasters,
na_i = Anzahl der Spalten, bei denen in der jeweiligen Zeile eine Intensitätsänderung beginnt.

Ein aus Bildelementen BE bestehendes Bild B wird dann, wie in Abb. 5.2 dargestellt, erzeugt.

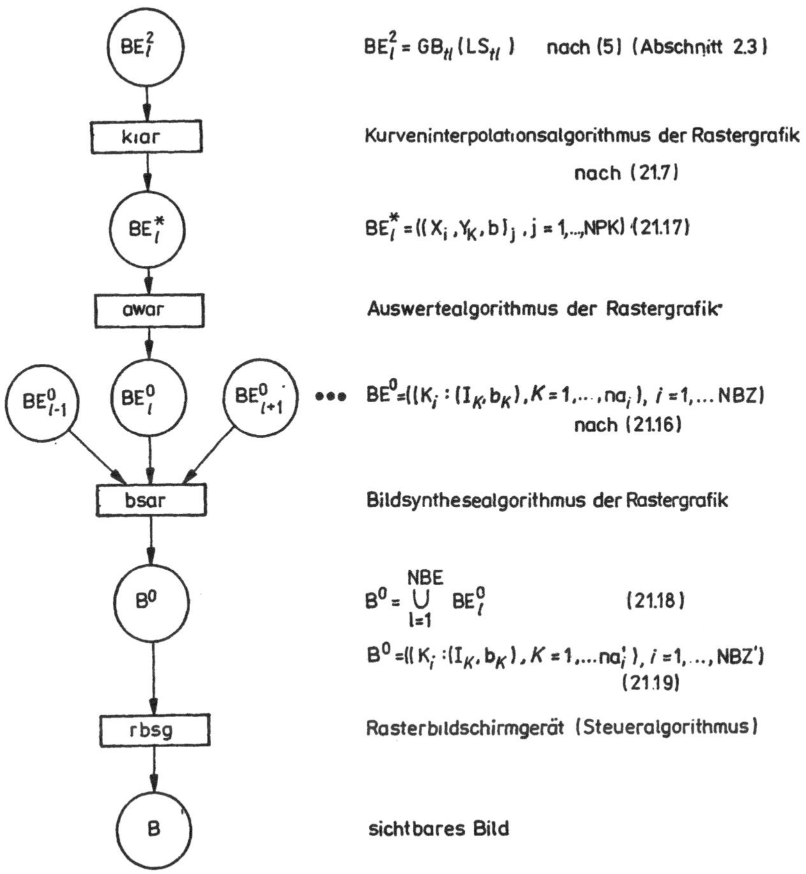

Abb. 5.2. Erzeugung eines Bildes der Rastergrafik

Erläuterung zu Abb. 5.2:

BE_l^2: Das Bildelement liegt als spezifizierter Gebildetyp in der Darstellungsform 2. Ordnung vor.

kiar: Der Kurveninterpolationsalgorithmus der Rastergrafik erzeugt die zum Bildelement gehörige Rasterpunktmenge.

BE_l^*: Das Bildelement liegt als Rasterpunktmenge vor.

awar: Der Auswertealgorithmus der Rastergrafik ordnet die zum Bildelement gehörige Rastermenge zeilen- und spaltenweise.

BE_l^0: Das Bildelement wird durch Zeilenfolgen angegeben, wobei jede Zeile die Rasterpunkte mit zugehöriger Intensitätsangabe enthält, bei denen eine Intensitätsänderung auftritt. (Leerzeilen werden nicht angegeben).

bsar: Der Bildsynthesealgorithmus vereinigt die geordneten Rasterpunktmengen der einzelnen Bildelemente zu einer geordneten Rasterpunktmenge des Gesamtbildes.

B^0: Das Bild liegt als Zeilenfolge vor, wobei jede Zeile die Rasterpunkte mit zugehöriger Intensitätsangabe enthält, bei denen eine Intensitätsänderung auftritt (ohne Leerzeilen).

rbsg: Das Rasterbildschirmgerät verwandelt die Bildinformation B^0 in ein sichtbares Bild B.

Beispiel für eine Bilddatei der Rastergrafik

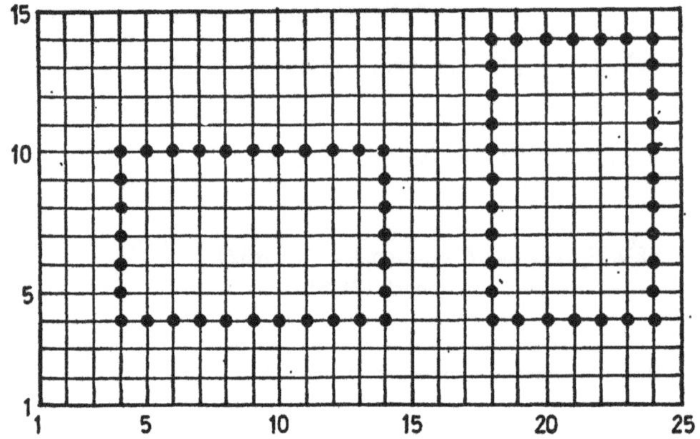

Abb. 5.3. Beispiel für Bilddatei der Rastergrafik

$B^0 =$ 4:(4,1),(15,0),(18,1),(25,0)
5:(4,1),(5,0),(14,1),(15,0),(18,1),(19,0),(24,1),(25,0)
6:(= 5)
7:(= 5)
8:(= 5)
9:(= 5)
10:(4,1),(15,0),(18,1),(19,0),(24,1)(25,0)
11:(18,1),(19,0),(24,1),(25,0)
12:(= 11)
13:(= 11)
14:(18,1),(25,0)

5.1.2. Bilddatei für Vektorgrafik

Beim Vektordisplay wird das Bild durch eine Folge von Vektoren erzeugt.
Die Bildkontur bzw. Spur des Kathodenstrahles setzt sich aus einer Folge von Spurelementen zusammen, die als gebundene Vektoren bzw. Strecken mit einer Spureigenschaft versehen darstellbar sind.

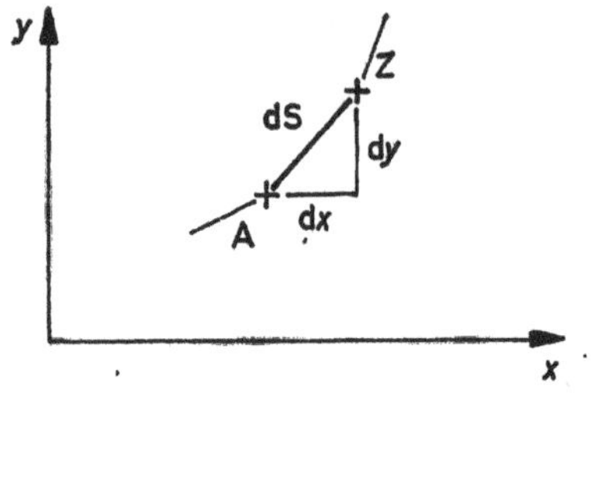

Abb. 5.4. Bilderzeugung beim Vektordisplay

Dem Vektordisplay muß also als wesentliches Informationselement das Spurelement dS bereitgestellt werden.

$$dS = \big(f,(dx, dy)\big). \tag{22.1}$$

Es besitzt die Merkmale

dx, dy = Vektorkomponenten (in Rastereinheiten) und
f = Spureigenschaft oder Strichattribut [21],

wobei die Spureigenschaft Intensität, Linienart, Farbe und andere Eigenschaften einschließt. Die Spur als Folge von Spurelementen kann dann durch die Beziehung

$$S = \big(f_i, (dx_i, dy_i), i = 1, \ldots, NS\big) \tag{22.2}$$

mit NS = Anzahl der Spurelemente
angegeben werden.
Eine Spur S enthält Abschnitte S_K mit einheitlichen Spureigenschaften

$$S = (S_K, K = 1, \ldots, NK) \tag{22.3}$$

mit
$$S_K = \big(f_K, (dx_i, dy_i), i = 1, \ldots, NSK\big), \tag{22.4}$$

NK = Anzahl der Spurabschnitte,
NSK = Anzahl der Spurelemente eines Abschnittes.

Für die Spur eines Vektordisplays ergibt sich dann die folgende Beziehung

$$S = \big((f_K,(dx_i, dy_i), i = 1, \ldots, NSK), K = 1, \ldots, NK\big). \tag{22.5}$$

Ordnet man die so dargestellte Spur einem Bildelement BE zu, so muß bei einem Vektordisplay (oder auch bei einem Zeichenautomaten) die Bilddatei nullter Ordnung B^0, das sogenannte Bildprozessorprogramm, die unter S angegebene Information bezüglich seiner Bildelemente enthalten und außerdem eine Information, die den konstruktiven Aufbau des Bildes aus den Bildelementen angibt, darunter auch die Verschachtelung bei mehrfacher Wiederholung von gleichgestalteten Bildelementen. Die Bilddatei nullter Ordnung B^0 der Vektorgrafik hat folgenden prinzipiellen Aufbau:

$$B^0 = \big((v_p, g_p, p = 1, \ldots, NB\big) \tag{22.6}$$

mit

v_p = Verbindungsinformation (Operator, grafischer oder Verzweigungsbefehl),

$$v_p \in \{\rightarrow, \rightleftarrows, \circ, (\ominus fk)\} = \overline{v_p},$$

$\rightarrow$ unbedingter Sprung,
$\rightleftarrows$ unbedingter Sprung mit Rückkehrabsicht,
$\circ$ Positionierung des Kathodenstrahls,
$(\ominus fk)$ Strecke (Vektor) mit Spureigenschaft,

g_p = Gebildeinformation (Operand),

$$g_p \in \{aB, aBE, aBU, \overline{dV}\} = \overline{g_p},$$

aB,aBE,aBU = Adresse des Bildes bzw. Bildelementes bzw. Bildunterelementes,
$\overline{dV}$ = Vektorkomponentenpaar oder Folge von Vektorkomponentenpaaren,
NB = Anzahl der Strukturinformationen des Bildes.

Durch Syntaxregeln ergeben sich mögliche Relationen in der Menge $\overline{v_p} \times \overline{g_p}$.
Das Bild wird dann in der Vektorgrafik allgemein wie folgt beschrieben.

$$B^0 = \underbrace{\Big((\rightleftarrows, (aBE_{le}, le = 1, \ldots, NLE)), (\rightarrow, aB)\Big)}_{BV}, \underbrace{\Big(BE_l, l = 1, \ldots, NL\Big)}_{BS} \quad (22.7)$$

mit

NLE = Anzahl der in das Bild eingeschaltenen Elemente,
NL = Anzahl der generierten Bildelemente,

$$\{BE_{le}\} \subseteq \{BE_l\} \quad (22.8)$$

$$BE_l = \Big((BE_m, m = 1, \ldots, NM), (BU_n, n = 1, \ldots, NU)\Big) \quad (22.9)$$

mit

NM + NU = NL,

NM = Anzahl der generierten selbständigen Bildelemente (BE_m),
NU = Anzahl der generierten untergeordneten Bildelemente (BU_n),

$$BE_m = \Big((\circ, (x_0, y_0)), ((v_p, g_p), p = 1, \ldots, NP)\Big), \quad (22.10)$$

$$BU_n = \Big((v_p, g_p), p = 1, \ldots, NP\Big) \quad (22.11)$$

mit NP = Anzahl der Strukturinformationen des Bildelementes, wobei für $v_p \neq (\rightleftarrows/\rightarrow/\circ)$ gilt:

$$g_p = \Big((x_i - x_{i-1}, y_i - y_{i-1}), i = 1, \ldots, N\Big) \quad (22.12)$$

mit N = Anzahl der Punkte,
und für $v_p = \rightleftarrows$ gilt:

$$g_p = aBU_n. \quad (22.13)$$

Existieren im Bildprozessor Generatoren zur Erzeugung von alphanumerischen Zeichen, Kreisbogen u. a. Darstellungselementen, so wird die Menge der Operatoren $\overline{v_p}$ und Operanden $\overline{g_p}$ entsprechend erweitert.

Erläuterung der Beziehungen (22.7) bis (22.13):

- Die Bilddatei B^0 besteht aus den beiden Anteilen BV und BS.
- BV gibt die Verknüpfung der Bildelemente zum Bild und BS die Struktur der Bildelemente an.
- BV wird durch einen unbedingten Sprung mit Rückkehrabsicht ($\rightleftarrows$) zu den Adressen der Bildelemente (aBE_{le}) ausgedrückt, die in das sichtbare Bild einbezogen sind. BV wird durch einen unbedingten Sprung ($\rightarrow$) zur Adresse des Bildes (aB) abgeschlossen, d. h., nach dem Durchlaufen aller Bildelemente kehrt das Bildprozessorprogramm zum Anfang der Bilddatei zurück.
- BS enthält die Information über die Struktur aller generierten Bildelemente (BE_l) (vgl. Bezeichnung 22.7).
- Die in das sichtbare Bild „eingeschalteten" selbständigen Bildelemente (BE_{le}) sind eine Untermenge der generierten Bildelemente (BE_l) (vgl. Beziehung 22.8).
- Die generierten Bildelemente (BE_l) bestehen aus selbständigen Bildelementen (BE_m) und untergeordneten Bildelementen (BU_n) (vgl. Beziehung 22.9).

— Die selbständigen Bildelemente (BE_m) verfügen zusätzlich über die Information der Positionierung $(\circ, (x_0, y_0))$, die angibt, daß der Kathodenstrahl zu dem Rasterpunkt $P(x_0, y_0)$ zu führen ist (vgl. Beziehung 22.10).
— Die generierten Bildelemente (BE_m, BU_n) enthalten dann eine Folge weiterer Strukturinformationen (v_p, g_p) (vgl. Beziehungen 22.10 und 22.11), die angeben, daß entweder eine beschriebene Spur durchlaufen wird, die durch ihre direkte Vektorfolge eingetragen ist (Beziehung 22.12), oder daß zur Adresse eines untergeordneten Bildelementes (BU_n) mit Rückkehrabsicht gesprungen wird (Beziehung 22.13).

Beispiel:

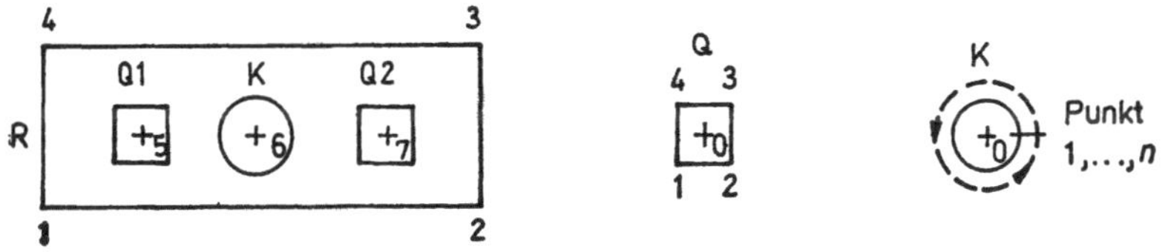

Abb. 5.5. Beispiel Teil T

$$\begin{aligned}B = T &= R \circ Q1 \circ K \circ Q2\\ R &= R \nrightarrow (P_1)\\ Q1 &= Q \nrightarrow (P_5)\\ K &= K \nrightarrow (P_6)\\ Q2 &= Q \nrightarrow (P_7)\end{aligned}$$

$$\text{aB:}\quad B = \big((\rightleftarrows,\text{aT}), (\rightarrow,\text{aB}), (T,R,Q,K)\big)$$

$$\begin{aligned}\text{aT:}\quad T = \big(&(\circ, (x_1, y_1)), (\rightleftarrows,\text{aR}),\\ &((\ominus f0), (x_5 - x_1, y_5 - y_1)), (\rightleftarrows,\text{aQ}),\\ &((\ominus f0), (x_6 - x_5, y_6 - y_5)), (\rightleftarrows,\text{aK}),\\ &((\ominus f0), (x_7 - x_6, y_7 - y_6)), (\rightleftarrows,\text{aQ})\big)\end{aligned}$$

f0: Intensitätsstufe 0

$$\begin{aligned}\text{aR:}\quad R = \big((\ominus f3), (&(x_2 - x_1, y_2 - y_1), (x_3 - x_2, y_3 - y_2),\\ &(x_4 - x_3, y_4 - y_3), (x_1 - x_4, y_1 - y_4))\big)\end{aligned}$$

f3: Intensitätsstufe 3

$$\begin{aligned}\text{aQ:}\quad Q = \Big(&\big((\ominus f0), (x_{1Q} - x_{0Q}, y_{1Q} - y_{0Q})\big),\\ &\big((\ominus f3), \big((x_{2Q} - x_{1Q}, y_{2Q} - y_{1Q}), (x_{3Q} - x_{2Q}, y_{3Q} - y_{1Q}),\\ &\quad (x_{4Q} - x_{3Q}, y_{4Q} - y_{3Q}), (x_{1Q} - x_{4Q}, y_{1Q} - y_{4Q})\big)\big)\Big)\end{aligned}$$

$$\begin{aligned}\text{aK:}\quad K = \Big(&\big((\ominus f0), (x_{1K} - x_{0K}, y_{1K} - y_{0K})\big),\\ &\big((\ominus f3), \big((x_{2K} - x_{1K}, y_{2K} - y_{1K}), (x_{3K} - x_{2K}, y_{3K} - y_{2K}),\\ &\quad \vdots\\ &\quad (x_{nK} - x_{(n-1)K}, y_{nK} - y_{(n-1)K}), (x_{1K} - x_{nK}, y_{1K} - y_{nK})\big)\big)\Big).\end{aligned}$$

Das Bildunterelement Kreis (K) macht deutlich, daß es für die Entlastung der Bilddatei günstig ist, wenn ein derartiges Element durch einen Generator erzeugt wird, der

im Grundsystem enthalten ist. Dabei kann dieser Generator sowohl als Hardware- als auch als Softwarebaustein bereitgestellt werden.
Ein Generator ist ein aktivierter Algorithmus (e = Erzeugungsalgorithmus), der einem Gebildetyp (GB_t) zugeordnet ist (e[GB_t]) und aus eingegebenen Parameterwerten eine dem prinzipiellen Aufbau der Bilddatei entsprechende Struktur erzeugt (siehe auch Beziehung 5 und 10 Kapitel 2, Definitionsalgorithmus).
Zur Erzeugung der zugehörigen Punktfolgen (PF) kann ein Interpolator (i[GB_t]) herangezogen werden, ebenfalls ein aktivierter Algorithmus, der ebenfalls einem Gebildetyp zugeordnet ist und aus eingegebenen Parameterwerten eine Punktfolge erzeugt:

$$BE = e![GB_t]\,(LS_K)\,. \qquad (22.14)$$

Das Bildelement (BE) (BE steht für die substitutionelle Beziehung der dimensionierten BE-Struktur in der Bilddatei) ergibt sich aus der Abarbeitung (!) des aktivierten Erzeugungsalgorithmus (Generator) eines Gebildetyps (e[GB_t]) bei Eingabe konkreter Parameter (LS_K).
Beispiel Kreisbogen:

$$KB = e![KB]\,(XA, YA, XZ, YZ, XM, YM, U)$$

$$KB = \big((\frown\, f3), (XZ-XA, YZ-YA, XM-XA, YM-YA)\big)$$

e![KB] entspricht dem Operatorsymbol $\frown$ bei $U = +1$ (math. positiver Umlaufsinn).

5.1.3. Beispiel für Wort- und Dateistruktur

Um die allgemeine Formulierung eines Bildprozessorprogrammes (Bilddatei nullter Ordnung (B^0)) noch verständlicher zu machen, soll eine konkrete Struktur am Beispiel der Bilddatei für das Gerätesystem GD 71/KRS 4201 [4] gezeigt werden.

Wortstruktur

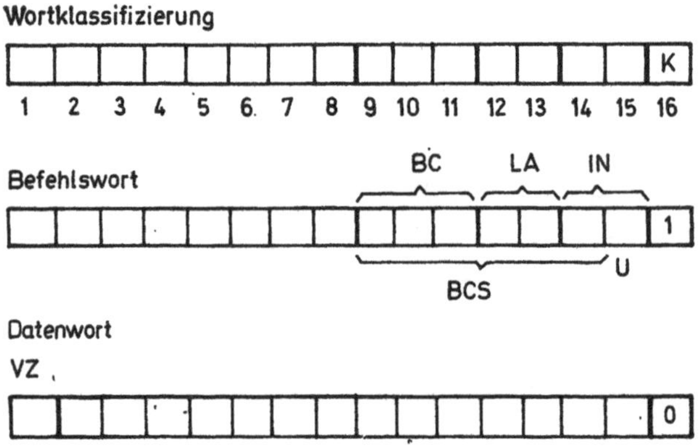

Abb. 5.6. Prinzipielle Wortstruktur

Das Wort in der Bilddatei wird durch die Belegung des 16. Bits (K) klassifiziert. Bei K = 1 liegt ein Befehlswort vor. Das entspricht der Verbindungsinformation (oder dem

Operator) vp in der Beziehung 22.6. Bei K = 0 liegt ein Datenwort vor. Das entspricht der Gebildeinformation (oder dem Operanden) gp in der Beziehung 22.6.
Beim *Befehlswort* ist vom Bildprozessor aus der Information im Bereich vom 9. bis 15. Bit der Befehl zu entschlüsseln. Beim *grafischen Befehl* enthält der Teil BC den eigentlichen Befehlscode, nach dessen Interpretation ein bestimmter Generator zur Erzeugung einer Kathodenstrahlbewegung aktiviert wird. Die Informationen in LA (Linienart) und IN (Intensität) bestimmen dabei die Spureigenschaften. Die nachfolgenden Datenworte werden dann für die zugehörigen geometrischen Abmessungen der Bewegung ausgewertet. Jeder grafische Befehl ist für alle folgenden Datenworte bis zum Auftreten eines neuen Befehlswortes gültig. VZ enthält gegebenenfalls Angaben über das Vorzeichen bzw. den Umlaufsinn beim Kreisbogen.
Beim Steuerbefehl (Programmablaufsteuerung, Verzweigung) bestimmt der Teil BCS die Befehlsart. Der Teil BC ist zur Kennzeichnung dieser Befehlsgruppe mit Nullen belegt. Das nachfolgende Datenwort wird dann als Adresse bzw. Name interpretiert, U enthält Angaben über die Unterbrechung der Steuereinheit.

Dateistruktur

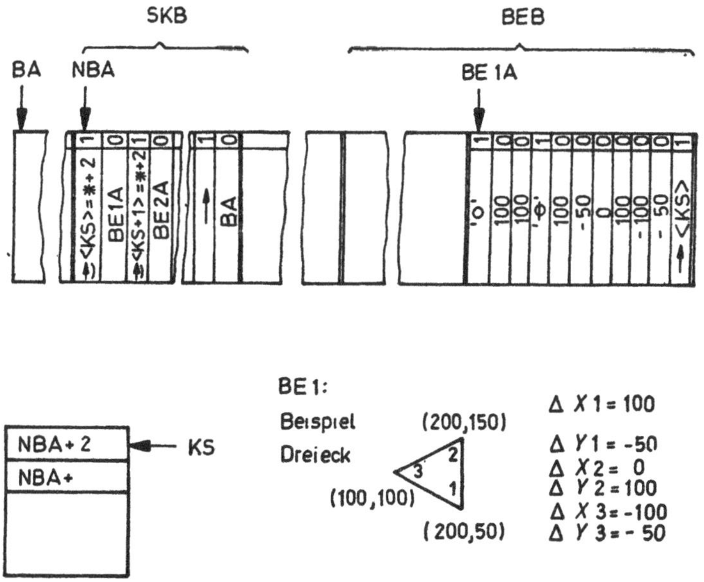

Abb. 5.7. Dateistruktur.

SKB = Schaltkettenbereich
BEB = Bildelementebereich
BA = Bildanfang (Adresse)
NBA = Nutzerbildanfang (Adresse)
KS = Kellerspeicher
BE1 A = Bildelement 1 — Adresse
'o' = Positionierung (kodierter Befehl)
'⊖' = Strecke (kodierter Befehl)
⇄ = unbedingter Sprung mit Rückkehrabsicht (auch ⇄ als Symbol)
→ = unbedingter Sprung

Die in Abb. 5.7 angegebene Dateistruktur wird vom Bildprozessor folgendermaßen interpretiert: Die Abarbeitung der Datei (Bildprozessorprogramm) beginnt bei BA. Der erste Teil enthält Informationen für ein konstantes, vom Nutzer nicht beeinflußbares Bild (u. a. Bildrahmen, Randinformationen). Die Nutzerbilddatei beginnt bei NBA. Es erfolgt ein Sprung mit Rückkehrabsicht ($\rightleftarrows$) zur Adresse des 1. Bildelementes BE1A. Dabei wird die Adresse des nächsten Schaltkettenbefehls zur Sicherung der Rückkehr in den Kellerspeicher KS eingetragen.
Unter BE1A erfolgt zunächst die Positionierung des Kathodenstrahles (‚o‘) auf die Rasterkoordinaten $x=100$, $y=100$ (linke Spitze des Dreiecks). Der nächste Befehl des Bildelementebereiches (BEB) aktiviert den Vektorgenerator (‚$\ominus$‘), der bis zum nächsten Befehlswort alle folgenden Datenworte paarweise als Vektorkomponenten einer Streckenfolge deutet. Dadurch zeichnet beim gezeigten Beispiel der Kathodenstrahl die drei Kanten des Dreiecks. Der nächste Befehl ist ein Sprung zu der im Kellerspeicher aufbewahrten Rückkehradresse.
Anschließend wird der nächste Schaltkettenbefehl abgearbeitet, der zum nächsten Bildelement führt. Sind alle Bildelemente dargestellt, erfolgt der Sprung zum Bildanfang (BA) in der Bilddatei.
Das Ein- und Ausschalten von Bildelementen kann durch das Einfügen bzw. Herausnehmen von Sprungbefehlen aus dem Schaltkettenbereich (SKB) erfolgen.

5.2. Betriebssysteme für die Arbeit mit grafischen Bildschirmgeräten

Unter einem Betriebssystem versteht man „eine Sammlung von Programmen, die einen Teil der Systemsoftware eines automatischen Datenverarbeitungssystems bilden und dazu dienen, den Gebrauchswert eines Rechenautomaten dadurch zu erhöhen, daß während des Durchlaufs Eigenschaften verfügbar sind, die nicht bereits in der Hardware eingebaut sind“ [22].
Das Betriebssystem für grafische Bildschirmgeräte (BSGB) ist eine Komponente des allgemeinen Betriebsysstems eines Rechners, der über ein grafisches Bildschirmgerät als Ein- und Ausgabegerät verfügt. Das BSGB gehört wie das Betriebssystem insgesamt zur Basissoftware einer EDVA, die erst durch diese Basissoftware für die Verarbeitung von Anwenderprogrammen brauchbar wird [23], [24].
Das BSGB ist dann notwendig, wenn ein Rechnersystem mit Mitteln der grafischen Mensch-Maschine-Kommunikation (grafisches Terminal, grafisches Satellitensystem), speziell mit grafischen Bildschirmgeräten ausgestattet ist.
Das BSGB übernimmt folgende Funktionen:

1. Steuerung der Bildausgabe über die Kopplung mit dem Bildprozessor,
2. Steuerung der Eingabe und Auswertung von Informationen über die Peripherie des Bildschirmgerätes einschließlich der Unterbrechungsbehandlung,
3. Generierung und Verwaltung der Bilddatei bei der Abarbeitung der Anwenderprogramme,
4. Bereitstellung von Informationen über Arbeits- und Fehlerzustände des grafischen Bildschirmgerätes und des Rechners bei der grafischen Ein- und Ausgabe,
5. Unterstützung der grafischen Programmierung und Programmtestung.

Zur Realisierung dieser 5 Hauptfunktionen sind folgende grundlegende Funktionen zu erfüllen:

1. Übertragung von Informationen zwischen den Registern des Bildprozessors und des Rechners,
   die Register des Bildprozessors sind:
   — Zustandsregister für die Arbeit des Bildprozessors,
   — Zustandsregister für die peripheren Geräte, wie Funktionstastatur, alphanumerische Tastatur, Positionierkugel,
   — Adressen- und Namensregister für die Orientierung in dem Bilddatei-Speicherbereich, dem dazugehörigen Kellerspeicher und dem Namenslistenspeicherbereich sowie für die Orientierung im Speicherbereich des Anwenderprogramms, Unterbrechungsregister zur Angabe einer Unterbrechungsanforderung und -art,
2. Zugriff des Bildprozessors auf die Bilddatei zur Bildausgabe,
3. Starten und Stoppen der Bilderzeugung,
4. Organisieren der Unterbrechungsbehandlung,
5. Zugriff auf die Bilddatei zur Vornahme von Eintragungen und Veränderungen über Betriebssystem und Anwenderprogramm bei der Bildgenerierung und -manipulierung,
6. Interpretation von Bedienkommandos für das BSGB,
7. Strukturierung der Bilddatei auf Grund von Anweisungen und Aufrufen des Anwenderprogramms, die eine grafische Ausgabe und Bildmanipulierung vorsehen,
8. Organisierung der Arbeit der peripheren Einrichtungen des Bildschirmgerätes auf Grund entsprechender Anweisungen und Aufrufe des Anwenderprogramms.

Die letzten beiden Funktionen weisen auf die Unterstützung hin, die das BSGB zur Programmierung eines interaktiven grafischen Bildschirmgerätes gibt. Auf diese Funktionen wird in den folgenden Abschnitten näher eingegangen.

5.3. Programmierung der passiven Nutzung des Bildschirmgerätes

Unter der passiven Nutzung des Bildschirmgerätes soll die einfache Bildausgabe ohne die aktive Einflußnahme des Nutzers über das Bildschirmgerät verstanden werden.
Aus Abschnitt 5.1. ist ersichtlich, daß es möglich wäre, unter Beachtung des Befehlskodes sowie der prinzipiellen Wort- und Dateistruktur die Eintragungen in die Bilddatei direkt auszuführen, um ein gewünschtes Bild zu erhalten. Das wäre aber für den allgemeinen Nutzer unzumutbar und würde dem Einsatz der Digitalgrafik zur Rationalisierung der Arbeiten in Forschung und Entwicklung nicht dienlich sein. Deshalb wird dem Nutzer eine grafische Grundsoftware und eine darauf aufbauende erweiterte grafische Software zur Verfügung gestellt, auf die er in der Regel über Unterprogrammrufe in einer Wirtssprache (Assemblerkode oder problemorientierte Sprache) zugreifen kann, um ohne gerätespezifische Detailkenntnisse die richtigen Eintragungen in der Bilddatei zu erreichen.
Im folgenden wird die Nutzung eines solchen Programmsystems zur Programmierung eines grafischen Bildschirmgerätes am Beispiel des an der TU Dresden entwickelten grafischen interaktiven Systems GIS [4] gezeigt. Das System ist gut geeignet, die

wesentlichen und typischen Anweisungen der Programmierung grafischer Bildschirmgeräte in enger Verbindung mit ihrem Einfluß auf die Bilddatei nullter Ordnung (Bildprozessorprogramm) zu erläutern und gleichzeitig die Programmierung der Bildausgabe auf höherem Niveau, d. h. näher am geometrischen Problem, zu zeigen.
Auf andere Systeme zur Programmierung grafischer Bildschirmgeräte und auf Fragen der Standardisierung wird dann im späteren Verlauf eingegangen.
Ein Programm zur passiven Nutzung eines grafischen Bildschirmgerätes erzeugt bei seiner Abarbeitung ein oder mehrere Bildprozessorprogramme. Über die aktivierten grafischen Ausgaberoutinen werden die entsprechenden Eintragungen in der Bilddatei nullter Ordnung (Bildprozessorprogramm) vorgenommen.
Ein solches Programm zur passiven Nutzung des Bildschirmgerätes unterscheidet sich im Prinzip nicht von einem Zeichenprogramm und könnte über einen entsprechenden Interpreter sowohl für die Erzeugung des Bildprozessorprogramms als auch zur Erzeugung des Steuerprogramms für den Zeichenautomaten genutzt werden.

5.3.1. Unterprogramme zur Bilderzeugung im Programmsystem GIS

Zur besseren Darstellung des Zusammenhangs mit der BD^0-Struktur werden die Aufrufe der Unterprogramme in Programmen gezeigt, die im Assemblerkode (SYPS 4200) [25] geschrieben sind. Das verlangt vom Leser keine speziellen Kenntnisse dieses Kodes, da die notwendigen Erläuterungen beigefügt sind. Darüber hinaus wird auf die mögliche Nutzung von FORTRAN-Rufen bei problemorientierter Programmierung hingewiesen. In späteren Abschnitten werden wesentlich einfachere Programmiermöglichkeiten in höheren Programmiersprachen gezeigt, die aber auf die hier vermittelten Detailkenntnisse und die ähnlichen in diesem Abschnitt beschriebenen Grundprogramme aufbauen.

5.3.1.1. Programme zur Bestimmung der geometrischen Struktur

Die Programme und ihre Wirkung werden unter Bezugnahme auf die im Abschnitt 2.5. angegebene formatisierte Beschreibung von Erzeugungsoperationen erläutert.
Die Programme

POSI	Positionierung,
RELA	unsichtbare,
GERA	sichtbare geradlinige Verbindung

sollen an Hand des Beispiels „Fadenkreuz (FAKR)“ vorgestellt werden (Abb. 5.8).

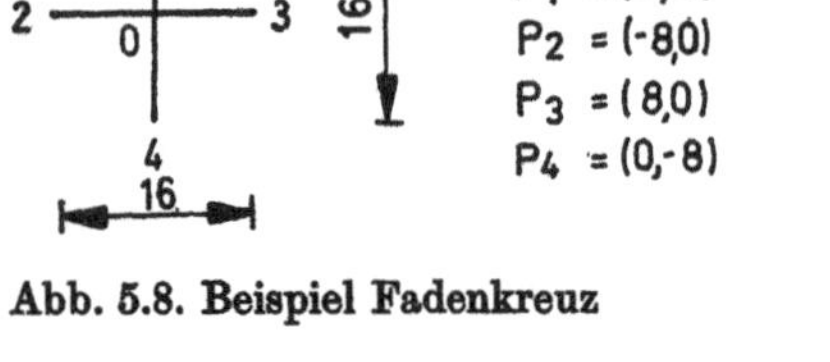

Abb. 5.8. Beispiel Fadenkreuz

Die Darstellung des Fadenkreuzes FAKR soll beim Bezugspunkt P_0 beginnen und enden,

$$\text{FAKR} = P_0 \ominus P_1 \circ P_2 \ominus P_3 \circ P_4 \ominus P_0$$

oder

$$\text{FAKR} = (0{,}0) \ominus (0{,}8) \circ (-8{,}0) \ominus (8{,}0) \circ (0{,}-8) \ominus (0{,}0).$$

Diese Struktur wird unter Benutzung der GIS-Unterprogramme wie folgt beschrieben:

```
RUF POSI     } BP1 Bildelementpositionierung
ADR =0,=0    }

RUF GERA     }
ADR =0,=8    }
RUF RELA     }
ADR =-8,=0   }
RUF GERA     } GS2 Geometrische Struktur der BE
ADR =8,=0    }
RUF RELA     }
ADR =0,=-8   }
RUF GERA     }
```

Nach der Assembleranweisung ADR werden im allgemeinen die symbolischen Namen der Koordinatenadressen eingetragen, z. B. ADR X,Y. Im Beispiel wurde die Möglichkeit genutzt, die Koordinaten als literale Direktoperanden anzugeben.
Die angegebene Aufruffolge erzeugt bei ihrem Vollzug im Rechner das in Abb. 5.9 dargestellte Bildprozessorprogramm (B^0). Die Eintragung beginnt mit der Positionierung (○), gefolgt von zwei Datenworten $x=0$, $y=0$.
Es folgt ein Streckenabschnitt (⊖) der Standardintensitätsstufe IN=3 mit den Komponenten $\Delta x=0$, $\Delta y=8$. Dann schließt sich ein unsichtbarer Streckenabschnitt (⊖, IN=0) mit den Komponenten $\Delta x=-8$, $\Delta y=-8$ an.

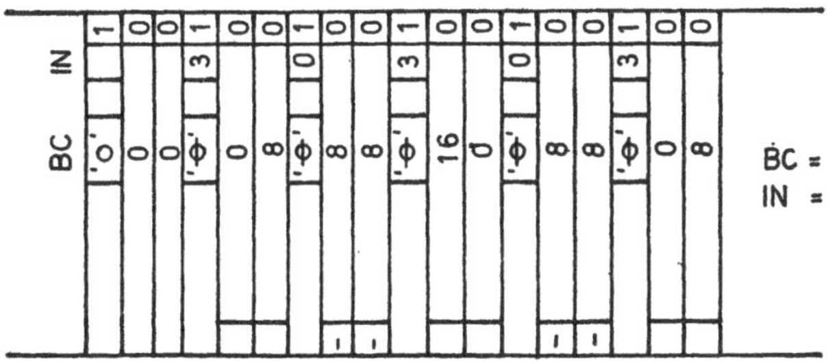

Abb. 5.9. Eintragung in der Bilddatei (Beispiel FAKR)

Ihm folgt wieder ein sichtbarer Streckenabschnitt (⊖, IN=3) mit den Komponenten $\Delta x=16$, $\Delta y=0$. Ihm folgt dann noch einmal ein unsichtbarer Streckenabschnitt (⊖, IN=0) mit den Komponenten $\Delta x=-8$, $\Delta y=-8$. Durch den daran anschließenden sichtbaren Streckenabschnitt (⊖, IN=3) mit den Komponenten $\Delta x=0$, $\Delta y=8$ wird der Kathodenstrahl zum Bezugspunkt zurückgeführt.

Im FORTRAN-Programm stehen zur Erzeugung der genannten grafischen Grundelemente die Aufrufe

```
    CALL  POSI (X,Y)
    CALL  GERA (X,Y)
und CALL  RELA (X,Y)
```

zur Verfügung.
Das Programm

KREI Kreisbogen

soll am Beispiel eines „Viertelkreisbogens (KB)“ vorgestellt werden.

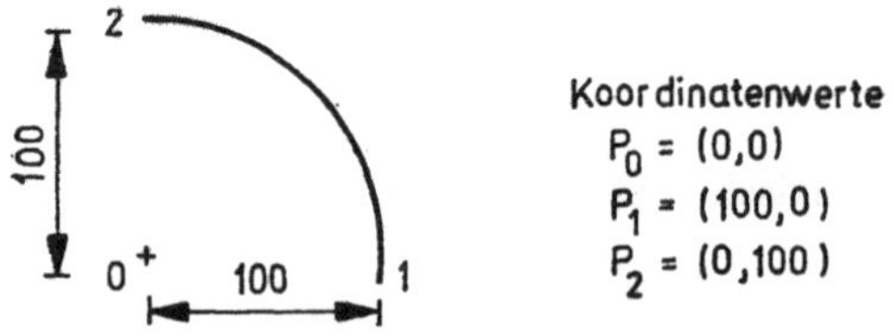

Abb. 5.10. Beispiel Viertelkreisbogen

Die Darstellung des Viertelkreisbogens KB soll beim Bezugspunkt P_0 (Mittelpunkt) beginnen und enden.

$$KB = P_0 \circ P_1 \frown P_2(P_0) \circ P_0,$$

$$KB = (0,0) \circ (100,0) \frown (0,100), (0,0) \circ (0,0),$$

Diese Struktur wird unter Benutzung der GIS-Unterprogramme wie folgt beschrieben:

RUF POSI ADR =0,=0	BP2 Bildelementpositionierung
RUF RELA ADR =100,=0 RUF KREI ADR =0,=100,=0,=0, DEZ 1 RUF RELA ADR =0,=0	GS2 Geometrische Struktur der BE

Die allgemeine Formulierung für den Zugriff auf das Unterprogramm KREI lautet:

```
RUF KREI
ADR XZ,YZ,XM,YM
DEZ i
```

mit XZ,YZ = Adressen der Zielpunktkoordinaten,
XM,YM = Adressen der Mittelpunktkoordinaten,
i = Umlaufsinn,
i = 1 mathematisch positiv,
i = −1 mathematisch negativ,
i = 0 Vollkreis.

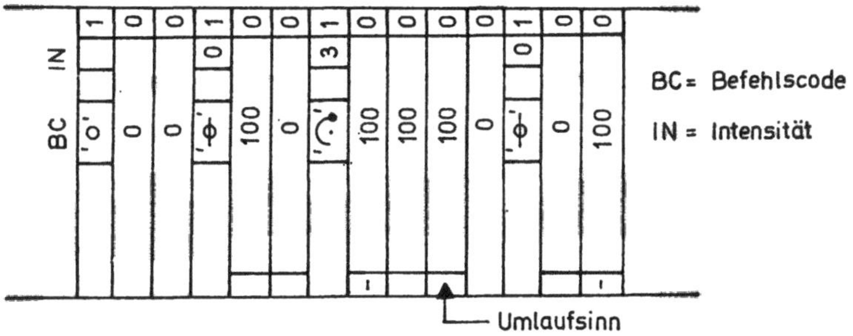

Abb. 5.11. Eintragung in der Bilddatei (Beispiel KB)

Die angegebene Aufruffolge erzeugt das im Abb. 5.11 dargestellte Bildprozessorprogramm (B^0).
Die Eintragung beginnt mit der Positionierung (○) auf den Punkt $x = 0$, $y = 0$. Es schließt sich eine unsichtbare Strecke (⊖, IN = 0) mit den Komponenten $\Delta x = 100$, $\Delta y = 0$ an. Es folgt die Aktivierung des Kreisbogengenerators, der eine kreisförmige Bewegung des Kathodenstrahles mit der Standardintensität IN = 3 veranlaßt. Die nachfolgenden vier Datenworte vermitteln die Parameter des Kreisbogens, die ersten beiden die Komponenten des Vektors vom Anfangs- zum Zielpunkt ($\overrightarrow{P_1P_2}$) des Kreisbogens und die folgenden beiden die Beträge der Komponenten des Vektors vom Anfangs- zum Mittelpunkt ($|\overrightarrow{P_1P_2}|$) des Kreisbogens. Eine Belegung des 1. Bits im dritten Datenwort würde den mathematisch negativen Umlaufsinn bewirken. Nach der Kreisbogeninformation folgt noch eine unsichtbare Strecke (⊖, IN = 0) mit den Komponenten $\Delta x = 0$, $\Delta y = 100$, die die Spur zum Bezugspunkt des Bildelementes zurückführt.
Für die FORTRAN-Programmierung stehen folgende Aufrufe zur Verfügung:

	Kreisbogen
CALL PKRS (XZ, YZ, XM, YM)	mathematisch positiv,
CALL NKRS (XZ, YZ, XM, YM)	mathematisch negativ,
CALL VKRS (XZ, YZ, XM, YM)	Vollkreis

mit XZ, YZ = Zielpunktskoordinaten,
XM, YM = Mittelpunktskoordinaten.

5.3.1.2. Programme zur Modifizierung der Spur

In die Bereiche LA und IN des grafischen Befehlswortes (Abb. 5.6) werden automatisch die Standardwerte (Vollinie und Intensitätsstufe 3) eingetragen.
Soll die Spur modifiziert werden, so geschieht das über die Anrufe

RUF INT0	Intensitätsstufe	0
RUF INT1	„	1
RUF INT2	„	2
RUF INT3	„	3
RUF PPKT	· · · · ·	
RUF SPKT	–·–·–	
RUF STRI	– – – – –	
RUF DRCH	———	

Bei FORTRAN-Programmierung können dieselben Unterprogramme durch die Anweisung CALL aufgerufen werden.
Durch diese Unterprogramme wird die Eintragung in den Bereichen LA und IN entsprechend der gewünschten Modifikation (Spureigenschaft oder -attribut) vorgenommen, und zwar für alle nachfolgend angegebenen geometrischen Grundelemente bis zum erneuten Aufruf eines Modifizierungsprogrammes.

5.3.1.3. Programme zur Bildstrukturierung

Zum Aufbau eines Bildes aus identifizierbaren Haupt- und Unterbildelementen dienen die Programme

BEG	Eröffnen eines BE,
NAME	Benennen eines BE,
IDNA	Identifizieren eines BE,
RUFE	Einbinden eines Unter-BE,
END	Abschluß eines BE,
EINA	Einschalten eines BE,
AUSA	Ausschalten eines BE.

Die Strukturierung eines Bildes soll am Beispiel „Fadenkreuz (FAKR)" (Abschnitt 5.3.1.1.) und „Fadenkreuzverbindung (FAKRVB)" gezeigt werden

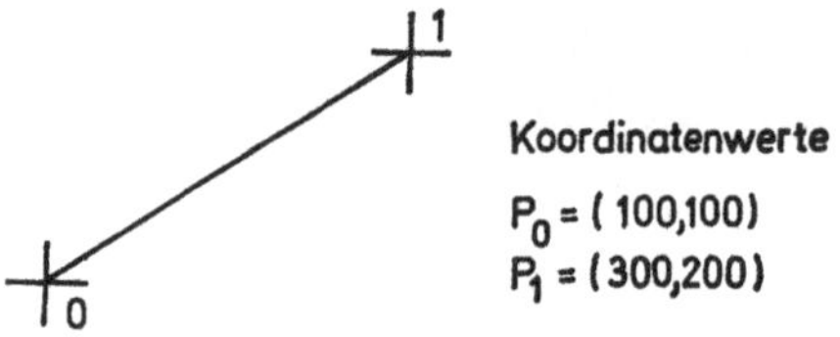

Abb. 5.12. Beispiel Fadenkreuzverbindung

Allgemein ergibt sich für das in Abb. 5.12 angegebene Beispiel in Verbindung mit Abb. 5.8

$$\text{FAKRVB} = P_0 \circ \text{FAKR} \ominus P_1 \circ \text{FAKR}$$

oder

$$\text{FAKRVB} = (100, 100) \circ \text{FAKR} \ominus (300, 200) \circ \text{FAKR}.$$

Diese Struktur wird unter Benutzung der GIS-Unterprogramme wie folgt beschrieben:

```
* GENERIEREN DES UNTER-BE FAKR
        :
                    BP1      (aus Abschnitt 5.3.1.1.)
  RUF   BEG                }
  RUF   NAME               }
  DEZ   2                  }  U-BE FAKR
  TEXT  2/FAKR             }
                    GS1    }  (aus Abschnitt 5.3.1.1.)
  RUF   END                }
```

```
* GENERIEREN UND EINSCHALTEN
* DES HAUPT-BE FAKRVB
  RUF   BEG          )
  RUF   NAME         |
  DEZ   3            |
  TEXT  3/FAKRVB     } H-BE FAKRVB
                BP3  | BE-Positionierung
                GS3  | geometrische Struktur des BE
  RUF   END          )
  RUF   EINA
        :
  RUF   IDNA         )
  DEZ   3            |
  TEXT  3/FAKRVB     } späteres Ausschalten des H-BE FAKRVB
  RUF   AUSA         )
```

Die einzuführenden Teile BP3 und GS3 sind:

```
  RUF   POSI           } BP3
  ADR   = 100, = 100   }
  RUF   IDNA         )           )
  DEZ   2            |           } Identifizieren und Einbinden
  TEXT  2/FAKR       |           } des U-BE FAKR in das Haupt-BE
  RUF   RUFE         |           )
  RUF   GERA         |
  ADR   = 300, = 200 } GS3
  RUF   IDNA         |           )
  DEZ   2            |           } Identifizieren und Einbinden
  TEXT  2/FAKR       |           } des U-BE FAKR in das Haupt-BE
  RUF   RUFE         )           )
```

Die angegebene Aufruffolge erzeugt nach dem in Abb. 5.7 dargestellten Prinzip folgende Speichereintragungen für Bilddatei (B^0) und Namensliste:
Die geometrische Struktur des Unterbildelementes FAKR wird in den Bildelementenbereich BEB der Bilddatei (B^0) eingetragen. Durch Angabe der Positionierung. BP1 *vor* RUF BEG besitzt das Unterbildelement wie beabsichtigt in der Eintragung *keinen* Positionierbefehl. Die Adresse des Bildelementes wird mit dem Namen FAKR (4 Zeichen bei 2 Speicherworten) in der Namensliste festgehalten.
Die geometrische Struktur des Hauptbildelementes FAKRVB wird in den Bildelementenbereich BEB der Bilddatei (B^0) eingetragen. Diese Eintragung enthält wie für ein Hauptbildelement notwendig *einen* Positionierbefehl, da die Angabe der Positionierung BP3 *nach* RUF BEG erfolgte. Die zum Bildelement gehörige geometrische Struktur GS muß stets zwischen den Anweisungen RUF BEG und RUF END angegeben werden. Durch das Unterprogramm RUFE erhält das Hauptbildelement FAKRVB an zwei Stellen der Eintragung im BEB einen unbedingten Sprung mit Rückkehrabsicht zur Adresse des Unterbildelementes FAKR. Durch RUF und IDNA und Angabe des Namens

FAKR (4 Zeichen/2 Worte) wird die Adresse über die Namensliste gewonnen und über den Akkumulator zur Verfügung gestellt.
Das Unterprogramm EINA bewirkt die Aufnahme einer Verzweigung in die Schaltkette SKB zu dem Bildelement, dessen Adresse durch RUF IDNA oder RUF END im Akkumulator steht und macht es damit sichtbar. Das Unterprogramm AUSA macht diese Eintragung rückgängig und damit das Bildelement wieder unsichtbar. Sämtliche Eintragungen in den Nutzerbereich der Bilddatei können durch den Aufruf

RUF NSTM
ADR A, E

rückgängig gemacht werden. Das dazugehörige Unterprogramm dient zur Initialisierung der Bilddatei und der Namensliste und legt Anfangs- und Endadresse für den Speicherbereich der Namensliste fest.
Die in diesem Abschnitt genannten Unterprogramme können ebenfalls durch entsprechende FORTRAN-Rufe aktiviert werden.

CALL BEGN(I) Eröffnen eines BE
mit I = 1 sofort sichtbar,
I = 0 bis zum Einschalten unsichtbar.

Die Rufe NAME und IDNA entfallen, da ihre Funktion in den Unterprogrammen enthalten ist, wo sie erforderlich ist.

CALL RUFN (NAME,N) Einbinden eines Unter-BE
mit NAME = Name des Unter-BE,
N = Namenswortzahl (max. 3 = 6 Zeichen),

CALL ENDE (NAME,N,INFO,NI) Abschluß eines BE
mit Name = Name des BE,
N = Namenswortzahl (max. 3 = 6 Zeichen),
INFO = Information zum BE,
NI = Anzahl der Informationsworte,

CALL EINN(NAME,N) Einschalten eines BE,

CALL AUSN(NAME,N) Ausschalten eines BE

CALL AUSN(NAME,N) Ausschalten eines BE (Parameter wie bei Ruf ENDE)

CALL NSTM(NI(J),NL(K)) Initialisierung der Bilddatei und Namensliste
mit NL(J) = Anfangsadresse,
NL(K) = Endadresse der Namensliste,

wobei NL in einem COMMON-Bereich zu definieren ist.

5.3.1.4. Programme zur Manipulation der Bildelemente

Als Programme zur Veränderung der Bildelemente nach ihrer Eintragung in die Bilddatei sollen die Programme

VSCH Verschiebung eines BE,

BLNK mehrmaliges Blinken eines BE

genannt werden.
Zur Erläuterung soll das Beispiel „Fadenkreuzverbindung (FAKRVB)" (Abschnitt 5.3.1.3.) herangezogen werden. Das Bildelement FAKRVB soll auffällig für den Betrachter auf eine neue Position des Bildschirmes gebracht werden.

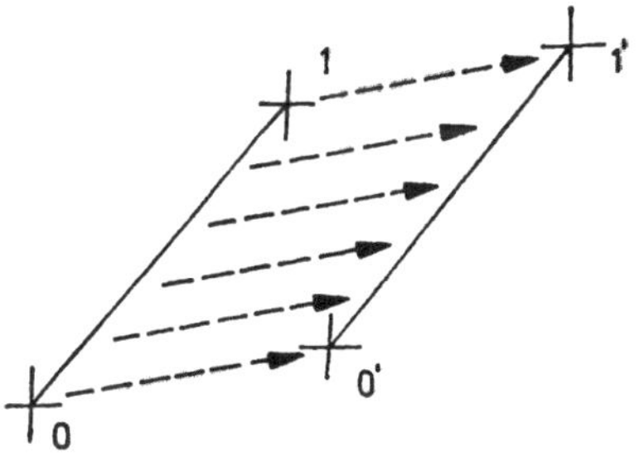

Koordinatenwerte
$P_0 = (100,100)$
$P_1 = (300,200)$
$P_0' = (200,150)$
$P_1' = (400,250)$

Abb. 5.13. Beispiel Verschiebung

Nach der allgemeinen Darstellung (Abschnitt 2.5.) ergibt sich folgende Beziehung

$$\text{FAKRVB} = \text{FAKRVB} \twoheadrightarrow (v_x, v_y)$$

$$\text{mit} \quad v_x = x' - x = 100, v_y = y' - y = 50.$$

Dieser Sachverhalt wird bei Anwendung der GIS-Unterprogramme folgendermaßen gewährleistet:

```
RUF   IDNA          }
DEZ   3             }  Identifizieren des Namens,
TEXT  3/FAKRVB      }
RUF   BLNK             Blinken,
RUF   VSCH             Verschieben,
ADR   = 200, = 150     x0' = 200, y0' = 150
      ⋮
```

Der Vollzug dieser Aufruffolge hat folgende Wirkung:

Über den Namen des Bildelementes FAKRVB wird seine Adresse in der Bilddatei ermittelt. Dieses Bildelement wird durch das Eintragen entsprechender Sprungbefehle in die Bilddatei zeitweilig in einer begrenzten periodischen Folge aus der Schaltkette und damit aus der Darstellung herausgenommen. Das wird durch ein mehrmaliges Blinken auf dem Bildschirm sichtbar.

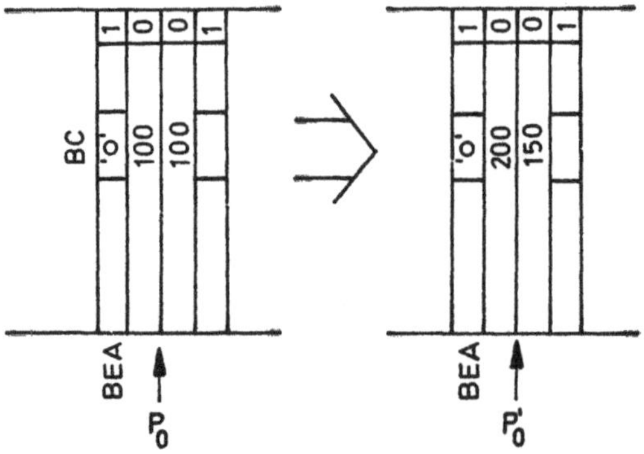

Abb. 5.14. Bilddateiänderung bei Verschiebung
(BC = Befehlscode, BEA = Bildelementadresse)

Anschließend werden in der Bilddatei die zwei folgenden Datenworte nach dem am Anfang des Bildelements stehenden Positionierbefehl durch Eintragen der neuen Ortsvektorkomponenten $x = 200$, $y = 150$ geändert. Das Bildelement wird damit parallel auf die neue Position auf dem Bildschirm verschoben. Dieselbe Wirkung kann durch die FORTRAN-Rufe

CALL BLIN(NAME,N) Blinken des BE,
CALL VERN(NAME,N,X,Y)

mit NAME = Name des BE,
N = Namenswortzahl,
X,Y = neue Positionierkoordinaten vom Typ INTEGER

veranlaßt werden.

5.3.1.5. Bemerkungen zur Auswahl der GIS-Unterprogramme

Das Programmsystem GIS [4] ist noch umfassender und bietet weitere Möglichkeiten zur Bilderzeugung, die aus der angegebenen Literatur entnommen werden können. Im Abschnitt 5.3.1. wird nur auf die wesentlichen Unterprogramme eingegangen, die zur Erzeugung eines Bildes erforderlich sind.

5.3.2. Unterprogramme zur Bilderzeugung im Programmsystem DEC-GRAPHIC-11

Stellvertretend für noch viele andere grafische Programmsysteme [124], [135] für die Bildschirmausgabe soll noch das von der Firma DIGITAL EQUIPMENT CORPORATION (DEC) angebotene Unterprogrammsystem DEC-GRAPHIC-11 [26] etwas näher beschrieben werden. Es wird für das Gerätesystem PDP 11/70 (Hostrechner)—PDP 11/34 (Satellitenrechner) — GT43 (grafisches Terminal) genutzt.

Mit diesem Unterprogrammsystem wurde das in Abschnitt 5.3.1.1. dargestellte Beispiel (Abb. 5.8) zur Festlegung der geometrischen Struktur als Folge von FORTRAN-Rufen folgendermaßen notiert:

```
AWF1      ⋮
1)        CALL APNT(0., 0.)
2)        CALL VECT(0., 8.,, IN)
3)        CALL VECT(−8., −8.,, −IN)
4)        CALL VECT(16., 0.,, IN)
5)        CALL VECT(−8., −8.,, −IN)
6)        CALL VECT(0., 8,, IN)
          ⋮
```

Erläuterung:

1) Der Kathodenstrahl wird auf den Nullpunkt des Bildschirmrasters (1024 × 1024) positioniert.
2) Der Kathodenstrahl bewegt sich mit sichtbarer Spur der Intensität IN um 8 Rastereinheiten in y-Richtung.
3) Der Kathodenstrahl bewegt sich unsichtbar (—IN) um jeweils 8 Rastereinheiten in negativer x- und negativer y-Richtung.
4) Es wird ein sichtbarer Vektor der Intensität IN um 16 Rastereinheiten in x-Richtung erzeugt.
5) Es folgt eine unsichtbare Bewegung (—IN) mit den Vektorkomponenten (—8, —8) in Rastereinheiten.
6) Es schließt sich ein sichtbarer Vektor der Intensität IN mit 8 Rastereinheiten in y-Richtung an.

Für die Intensität IN sind 8 Stufen IN = 1, …, 8 möglich. Wird die Intensität nicht angegeben, so wird sie mit dem Standardwert IN = 4 belegt.

Da für das System weder hardwareseitig noch softwareseitig ein Kreisbogengenerator existiert, muß der Kreisbogen durch eine Folge von Streckenelementen (VECT) approximiert werden.

Die Modifizierung der Spur wird über den Parameter IN (Intensität) und einen weiteren Parameter LA (Linienart) vorgenommen:

CALL VECT(X, Y,, IN,, LA)

mit	LA = 1	durchgehende Linie (Standardwert),
	LA = 2	lang gestrichelte Linie,
	LA = 3	kurz gestrichelte Linie,
	LA = 4	Strich-Punkt-Linie.

Die beiden durch Komma gekennzeichneten fehlenden Parameter lassen bei ihrer Angabe Modifikationen hinsichtlich der Lichtstiftempfindlichkeit und eines Blinkstatus des Bildelementes zu.

Im Programmsystem lassen sich Bildelemente und Unterbildelemente durch die Aufrufe SUBP(NA) und ESUB definieren. Der Name des Bildelementes wird durch eine Integerzahl oder umschrieben durch 2 alphanumerische Zeichen, z. B. ‚BE', angegeben.

Das in Abschnitt 5.3.1.3. angegebene Beispiel Fadenkreuzverbindung (Bild 5.10) kann dann folgendermaßen beschrieben werden:

```
AWF2        ⋮
 1)         CALL APNT(0., 0.)
 2)         CALL SUBP(‚FK')           FK = FAKR
            ⋮
            Anweisung 2 bis 6 von AWF1
            ⋮
 3)         CALL ESUB
 4)         CALL OFF(‚FK')
            ⋮
 5)         CALL SUBP(‚FV')           FV = FAKRVB
 6)         CALL APNT(100., 100.)
 7)         CALL COPY(, ‚FK')
 8)         CALL VECT(200., 100., IN)
 9)         CALL COPY(, ‚FK')
10)         CALL ESUB
            ⋮
```

Erläuterung:

1) Mit der Positionierung P(0, 0) wird
2) ein (Unter-) Bildelement FK eröffnet. Es erhält die geometrische Struktur entsprechend Anweisungsfolge AWF1 (ohne Anweisung 1))
3) Das Bildelement wird abgeschlossen und
4) aus der Darstellung herausgenommen.
5) Es wird ein Bildelement FV eröffnet, das
6) die Positionierung P(100, 100) erhält.
7) Am Punkt P(100, 100) wird das Unterbildelement FK angebunden.
8) Es schließt sich ein sichtbarer Vektor der Intensität IN mit den Komponenten (200, 100) vom aktuellen Punkt zu einem Zielpunkt P(300, 200) an.
9) An diesem Punkt P(300, 200) wird wieder das Unterbildelement FK angebunden.
10) Das Bildelement FV wird abgeschlossen und ist bereits sichtbar.

Mit den Aufrufen CALL OFF(NA) und CALL ON(NA) wird ein Bildelement mit Namen NA aus der Darstellung herausgenommen (unsichtbar) bzw. wieder in die Darstellung eingeschaltet (sichtbar).
Der Aufruf CALL INIT löscht den Bildschirm und initialisiert die Bilddatei und Namensliste.
Über die Aufrufe

```
CALL POINTR (K, NA)
CALL CHANGE (K, X, Y)
```

wird das Bildelement auf die neue Position (X, Y) verschoben.

5.4. Programmierung der aktiven Nutzung des Bildschirmgerätes

Unter der aktiven Nutzung eines grafischen Bildschirmgerätes versteht man Aktionen, die mit Hilfe der Bildschirmperipherie, wie Funktionstastatur, Positionierkugel, aplhanumerische Tastatur, Lichtstift u. ä., ausgelöst werden. Sie gehören zusammen mit der Bild- und Textausgabe zur grafischen interaktiven Arbeit, d. h. dem grafischen Mensch-Maschine-Dialog [110].
Um den prinzipiellen Aufbau grafischer interaktiver Programmsysteme, ihre Nutzung und ihre gerätetechnische Wirkung verständlich zu erklären, wird auch in diesem Abschnitt zunächst das System GIS [4] als Beispielsystem und der Assemblerkode SYPS 4200 [25] mit Hinweisen auf die entsprechende FORTRAN-Programmierung herangezogen.
Darauf aufbauend werden im späteren andere und bequemere Notierungsmöglichkeiten gezeigt.

5.4.1. Unterprogramme des Programmsystems GIS zur aktiven Nutzung des Bildschirmgerätes

Im grafischen interaktiven System GIS werden Unterprogramme zur Arbeit mit der Funktionstastatur, der Positionierkugel, der alphanumerischen Tastatur und dem Lichtstift zur Verfügung gestellt.

5.4.1.1. Funktionstastatur

In Anlehnung an Abschnitt 2.5. (Beziehung 18.4) wird die Funktionstastenbetätigung allgemein folgendermaßen formuliert:

$$:\downarrow \mathrm{FT}(\mathrm{LN}, \mathrm{n}) \quad \text{mit} \quad \mathrm{LN} = (\mathrm{fn}_i,\ i = 1, \ldots, \mathrm{NZF}).$$

Bei der Funktionstastenbetätigung wird aus einer Liste LN verfügbarer und arbeitsbereiter Funktionstasten fn_i der Anzahl NZF eine bestimmte Taste ausgewählt und deren Signalwert n (ggf. Nr. der Funktionstaste) zur Steuerung des Programmablaufes bereitgestellt.

$$:\mathrm{T}(\mathrm{n} = \mathrm{n}_k) \to \mathrm{m}, \qquad \mathrm{m}, \mathrm{m}_k = \text{Verzweigungsmarke}$$

bzw.

$$:\big(\mathrm{T}(\mathrm{n} = \mathrm{n}_k) \to \mathrm{m}_k\big),\ k = 1, \ldots, \mathrm{NZS}, \qquad \mathrm{NZS} = \text{Anzahl der möglichen Signalwerte.}$$

Die Funktionstastennutzung wird durch folgende Programmabschnitte gewährleistet:

- Zuordnungsabschnitt (ZOA),
- Warte- und Verzweigungszyklus (WVZ) und
- Behandlungsabschnitt (BHA).

Im *Zuordnungsabschnitt* (ZOA) wird jeder zur Liste LN gehörigen Funktionstaste ein Programmteil im Behandlungsabschnitt (BHA) zugeordnet

$$\text{ZOA: } \big((\text{fn}_i, \text{bha}_i),\ i = 1, \ldots, \text{NZF}\big). \tag{23.1}$$

Im *Warte- und Verzweigungszyklus* (WVZ) wird bei aktivierter Funktionstastatur auf das Unterbrechungssignal von der Funktionstastatur gewartet. Dieser Wartezyklus wird in Abhängigkeit vom Signalwert n und damit von der betätigten Funktionstaste verlassen:

$$\begin{array}{ll}
\text{WVZ:} & \\
& \vdots \\
& : \big(\text{T}(\text{n} = \text{n}_k) \rightarrow \text{m}_k\big),\ k = 1, \ldots, \text{NZS} \\
& : \rightarrow \text{WVZ} \\
& \vdots \\
\text{m}_k: & \vdots \\
\downarrow & \\
k = 1, \ldots, \text{NZS} &
\end{array} \tag{23.2}$$

Die Anzahl der möglichen Signalwerte NZS muß nicht mit der Anzahl der arbeitsbereiten Funktionstasten NZF übereinstimmen

$$\text{NZS} \begin{Bmatrix} = \\ \neq \end{Bmatrix} \text{NZF}. \tag{23.3}$$

Der Warte- und Verzweigungszyklus (WVZ) kann in zwei getrennte Abschnitte aufgeteilt werden, in einen *Wartezyklus* (WZY) und einen (oder mehrere) *Verzweigungsabschnitte* (VZA):

$$\begin{array}{ll}
& : \text{FT, a} \\
\text{WZY:} & \vdots \\
& : \text{T}(\text{nw} = \text{n}_a) \rightarrow \text{m}_a \\
& : \rightarrow \text{WZY} \\
\text{m}_a: & \text{FT}, \bar{\text{a}} \\
& \vdots \\
\text{VZA:} & \vdots
\end{array} \tag{23.4}$$

Funktionstastatur
FT, a = aktiviert
FT, ā = reaktiviert
nw = Testvariable
n_a = Vergleichswert

$$\begin{array}{ll}
& : \big(\text{T}(\text{nv} = \text{n}_k) \rightarrow \text{m}_k\big),\ k = 1, \ldots, \text{NZS-1};\ k \neq \text{a} \\
& \vdots \\
\text{m}_k: & \vdots \\
\downarrow & \\
k = 1, \ldots, \text{NZS-1} &
\end{array} \tag{23.5}$$

nv = Testvariable
n_k = Vergleichswert

Der Wartezyklus wird bei Unterbrechung durch Betätigung einer Funktionstaste zeitweilig verlassen. Es erfolgt ein Sprung mit Rückkehrabsicht zum zugeordneten Programmteil im Behandlungsabschnitt

$$\begin{array}{lll} & : \mathrm{FT, a} & \text{Funktionstastatur aktiviert} \\ \mathrm{WZY:} & \vdots & \left.\right\} \mathrm{T(U)} \rightleftarrows \mathrm{bha}_i(\mathrm{fn}_i) \\ & : \to \mathrm{WZY} & \end{array} \quad (23.6)$$

Die Beziehung (23.6) besagt:

Erfolgt während des Programmlaufes im Wartezyklus WZY eine Unterbrechung U, dann wird zum Programmteil bha_i des Behandlungsabschnittes BHA gesprungen und dabei die Rückkehradresse zum späteren Wiedereintritt in den Wartezyklus festgehalten. Der angesteuerte Programmteil bha_i ist abhängig von der Funktionstaste fn_i, über welche die Unterbrechung ausgelöst wurde. Die Zuordnung (fn_i, bha_i) war zuvor im Zuordnungsabschnitt bestimmt worden. Im *Behandlungsabschnitt* BHA werden die Signalwerte gestellt und gegebenenfalls auch andere Parameter festgelegt, mit deren Belegung der Nutzer über die Funktionstaste den gewünschten Programmablauf steuern kann. Nach Vollzug des entsprechenden Programmteiles bha_i wird der Rechnerlauf über die Rückkehradresse im Wartezyklus (WZY) fortgesetzt, der dann durch die nunmehr erfolgte Signalstellung verlassen werden kann und über den Verzweigungsabschnitt in die gewünschten Programmabschnitte (PA_k) geführt wird.

$$\begin{array}{lll} \mathrm{BHA:} & \vdots & \\ \mathrm{bha}_i\mathrm{:} & \mathrm{rka} & \mathrm{rka} = \text{Rückkehradresse} \\ & \vdots & \\ & : \mathrm{nw} = \mathrm{n}_a & \\ & : \mathrm{nv} = \mathrm{n}_k & \\ & \vdots & \\ & : \to \langle \mathrm{bha}_i \rangle & \end{array} \quad (23.7)$$

In Abb. 5.15 wird die Wirkung der Funktionstastenbetätigung noch einmal zusammenfassend dargestellt.

- Im Zuordnungsabschnitt (ZOA) wird der Funktionstaste fn_i ein Programmteil (bha_i) im Behandlungsabschnitt (BHA) zugeordnet.
- Der Rechnerlauf tritt in den Wartezyklus (WZY) ein, der solange nicht verlassen werden kann, wie keine Unterbrechung U durch die Funktionstaste erfolgt und das Ausgangssignal nw nicht gestellt ist, d. h. $\mathrm{nw} \neq \mathrm{na}$ gilt.
- Bei erfolgter Unterbrechung U wird der Wartezyklus (WZY) verlassen und in Abhängigkeit von der betätigten Funktionstaste fn_i im Behandlungsabschnitt (BHA) der entsprechende Programmteil bha_i angesteuert.
- Im Behandlungsabschnitt (BHA) werden die Weichen $\mathrm{nw} = \mathrm{n}_a$ und $\mathrm{nv} = \mathrm{n}_k$

abhängig vom angesteuerten Programmteil gestellt, und anschließend wird über die Rückkehradresse zum Wartezyklus (WZY) zurückgekehrt.

- Der Wartezyklus (WZY) kann nunmehr verlassen werden, auch wenn keine Unterbrechung erfolgt, da die Weiche nw = n_a gestellt ist.
- Über den Verzweigungsabschnitt (VZA) wird abhängig von der Weichenstellung nv = n_k der entsprechende Programmabschnitt (PA_k) über die Adresse n_k angesteuert.

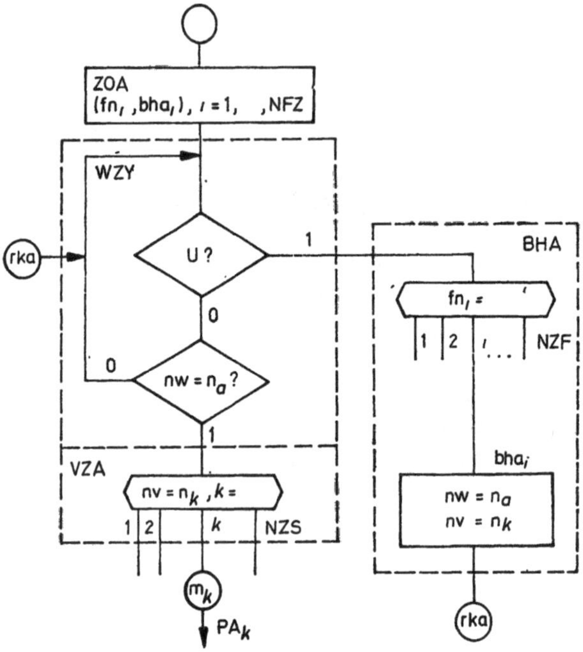

Abb. 5.15. Funktionstastenbetätigung

Die genannten Abschnitte zur Programmierung der Funktionstastenwirkung werden mit Hilfe der GIS-Unterprogramme wie folgt beschrieben:

ZOA

Die Beziehung (23.1) wird durch die Anweisungsfolge

```
RUF FUTA
    0, BHA1         BHA-PROGRAMMTEIL
DEZ 1               FUNKTIONSTASTENNUMMER
RUF FUTA
ADR 0, BHA2
DEZ 2
    ⋮
```

realisiert.

WZY

Die Beziehung (23.4) wird durch die Anweisungsfolge

```
        RUF AKT    AKTIVIERUNG DER FUNKTIONSTASTATUR
        DEZ 1
WZY     .          NW = 0  AUSGANGSWERT
        :          NW = 1  BEI NA = 1
        LDA NW     AKKUINHALT = NW
        UAS        UEBERSPRUNG BEI NW ≠ 0
        SUN WZY    SPRUNG NACH WZY
        SUN MA     SPRUNG NACH MA
         ⋮
MA      RUF REAK   REAKTIVIERUNG
         ⋮
```

realisiert. SUN MA kann entfallen, wenn MA Übersprungadresse ist. Die Beziehung (23.6) wird automatisch im Betriebssystem realisiert.

BHA

Die Beziehung (23.7) wird durch die Anweisungsfolge

```
BHA1 ***   **
     LDA = 1        AKKUINHALT = 1
     SPA = NW       NW = 1
     SPA NV         NV = 1
     SUN ⟨BHA1⟩     RUECKSPRUNG
BHA2 ***   **
     LDA = 1
     SPA NW         NW = 1
     LDA = 2
     SPA NV         NV = 2
     SUN ⟨BHA2⟩     RUECKSPRUNG
          ⋮
```

realisiert.

Für die Zuordnung $BHA_i \rightarrow NV = k$ gilt nicht unbedingt $i = k$. Die neue Belegung von NV kann z. B. von der bisherigen Belegung von NV abhängig gemacht werden, z. B.:

$NV = i$, wenn bisher $NV = 0$,

$NV = i + 1$, wenn bisher $NV = i$.

Dann kann in diesem Falle ein und dieselbe Funktionstaste bei wiederholter Benutzung zu unterschiedlichen Weichenstellungen beitragen.

VZA

Die Beziehung (23.5) wird durch die Anweisungsfolge

```
      ⋮
      LDX NV      ⟨INDEXREGISTER⟩ = ⟨NV⟩
      SUN W''     SPRUNG ZU W+⟨NV⟩
    W KOP         KEINE OPERATION
      SUN M1      SPRUNG ZU M1
      SUN M2      SPRUNG ZU M2
      ⋮                 ⋮
```

realisiert.
Zur Erzielung der gleichen Wirkung der Funktionstasten können folgende FORTRAN-Anweisungen benutzt werden.

ZOA

```
IF(IFUT(1).LT.0) GOTO 1
IF(IFUT(2).LT.0) GOTO 2
        ⋮
```

Mit diesen Anweisungen wird gesichert, daß bei Unterbrechung, veranlaßt durch Funktionstaste 1, zum Behandlungsabschnitt bei Marke 1 und, veranlaßt durch Funktionstaste 2, zum Behandlungsabschnitt bei Marke 2 usw. gesprungen wird. IFUT(I) ist ein GIS-Funktionsunterprogramm, das die Adresse zum Behandlungsabschnitt abhängig von der Nummer der Funktionstaste einstellt, bei der im Unterbrechungsfall das Programm fortgesetzt wird.

WZY

```
          ⋮
      NW = 0
      CALL AFUT
100       ⋮
      IF(NW.NE, 0) GOTO 101
      GOTO 100
101   CALL REAK
          ⋮
```

Die Funktionstastatur wird durch CALL AFUT für den Rechnerlauf im Wartezyklus aktiviert. Der Zyklus kann nur verlassen werden bei Unterbrechung durch Funktionstaste über den zugeordneten Behandlungsabschnitt mit anschließender Rückkehr zum Wartezyklus und bei gestellter Weiche $NW \neq 0$. Nach Verlassen des Zyklus über die Weiche werden die peripheren Einrichtungen des Bildschirmgerätes durch CALL REAK reaktiviert, d. h., auch die Funktionstastatur wird für eine Betätigung wieder unwirksam gemacht.

BHA

```
      ⋮
1   CALL BEHA(M)
      ⋮
    NW = 1
    NV = 1
    GOTO 1
2   CALL BEHA(M)
      ⋮
    NW = 1
    NV = 2
    GOTO 2
      ⋮
```

Das GIS-Unterprogramm BEHA(M) sichert über den vom Nutzer nicht zu verwendenden Parameter M den Rücksprung zu der Stelle im Wartezyklus, bei der die Unterbrechung erfolgte.

VZA

```
            ⋮
      GOTO (201, 202, 203, ...), NV
201         ⋮
202         ⋮
203         ⋮
```

Der Verzweigungsabschnitt kann in FORTRAN mit der berechneten GOTO-Anweisung realisiert werden.

5.4.1.2. Positionierkugel

Zur kontinuierlichen, sichtbaren Veränderung der Position oder anderer Parameter eines Bildelementes dient die Positionierkugel. In Anlehnung an Abschnitt 2.5. kann die Positionierung eines Bildelementes BE mit Hilfe der Positionierkugel allgemein folgendermaßen formuliert werden:

ZYK: ⋮

⋮

: $(x, y) = \mathrm{PK}(x_K, y_K)$

: $v_x = x - x_0$

: $v_y = y - y_0$

: $\mathrm{BE} = \mathrm{BE} \nrightarrow (v_x, v_y)$

: $\mathrm{T}(\mathrm{n} = \mathrm{n_a}) \rightarrow \mathrm{m_a}$

: $\rightarrow$ ZYK

ma :

In einem Zyklus ZYK werden ständig die Positionierkugelkoordinaten (x_K, y_K) abgegriffen und zur Parallelverschiebung des Bildelementes BE ausgewertet. Der Zyklus wird dann verlassen, wenn die Weiche n = n_a gestellt ist. Diese Weichenstellung kann unter anderem über eine Funktionstaste erfolgen, deren Benutzung im vorhergehenden Abschnitt beschrieben wurde.
Dieser Sachverhalt wird durch ein FORTRAN-Programmteil unter Verwendung von GIS-Unterprogrammen folgendermaßen beschrieben:

```
        ⋮
1
        ⋮
      CALL POSK(IX, IY)
      CALL VERN('BE', 1, IX, IY)
      IF(N.EQ.NA) GOTO 2
      GOTO 1
2       ⋮
```

Im Assemblerkode (SYPS 4200) lautet der Positionierkugelabgriff:

```
RUF POSK
ADR IX, IY.
```

IX, IY sind die Adressen, unter denen die Positionierkugelkoordinaten gespeichert wurden. Die Notierung der Verschiebung kann aus Abschnitt 5.3.1.4. entnommen werden.

5.4.1.3. Alphanumerische Tastatur

Zu einem grafischen Bildschirmgerät gehört auch eine alphanumerische Tastatur, die erlaubt, Zeichenketten in den Rechner einzugeben und unter symbolischen Namen wieder auffindbar zu speichern. Über Kodierungsprogramme können diese Zeichenketten auch als Zahlen interpretiert werden. Unter Bezugnahme auf Abschnitt 2.5. soll das zunächst wieder in allgemeiner Formulierung zum Ausdruck gebracht werden. Als Beispiel soll der Text BILDSCHIRM und seine Position x, y über die alphanumerische Tastatur eingegeben und als Bildelement unter den Namen TN in die Bilddatei eingetragen werden. Die Zeichenkette wird zunächst unter dem symbolischen Namen TF gespeichert:

```
  ⋮
↓ AT(TF = 'BILDSCHIRM')
↓ AT(x = 100, y = 800)
: TN = P(x, y) ∘ TF
  ⋮
```

Die Zeichenkette kann natürlich auch zum Bestandteil eines grafischen Bildelementes mit zusätzlicher geometrischer Struktur gemacht werden.

Unter Benutzung der GIS-Unterprogramme kann der Aufbau dieses Textelementes folgendermaßen verwirklicht werden:

```
      ⋮
RUF EING                    Z1
ADR TF, = 1, = 0, = 10      Z2
RUF EING                    Z3
ADR X, = 1, = 1, = 0        Z4
RUF EING                    Z5
ADR Y, = 1, = 1, = 0        Z6
      ⋮
RUF BEG                     Z7
RUF NAME                    Z8
DEZ 1                       Z9
TEX1 1/TN                   Z10
RUF POSI                    Z11
ADR X, Y                    Z12
RUF ATDF                    Z13
ADR TF, TF+4                Z14
RUF END                     Z15
RUF EINA                    Z16
      ⋮
```

Das Unterprogramm EING (Zeile Z1, Z3, Z5) dient zur Eingabe von Text oder Zahlen über die alphanumerische Tastatur, wenn der 2. Parameter (Zeile Z2, Z4, Z6) mit einer 1 (= 1) belegt ist. Zur Kontrolle wird der Text oder die Zahl am unteren Rand des Bildschirmes (Rollzeile) sichtbar. Der 3. Parameter (Zeile Z2, Z4, Z6) legt die Art der Eingabe fest. Bei Eingabe von Text ist er mit einer 0 (= 0) belegt. Dann gibt der 4. Parameter (Zeile Z2) die Anzahl der Zeichen, im Beispiel 10 Zeichen (= 10), an. Bei Eingabe einer Integerzahl ist der 3. Parameter (Zeile Z4, Z6) mit einer 1 (= 1) belegt. Der 4. Parameter (Zeile Z4, Z6) ist dann bedeutungslos und wird Null (= 0) gesetzt. Bei Eingabe von Realzahlen gibt er die Anzahl der Stellen hinter dem Komma an. Der 1. Parameter (Zeile Z2, Z4, Z6) ist die Adresse des Speicherbereiches.
Die Texteingabe ist beendet, wenn das 10. Zeichen eingegeben wurde. Die Zahleneingabe wird durch ein Komma abgeschlossen.
Der Aufbau des Bildelementes erfolgt entsprechend der im Abschnitt 5.3.1.3. beschriebenen Bildstrukturierung.
Das Bildelement wird definiert (Zeile Z7, Z15). Es enthält den Namen TN (Zeile Z8, Z9, Z10), die Positionierung X, Y (Zeile Z11, Z12) und über das Unterprogramm ATDF Zeile Z13) die Textzeichen, die im Speicherbereich TF bis TF+4 (Zeile Z14) zu finden sind. Die Textzeichen und die Positionierkoordinaten wurden zuvor über die alphanumerische Tastatur (Zeile Z1, bis Z6) eingegeben. Das könnten, wie im Beispiel angegeben, die Textzeichen BILDSCHIRM sowie die Koordinaten 100 und 800, aber auch mögliche andere Eingaben sein, die dann durch das Unterprogramm EINA (Zeile Z16) auf dem Bildschirm sichtbar werden.

Für das angegebene Beispiel wären nach Vollzug der Aufruffolge Z1 bis Z16 die in Abb. 5.16 dargestellten Eintragungen in der Bilddatei B^0 für das Bildelement TN zu finden.

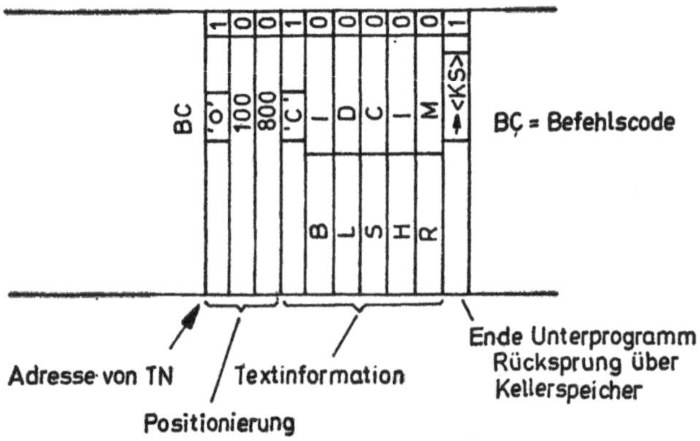

Abb. 5.16. Eintragung in die Bilddatei (Beispiel TN)

Dieselbe Wirkung wird durch eine Folge von FORTRAN-Anweisungen erzielt. Dabei kann das GIS-Unterprogramm DEPT benutzt werden, das allein bei seinem Aufruf das gesamte Textitem (Bildelement, bestehend aus Textzeichen) erzeugt:

```
      ⋮
CALL EING(ITF, 1, 0, 10)
CALL EING(IX, 1, 1, 0)
CALL EING(IY, 1, 1, 0)
CALL DEPT(1, IX, IY, 10, 'TN', 1, ITF, 0)
      ⋮
```

Die acht Parameter des Unterprogramms DEPT haben von links nach rechts folgende Bedeutung:

1. Parameter: Sichtbarkeit; 1 bedeutet: Das Bildelement ist sofort nach der Erzeugung sichtbar (0: unsichtbar),
2. u. 3. Parameter: Koordinaten (IX, IY) der Positionierung des ersten Zeichens des Textes,
4. Parameter: Anzahl der Zeichen, im Beispiel 10 Zeichen,
5. Parameter: Name des Bildelementes, im Beispiel TN,
6. Parameter: Namenswortzahl, im Beispiel 1 Wort (16 Bit),
7. Parameter: ITF = Name des Textfeldes,
8. Parameter: Gibt an, wieviel Worte des Textfeldes in die Namens-Informations-Liste (NIL) eingetragen werden.

Die alphanumerische Tastatur kann auch in der Eigenschaft einer Funktionstastatur benutzt werden.

Dazu folgendes Beispiel:

```
      : n = 0
WZY:       :
           :                    }
      : T(n ≠ 0) → ma           }  T(U(AT(TR = ' '))) ⇄ bha
      : → WZY                   }
ma    : T(TR = 'A') → m1
      : T(TR = 'B') → m2
      : → WZY

bha   : rka                        rka = Rückkehradresse
      : n = 1
      · →⟨bha⟩
```

Ein Wartezyklus WZY wird bei Unterbrechung durch Betätigung der alphanumerischen Tastatur zeitweilig mit Sprung zum Behandlungsabschnitt bha verlassen. Das der Taste zugeordnete Zeichen wird im Textregister TR festgehalten.
Im Behandlungsabschnitt bha wird die Weiche n = 1 gestellt und über die Rückkehradresse zum Zyklus zurückgekehrt, der nunmehr über die gestellte Weiche n ≠ 0 zur Marke ma verlassen werden kann. Der Rechnerlauf wird anschließend abhängig vom Inhalt des Textregisters zur Marke m1 oder m2 verzweigt bzw. kehrt zum Zyklus WZY zurück, wenn weder die Taste A noch die Taste B gedrückt wurde.
Nachfolgend die Notation mit Hilfe der GIS-Unterprogramme:

```
          :
      RUF ALTA        ZUORDNUNG DER AT
      ADR 0, BHA      ZU BHA
          :
      LOA             NULLSETZEN
      SPA  N          VON N (N = 0)
      RUF AKT         AKTIVIEREN DER
      DEZ 0           ALPH.NUM. TASTATUR
WZY       :
      LDA N
      UAS             UEBERSPRUNG ZU MA, WENN N ≠ 0
      SUN WZY
MA    RUF REAK        REAKTIVIERG.D.PERIPHERIE
      LDA '51         ⟨TR⟩ (Adresse oktal 51)
      SUB A           ⟨AKKU⟩ = ⟨TR⟩ − ⟨A⟩
      UAS             UEBERSPRUNG, WENN ≠ 0
      SUN M1          VERZW. ZU M1
      LDA '51         ⟨TR⟩
      SUB B           ⟨AKKU⟩ = ⟨TR⟩ − ⟨A⟩
      UAS             UEBERSPRUNG, WENN ≠ 0
      SUN M2          VERZW. ZU M2
```

```
        RUF AKT        RUECKKEHR ZU WZY
        DEZ 0
        SUN WZY
          ⋮
A       TEXT 1/A ␣     TEXTZEICHEN
B       TEXT 1/B ␣
          ⋮
BHA     ***  **        BEHANDLUNGSABSCHNITT
        LDA  =1
        SPA  N
        SUN  ⟨BHA⟩     RUECKSPRUNG ZU RKA
```

Für die FORTRAN-Programmierung mit gleicher Zielsetzung stehen die Anweisungen

```
        CALL AALT    Aktivierung der alphanumerischen Tastatur,
        CALL REAK    Reaktivierung,
        IF(IALT(I).LT.0) GOTO marke     Zuordnung zu einem Behandlungs-
                                        abschnitt
marke   CALL BEHA(M)
           ⋮
        GOTO marke
```

zur Verfügung.

5.4.1.4. Lichtstift

Der Lichtstift erlaubt, Bildelemente über ihre externe Darstellung auf dem Bildschirm zu identifizieren und die Manipulierung dieser Bildelemente und den Programmablauf im allgemeinen zu steuern.
Aus Abschnitt 2.5. (Beziehung 18.5) ist die allgemeine Formulierung der Lichtstiftnutzung bekannt:

$$:\downarrow \mathrm{LS(BEN)}.$$

Sie besagt, daß bei Lichtstiftbenutzung letztendlich im Ergebnis der Name eines identifizierten Bildelementes für die weitere Verarbeitung übergeben wird.
Diese Darstellung muß noch etwas erweitert werden, da bei einem Bild sinnvollerweise nur ein Teil der Bildelemente lichtstiftempfindlich gemacht worden ist. Sie lautet dann:

$$:\downarrow \mathrm{LS(NBL, na}_i) \quad \text{mit} \quad \mathrm{NBL} = \{\mathrm{na}_i,\ i = 1, \ldots, \mathrm{NZB}\}. \tag{24.1}$$

NBL ist die Menge der Namen na_i aller lichtstiftempfindlichen Bildelemente. Sie besitzt die Kardinalzahl NZB

$$\mathrm{NZB} = \mathrm{card\,NBL}. \tag{24.2}$$

Die Beziehung (24.1) besagt dann:
Eine Lichtstiftaktion bewirkt, daß aus einer Menge der Namen (NBL) aller lichtstift-

empfindlichen Bildelemente einer Darstellung (genannt Bild) der Name na_i des identifizierten Bildelementes ermittelt wird.
Die Lichtstiftnutzung wird durch folgende Programmabschnitte gewährleistet:

— Abschnitt zur Herstellung der Lichtstiftempfindlichkeit (HLI),
— Zuordnungsabschnitt (ZOA),
— Wartezyklus (WZY),
— Behandlungsabschnitt (BHA) und
— Auswerteabschnitt (AWA).

Der *Abschnitt zur Herstellung der Lichtstiftempfindlichkeit* (HLI) ist Bestandteil der Bildstrukturierung (Abschnitt 5.3.1.3.) und wird bereits bei der Generierung eines Bildelementes vorgesehen. Soll für die in diesem Abschnitt beschriebene Fadenkreuzverbindung FAKRVB die Lichtstiftempfindlichkeit (le) zum Ausdruck gebracht werden, so muß diese Eigenschaft der allgemeinen Formulierung hinzugefügt werden.

$$\mathrm{FAKRVB} = \mathrm{le}(\mathrm{P_0} \circ \mathrm{FAKR} \ominus \mathrm{P_1} \circ \mathrm{FAKR}) \tag{24.3}$$

mit $\mathrm{le} \neq 0$ empfindlich für Lichtstift,
$\mathrm{le} = 0$ unempfindlich für Lichtstift.

Der einem Namen (Bsp. FAKRVB) zugeordneten Bildelementebeschreibung wurde das zweiwertige Merkmal le hinzugefügt, das bei unempfindlichen Bildelementen ($\mathrm{le} = 0$) weggelassen werden kann.
Für den Abschnitt HLI gilt die einfache Beziehung

$$\mathrm{HLI} : \mathrm{le} = \mathrm{w} \tag{24.4}$$

d. h., das Merkmal le wird mit einem von Null verschiedenen Wert $\mathrm{w} \neq 0$ belegt oder erhält als zweiwertiger logischer Ausdruck den Wahrheitswert $\mathrm{w} = \mathrm{wahr}$.
Im *Zuordnungsabschnitt* (ZOA) wird dem Lichtstift ein Programmteil bha im Behandlungsabschnitt (BHA) zugeordnet.

$$\mathrm{ZOA}: (\mathrm{LS}, \mathrm{bha}), \tag{24.5}$$

zu dem bei Unterbrechung des Rechnerlaufes durch Lichtstiftimpuls zur Fortsetzung des Laufes und Unterbrechungsbehandlung gesprungen wird.
Der *Wartezyklus* (WZY) ist ein im Rechnerlauf vorgesehener Abschnitt, in dem bei aktiviertem Lichtstift (LS, a) auf einen Lichtstiftimpuls gewartet wird. In diesen Abschnitten können beliebige andere Vorgänge vollzogen werden, die nicht im Widerspruch zu einer Lichtstiftunterbrechung stehen. Durch die Festlegung des Wartezyklus wird eine zugelassene Unterbrechung durch Lichtstiftimpuls sinnvoll auf einen bestimmten Programmabschnitt eingeschränkt:

$$\left.\begin{array}{ll} & : \mathrm{LS,a} \\ \mathrm{WZY:} & \;\vdots \\ & : \mathrm{T(n = w)} \rightarrow \mathrm{ma} \\ & : \rightarrow \mathrm{WZY} \end{array}\right\} \quad \mathrm{T(U)} \rightleftarrows \mathrm{bha(LS)}. \tag{24.6}$$
$$\mathrm{ma} \quad : \mathrm{LS}, \bar{\mathrm{a}}$$

Der Wartezyklus wird bei erfolgter Unterbrechung zeitweilig zum zugeordneten Behandlungsabschnitt (bha) mit anschließender Rückkehr oder bei gestellter Weiche (n = w) verlassen.
Im *Behandlungsabschnitt* (BHA) wird die Weiche (n = w) gestellt und ggf. bereits der Name des Bildelementes ermittelt, von dem der Lichtstiftimpuls ausging. Der Name kann aber auch im später folgenden Auswerteabschnitt (AWA) ermittelt werden.

```
BHA:
bha  : rka               rka = Rückkehradresse
       ⋮
     : n = w                                                 (24.7)
     : NAV = NAI         NAV = Namensvariable
     : → ⟨bha⟩           NAI = Name des identifizierten Bildelementes,
                               entnommen aus dem Namensregister des
                               Bildprozessors.
```

Bei der Lichtstiftnutzung besteht der Behandlungsabschnitt BHA in der Regel aus einem Programmteil.
Im *Auswerteabschnitt* (AWA) wird, abhängig vom ermittelten Namen NA, eine Veränderung des Bildes oder allgemein eine Veränderung im Programmablauf vorgesehen. Beim angegebenen Beispiel Fadenkreuzverbindung FAKRVB könnte das u. a. eine neue Positionierung sein.

```
AWA:
ma   : LS, ā                      Einsprung aus WZY
       ⋮                          aus BHA folgt:             (24.8)
     : NAV = NAV ↛ (X, Y)         NAV = FV
       ⋮                          Kurzbezeichnung für FAKRVB.
```

Die Lichtstiftbenutzung würde mit Hilfe der GIS-Unterprogramme wie folgt beschrieben:

```
HLI
          ⋮
        RUF BEG              Z1
        RUF NAME             Z2
        DEZ 1                Z3
   NA   TEXT 1/FV            Z4
        RUF POSI             Z5
        ADR =100 , = 100     Z6
        LDA NA               Z7
        RUF NFLP             Z8
          ⋮
```

Die Zeilen Z1 bis Z6 entsprechen der Anweisungsfolge, wie sie im Abschnitt 5.3.1.3. zur Strukturierung des Bildelementes FAKRVB aufgeschrieben wurde, lediglich der

Name wurde mit FV aus Gründen der weiteren Verarbeitung auf 1 Namenswort (2 Byte) verkürzt.
Die folgenden Anweisungen auf den Zeilen Z7 und Z8 bewirken, daß der Name FV in den Akkumulator gebracht wird und durch das Unterprogramm NFLP in das Bildprozessorprogramm B^0 ein Ladebefehl, gefolgt von diesem Namen, eingetragen wird, der später für seine Übertragung zum Namensregister sorgt. Durch die Anweisungsfolge der Zeilen Z1 bis Z8 entsteht die in Abb. 5.17 dargestellte Eintragung.

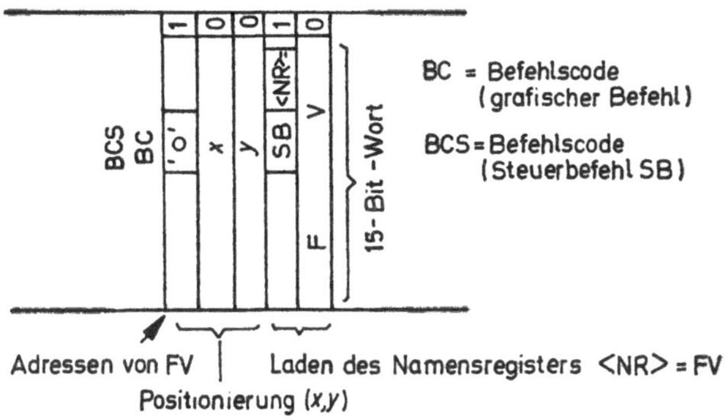

Abb. 5.17. Bilddatei bei Lichtstiftempfindlichkeit

Die Lichtstiftempfindlichkeit des Bildelementes FV entsteht bei Verarbeitung der Wortfolge in Abb. 5.17 durch den Bildprozessor. Sofort nach der Positionierung wird durch einen Ladebefehl der Name FV ins Namensregister (NR) eingetragen $\langle NR \rangle = FV$. Dadurch wird das Bildelement lichtstiftempfindlich.
Bei Empfang eines Lichtstiftimpulses wird nur dann eine Unterbrechung ausgelöst, wenn in dem 16-Bit-Namensregister wenigstens 1 Bit nicht belegt, d. h. die entsprechende Oktalzahl kleiner als 177777 ist. Das ist immer dann der Fall, wenn das 15-Bit-Datenwort, das den Namen des Bildelementes enthält, in das 16-Bit-Namensregister übertragen wurde. Erreicht der Bildprozessor bei der Abarbeitung der Bilddatei das Ende des Bildelementes, so wird automatisch vom Betriebssystem wieder die Oktalzahl 177777 in das Namensregister eingetragen und damit die folgenden Bildelemente bis auf weiteres unempfindlich für Lichtstiftimpulse gemacht. Ein Bildelement, das lichtstiftempfindlich sein soll, muß in seiner Wortfolge den Befehl „Lade Namensregister" enthalten. Zu beachten ist, daß der Positionierbefehl wegen späterer Manipulationen des Bildelementes an erster Stelle einzutragen ist. Die Verschachtelungstiefe bei verschachtelten Unterbildelementen wird über die Eintragungen im Kellerspeicher berücksichtigt.

ZOA

Die Beziehung (24.5) wird durch die Anweisungsfolge

```
⋮
RUF LIST
ADR 0, BHAL
```

realisiert. Dadurch wird eine Lichtstiftunterbrechung dem Programmteil BHAL zugeordnet.

WZY

Die Beziehung (24.6) wird durch die Anweisungsfolge

```
              :
         RUF  AKT       AKTIVIERUNG DES LICHTSTIFTES
         DEZ  2
WZY
              :         N = 0 AUSGANGSWERT
         LDA  N         AKKUINHALT = N
         UAS            UEBERSPRUNG BEI N ≠ 0
         SUN  WZY       SPRUNG NACH WZY
MA       RUF  REAK      REAKTIVIERUNG
```

realisiert.

BHA

Die Beziehung (24.7) wird durch die Anweisungsfolge

```
BHAL     ***  **
         LDA  =1        AKKUINHALT = 1
         SPA  N         WEICHE N = W, W = 1
         LDA  '52       ERMITTLUNG DES BILDELEMENTNAMEN
                        AUS ZELLE '52 (OKTAL)
         ALR  1
         SPA  NAV
         SUN  BHAL      RUECKSPRUNG
```

realisiert.

AWA

Die Beziehung (24.8) wird durch die Anweisungsfolge

```
MA       RUF  REAK      REAKTIVIERUNG
              :
         RUF  IDNA      ERMITTLUNG DER
                        BILDELEMENTADRESSE FUER DEN
                        UNTER NAV GESPEICHERTEN NAMEN
                        (1 Wort)
         DEZ  1
NAV      ***  **
         RUF  VSCH
         ADR  X, Y            .BUNG AUF (X, Y)
```

realisiert.

Für die FORTRAN-Programmierung stehen folgende Anweisungen zur Verfügung:

```
IF(IMEN(I).LT.0) GOTO m
```

Diese Anweisung stellt über die Funktion IMEN(I) die Lichtstiftempfindlichkeit eines Bildelementes her, ersetzt dabei das Unterprogramm BEGN (Abschnitt 5.3.1.3.) zur Eröffnung eines Bildelementes und stellt die Zuordnung der Lichtstiftunterbrechung zu einem Behandlungsabschnitt mit der Einsprungmarke m her.

```
m   CALL BEHA(M)
         ⋮
    GOTO m
```

Diese Anweisungen kennzeichnen wie im Abschnitt 5.4.1.1. den Behandlungsabschnitt.

```
CALL ALST
CALL REAK
```

sind die Anweisungen zur Aktivierung und Reaktivierung des Lichtstiftes.
Bei Benutzung der genannten Anweisungen wird analog verfahren wie bei Handhabung der Anweisungen zur Arbeit mit der Funktionstastatur, die im Abschnitt 5.4.1.1. beschrieben wurde.

5.4.1.5. Lichttasten und bewegliche Lichtmarke

Mit Hilfe des Lichtstiftes können auch die Aufgaben der Funktionstasten und der Positionierkugel erfüllt werden.
Lichttasten sind lichtstiftempfindliche Text- oder Bildelemente, die ausschließlich zur Steuerung des Programmablaufes benutzt werden. Die geometrische Struktur der als Lichttasten verwendeten Bildelemente hat dabei nur symbolischen Wert. Die Lichttasten werden meist am Rande des Bildschirmes übersichtlich untergebracht. Als Beispiel sollen die in Abb. 5.18 gezeigten Lichttasten benutzt werden.

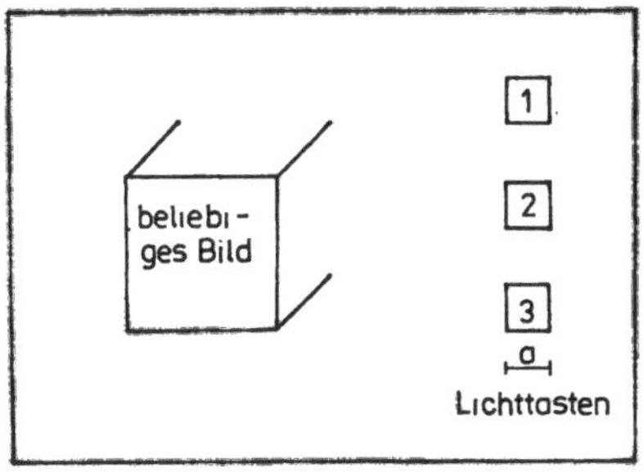

Abb. 5.18. Beispiel Lichttasten

Zunächst werden die Lichttasten definiert, d. h., es werden Bildelemente definiert und deren Lichtstiftempfindlichkeit hergestellt.

Für das gewählte Beispiel lautet die Definition:

$$
\begin{aligned}
&:\mathrm{Q} = (0,0) \ominus (a,0) \ominus (a,a) \ominus (0,a) \ominus (0,0)\\
&:\mathrm{L1} = \mathrm{le}\big((\mathrm{Q} \circ (d,d) \circ \text{'1'}) \twoheadrightarrow (X_1, Y_1)\big)\\
&:\mathrm{L2} = \mathrm{le}\big((\mathrm{Q} \circ (d,d) \circ \text{'2'}) \twoheadrightarrow (X_2, Y_2)\big)\\
&:\mathrm{L3} = \mathrm{le}\big((\mathrm{Q} \circ (d,d) \circ \text{'3'}) \twoheadrightarrow (X_3, Y_3)\big)
\end{aligned}
\qquad (25.1)
$$

Dazu folgende Erläuterung:

Es wird ein Quadrat Q mit der Kantenlänge a und dem Bezugspunkt P(0, 0) erzeugt. Im Punkt P(d, d) wird die Ziffer 1, 2 bzw. 3 angereiht. Das entstandene Bildelement wird auf die Position P(X_1, Y_1), P(X_2, Y_2) bzw. P(X_3, Y_3) gesetzt. Es erhält die Lichtstiftempfindlichkeit le $\neq 0$ und die Bezeichnung L1, L2 bzw. L3 (vgl. Abschnitt 2.5. und 5.4.1.4.).

Im folgenden werden entsprechend den Beziehungen (24.5) bis (24.7) der Zuordnungsabschnitt ZOA, ein Wartezyklus WZY und ein Behandlungsabschnitt BHA festgelegt.

Der Auswerteabschnitt AWA (hierzu Beziehung (24.8) erhält den Charakter eines Verzweigungsabschnittes VZA wie bei der Benutzung der Funktionstastatur (hierzu Abschnitt 5.4.1.1., Beziehung (23.5)).

```
VZA:                                                     (25.2)
ma  : LS, ā
        ⋮
    : (T(NAV = LK) → m_K), K = 1, 2, 3
m_k :   ⋮
↓       ⋮
k = 1, 2, 3
```

Dazu folgende Erläuterung: Aus dem Wartezyklus ZWY kommend wird das Programm im Verzweigungsabschnitt bei Marke ma fortgestzt, und der Lichtstift wird reaktiviert (LS, ā). Die Namensvariable NAV wird getestet, und abhängig davon, ob sie den Namen L1, L2 oder L3 enthält, wird das Programm bei der Marke m1, m2 oder m3 fortgesetzt.

Unter Nutzung der GIS-Unterprogramme sieht die Implementierung folgendermaßen aus.

Lichttastendefinition

in Anlehnung an Beziehung (25.1)

```
      ⋮
*  ERZEUGUNG DER GRUNDFIGUR QUADRAT (Q)
         RUF POSI
         ADR = 0, = 0
         RUF BEG
```

```
          RUF  NAME
          DEZ  1
          TEXT 1/Q ␣
          RUF  GERA
          ADR  A, = 0             A = KANTENLAENGE
          RUF  GERA
          ADR  A, A
          RUF  GERA
          ADR  = 0, A
          RUF  GERA
          ADR  = 0, = 0
          RUF  END
          SPA  ADQ                ADRESSE D.BE. Q
*    ERZEUGEN DER LICHTTASTEN
          RUF  BEG
          RUF  NAME
          DEZ  1
     NA1  TEXT 1/L1               LICHTTASTE L1
          RUF  POSI
          ADR  X1, Y1
          LDA  NA1
          RUF  NFLP               LICHTEMPFINDLICHKEIT
          LDA  ADQ
          RUF  RUFE               UNTER-BILDELEMENT Q
          LDA  X1                 BESTIMMUNG DER TEXTPOSITION
          ADD  D
          SPA  XT                 X-KOORDINATE
          LDA  Y1
          ADD  D
          SPA  YT                 Y-KOORDINATE
          RUF  POSI
          ADR  XT, YT
          RUF  ATDF               ERZEUGEN DER ZIFFER
          ADR  T1, T1
          RUF  END
          RUF  EINA
            ⋮
     T1   TEXT 1/1 ␣              ZIFFER 1
            ⋮
          analoge Anweisungsfolge für die Erzeugung der Lichttasten L2
          und L3
            ⋮
```

Die Anweisungsfolgen für den Zuordnungsabschnitt (ZOA), den Wartezyklus (WZY) und den Behandlungsabschnitt (BHAL) können aus dem Abschnitt 5.4.1.4. übernommen werden.

VZA

Unter Anlehnung an die Beziehung (25.2)

```
              ⋮
MA      RUF  REAK         REAKTIVIERUNG
        LDA  NA1          ⟨A⟩ = ⟨NA1⟩
        SUB  NAV          ⟨A⟩ = ⟨A⟩ − ⟨NAV⟩
        UAS               UEBERSPRUNG WENN ⟨A⟩ ≠ 0
        SUN  M1           SPRUNG ZU M1
        LDA  NA2
        SUB  NAV
        UAS
        SUN  M2           SPRUNG ZU M2
        LDA  NA3
        SUB  NAV
        UAS
        SUN  M3           SPRUNG ZU M3
              ⋮
```

Erläuterung:

Die Namen der Lichttasten

$\langle NA1 \rangle = L1$
$\langle NA2 \rangle = L2$
$\langle NA3 \rangle = L3$

werden mit dem durch den Lichtstift ermittelten Wert der Namensvariablen ⟨NAV⟩ durch Subtraktion verglichen. Ergibt sich der Akkumulatorinhalt Null $\langle A \rangle = 0$, wird das Programm zu der jeweiligen Marke M1, M2 bzw. M3 verzweigt. Dadurch ergibt sich bei Benutzung von Lichttasten die gleiche Wirkung wie bei Benutzung von Funktionstasten.

Die *Lichtmarke*, auch *Bildcursor* genannt, ist ein markantes Bildelement, das mit Hilfe der Positionierkugel oder, wie in diesem Abschnitt gezeigt werden soll, mit Hilfe des Lichtstiftes bewegt werden kann. Die vom Lichtstift führbare Lichtmarke besteht aus einem Positionierelement P0 und in der Regel aus acht Richtungselementen R1, R2, ..., R8 (Abb. 5.19).

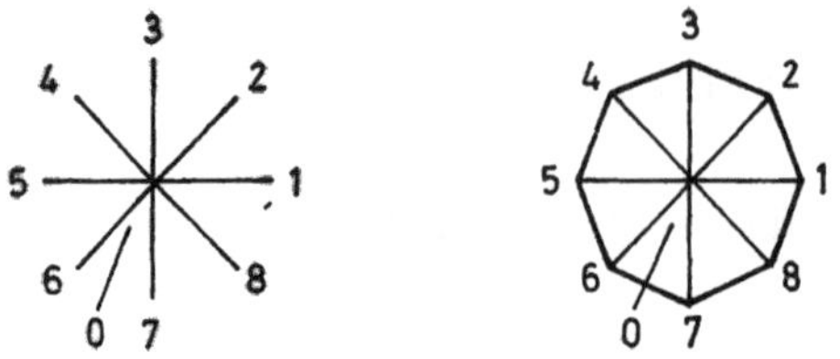

Abb. 5.19. Beispiele für Lichtmarken

Positionierelement und Richtungselemente sind vom Lichtstift einzeln identifizierbar. Bei Lichtstiftberührung wird die Lichtmarke so lange verschoben, bis der Lichtstiftimpuls vom Positionierelement und nicht von einem der Richtungselemente ausgelöst

wird. Dabei wird die Verschiebungsrichtung durch das jeweilige Richtungselement bestimmt.
Die allgemeine Definition für die Lichtmarke lautet:

$$
\begin{aligned}
&: \mathrm{P0} = \mathrm{le}(0, 0)\\
&: \mathrm{R1} = \mathrm{le}\big((0, 0) \circ (1, 0) \ominus (10, 0)\big)\\
&: \mathrm{R2} = \mathrm{le}\big((0, 0) \circ (1, 1) \ominus (8, 8)\big)\\
&: \mathrm{R3} = \mathrm{le}\big((0, 0) \circ (0, 1) \ominus (0, 10)\big)\\
&: \mathrm{R4} = \mathrm{le}\big((0, 0) \circ (-1, 1) \ominus (-8, 8)\big)\\
&: \mathrm{R5} = \mathrm{le}\big((0, 0) \circ (-1, 0) \ominus (-10, 0)\big)\\
&: \mathrm{R6} = \mathrm{le}\big((0, 0) \circ (-1, -1) \ominus (-8, -8)\big).\\
&: \mathrm{R7} = \mathrm{le}\big((0, 0) \circ (0, -1) \ominus (0, -10)\big)\\
&: \mathrm{LM} = \mathrm{P0} \circ \mathrm{R1} \circ \mathrm{R2} \circ \cdots\ \mathrm{R8}
\end{aligned}
\qquad (25.3)
$$

Unter Nutzung der Beziehung (24.1) kann die Arbeit mit der Lichtmarke allgemein folgendermaßen beschrieben werden:

$$
\begin{array}{ll}
 & :\mathrm{LM} = \mathrm{LM} \nrightarrow (\mathrm{X0}, \mathrm{Y0});\ \mathrm{dx} = 0;\ \mathrm{dy} = 0\\
\left.\begin{array}{ll}
\mathrm{m0} & :\mathrm{LM} = \mathrm{LM} \nrightarrow (\mathrm{dx}, \mathrm{dy})\\
 & :\mathrm{NBL} = (\mathrm{P0}, \mathrm{R1}, \mathrm{R2}, \mathrm{R3}, \ldots, \mathrm{R8})\\
 & :\downarrow\mathrm{LS}\ (\mathrm{NBL}, \mathrm{na})\\
\mathrm{VZA} & :\mathrm{T}(\mathrm{na} = \mathrm{nbl}_i,\ \mathrm{i} = 1, \ldots, 9) \rightarrow \mathrm{m}_k,\ k = 1, \ldots, 9\\
\mathrm{AWA}: & \\
\mathrm{m1} & :\mathrm{dx} = 0,\ \mathrm{dy} = 0\\
 & :\rightarrow \mathrm{m10}\\
\mathrm{m2} & :\mathrm{dx} = 1;\ \mathrm{dy} = 0\\
 & :\rightarrow \mathrm{m10}\\
\mathrm{m3} & :\mathrm{dx} = 1;\ \mathrm{dy} = 1\\
 & :\rightarrow \mathrm{m10}\\
\mathrm{m4} & :\mathrm{dx} = 0;\ \mathrm{dy} = 1\\
 & :\rightarrow \mathrm{m10}\\
\mathrm{m5} & :\mathrm{dx} = -1;\ \mathrm{dy} = 1\\
 & :\rightarrow \mathrm{m10}\\
\mathrm{m6} & :\mathrm{dx} = -1;\ \mathrm{dy} = 0\\
 & :\rightarrow \mathrm{m10}\\
\mathrm{m7} & :\mathrm{dx} = -1;\ \mathrm{dy} = -1\\
 & :\rightarrow \mathrm{m10}\\
\mathrm{m8} & :\mathrm{dx} = 0;\ \mathrm{dy} = -1\\
 & :\rightarrow \mathrm{m10}\\
\mathrm{m9} & :\mathrm{dx} = 1;\ \mathrm{dy} = -1\\
\mathrm{m10} & :\mathrm{T}(\mathrm{n} \neq \mathrm{n}_i) \rightarrow \mathrm{m0}
\end{array}\right\} & \mathrm{T}\big(\mathrm{U}(\downarrow\mathrm{FT}(\mathrm{LN}, \mathrm{n}))\big) \rightleftarrows \mathrm{bha}\\
 & :\mathrm{LS\bar{a}}\\
 & :\mathrm{FT\bar{a}}\\
 & \quad\vdots
\end{array}
\qquad (25.4)
$$

Erläuterung:

1. Positionierelement P0 und Richtungselemente R1, R2, ..., R8 werden geometrisch und lichtstiftempfindlich definiert (Beziehung (25.3)).
2. Damit wird die gesamte Lichtmarke LM definiert.
3. Die Lichtmarke wird auf einen günstigen Anfangswert (X0, Y0) positioniert.
4. In das Feld NBL = (nbl_i, $i = 1, \ldots, 9$) wird die gültige Namensliste der lichtstiftempfindlichen Elemente eingeschrieben.
5. Durch Lichtstiftbetätigung ↓LS wird das spezielle lichtstiftempfindliche Element, d. h. sein Name na, ermittelt.
6. Aus der Stellung des Elementenamens na in der Namensliste NBL wird die Verzweigung zum Auswerteabschnitt (AWA) abgeleitet. T (···) → m_k.
7. Im Auswerteabschnitt (AWA) wird die Position der Lichtmarke LM immer dann korrigiert, wenn der Lichtstift nicht in ihrem Zentrum aufgesetzt wurde. Dadurch wird die Lichtmarke automatisch dem Lichtstift nachgeführt.
8. Der Prozeß des Nachführens (Zyklus m0 bis m10) kann durch Betätigen einer bestimmten Funktionstaste n_i, ↓FT(LN, n) beendet werden. Der Lichtstift und Funktionstaste werden anschließend reaktiviert LS, $\bar{a}$; FT, $\bar{a}$.

Über entsprechende Anweisungen im Programm, d. h. über die geradlinige Verbindung der durchlaufenen Punkte ($P_i \ominus P_{i+1}$), ist es möglich, bei Führung der Lichtmarke LM durch den Lichtstift die hinterlassene Spur sichtbar zu machen. Der Lichtstift kann auf diese Art als „Zeichenstift" verwendet werden. Im englischen Sprachraum wird die Lichtmarke deshalb auch als „inkpot" (Tintenfaß) bezeichnet.

Im folgenden soll wieder die Beschreibung dieser Lichtmarkennachführung mit Hilfe der GIS-Unterprogramme gezeigt werden:

```
*   DEFINITION DER LICHTMARKE
*
*   DEFINITION DER RICHTUNGSELEMENTE
              :
    DEF  RUF  POSI
         ADR  = 0, = 0
         RUF  BEG
         RUF  NAME
         DEZ  1              RICHTUNGSELEMENT
    NA1  TEXT 1/R1           MIT NAMEN R1
         LDA  NA1            HERSTELLEN DER
         RUF  NFLP           LICHTSTIFTEMPFINDLICHKEIT
         RUF  RELA
         ADR  = 1, = 30
         RUF  GERA
         ADR  = 10, = 0
         RUF  END
         SPA  AR1            ADRESSE VON R1
              :
    analoge Definition der Richtungselemente R2 bis R8
```

```
          ⋮
*  DEFINITION DER VOLLSTAENDIGEN LICHTMARKE LM
*  DIE LICHTMARKE ERHAELT DER EINFACHHEIT HALBER
*  DEN NAMEN DES POSITIONIERELEMENTES P0
          ⋮
          RUF  BEG
          RUF  NAME
          DEZ  1            POSITIONIERELEMENT
   NA0    TEXT 1/PO         MIT NAMEN P0
          RUF  POSI
          ADR  = 0, = 0
          LDA  NA0          HERSTELLEN DER
          RUF  NFLP         LICHTSTIFTEMPFINDLICHKEIT
          LDA  AR1          AUFRUF DER
          RUF  RUFE         RICHTUNGSELEMENTE R1
          LDA  AR2          BIS R8 ÜBER IHRE
          RUF  RUFE         ADRESSEN AR1 BIS AR8
          ⋮
          RUF  END
          SPA  ALM          ADRESSE DER LICHTMARKE LM
          RUF  EINA
          ⋮
```

Die Anweisungsfolgen für den Zuordnungsabschnitt (ZOA), den Wertezyklus (WZY) und den Behandlungsabschnitt (BHAL), die bei der Lichtstiftbenutzung $\downarrow$LS($\cdots$) erforderlich sind, können für den Prozeß der Lichtmarkennachführung ebenfalls aus Abschnitt 5.4.1.4., der allgemein für die Lichtstiftbenutzung gilt, entnommen werden.

VZA

Der Verzweigungsabschnitt (VZA) besteht aus dem berechneten Sprung T($\cdots$) $\to$ m_k, $k = 1, \ldots, 9$ der Beziehung 25.4.

```
VZA  LDA  NA0        ⟨A⟩ = ⟨NA0⟩ = P0
     SUB  NAV        ⟨A⟩ = ⟨A⟩ − ⟨NAV⟩
     UAS             UEBERSPRUNG WENN ⟨A⟩ ≠ 0
     SUN  M1         SPRUNG ZU M1
     LDA  NA1        ⟨A⟩ = ⟨NA1⟩ = R1
     SUB  NAV
     UAS
     SUN  M2         SPRUNG ZU M2
      ⋮
     LDA  NA8        ⟨A⟩ = ⟨NA8⟩ = R8
     SUB  NAV
     UAS
     SUN  M9         SPRUNG ZU M9
      ⋮
```

Erläuterung:

Die Namensvariable NAV erhält durch Lichtstiftbetätigung den Wert P0, R1, R2, ..., R7 oder R8 zugewiesen. Dieser Wert wird durch Subtraktion getestet, und wenn sich dabei das Resultat Null ergibt, wird ein Sprung zur Marke M1, M2, M3, ..., M8 bzw. M9 vollzogen.

AWA

Der Auswerteabschnitt (AWA) wird ebenfalls in Anlehnung an Beziehung 25.4 notiert.

```
AWA  KOP             KEINE OPERATION
M1   LOA             ⟨A⟩ = 0
     SPA  DX         ⟨DX⟩ = ⟨A⟩
     SPA  DY         ⟨DY⟩ = ⟨A⟩
     SUN  M10        SPRUNG NACH M10
M2   LDA  = 1        ⟨A⟩ = 1
     SPA  DX
     LOA
     SPA  DY
     SUN  M10
M3   LDA  = 1
     SPA  DX
     SPA  DY
     SUN  M10
M4   LOA
     SPA  DX
     LDA  = 1
     SPA  DY
     SUN  M10
M5   LDA  = -1
     SPA  DX
     LDA  = 1
     SPA  DY
     SUN  M10
M6   LDA  = -1
     SPA  DX
     LOA
     SPA  DY
     SUN  M10
M7   LDA  = -1
     SPA  DX
     SPA  DY
     SUN  M10
M8   LOA
     SPA  DX
     LDA  = -1
```

```
        SPA  DY
        SUN  M10
M9      LDA  =1
        SPA  DX
        LDA  =-1
        SPA  DY
M10     LDA  NW              BEI FT-BETAETIG. ⟨NW⟩ = 1
        UAS                  UEBERSPRUNG WENN ⟨A⟩ ≠ 0
        SUN  M0              SPRUNG ZU M0
        RUF  REAK
         ⋮
```

Bei Zusammenfügen aller Abschnitte

- DEF Definition der Lichtmarke,
- ZOA Zuordnungsabschnitt für Lichtstift und Funktionstaste,
- WZY Wartezyklus für Lichtstiftimpuls,
- BHA, BHAL Behandlungsabschnitt für Funktionstaste und Lichtstift,
- VZA Verzweigungsabschnitt,
- AWA Auswerteabschnitt

erhält das *Programm zur Lichtmarkennachführung* PLMN folgenden Gesamtaufbau:

```
PLMN
         ⋮
DEF     Definierung der Lichtmarke
         ⋮
ZOA     Zuordnung von Funktionstaste und Lichtstift zu
        Behandlungsprogrammen bei Unterbrechung
         ⋮
        LOA                  ANFANGSWERT FUER
        SPA  DX              DX, DY, NW WIRD AUF NULL
        SPA  DY              GESETZT
        SPA  NW
        RUF  AKT             AKTIVIERUNG DER
        DEZ  1               FUNKTIONSTASTATUR
M0      LDA  X0              BERECHNUNG DER
        ADD  DX              NEUEN POSITION
        SPA  X0              DER LICHTMARKE
        LDA  Y0
        ADD  DY
        SPA  Y0
        LDA  ALM
        RUF  VSCH            NEUE POSITIONIERUNG
        ADR  X0, Y0          DER LICHTMARKE
```

```
WZY
         ⋮
         Wartezyklus auf Lichtstiftimpuls
         ⋮
VZA
         ⋮
         Verzweigungsabschnitt
         ⋮
AWA
         ⋮
         Auswerteabschnitt
         ⋮
M10      LDA  NW
         UAS
         SUN  M0        SPRUNG ZU M0
         RUF  REAK      REAKTIVIERUNG VON
          ⋮             FUNKTIONSTASTATUR UND
                        LICHTSTIFT
BHA       ⋮
         Behandlungsabschnitt für Funktionstaste und Lichtstift
          ⋮
```

Erläuterung:

1. Die Lichtmarke wird definiert (DEF).
2. Funktionstaste und Lichtstift werden Programmen zur Unterbrechungsbehandlung zugeordnet (ZOA).
3. Im Zyklus M0–M10 wird
   — die Lichtstiftbetätigung ausgewertet und die Lichtmarke neu positioniert
   — und gleichzeitig auf Betätigung einer festgelegten Funktionstaste gewartet, wodurch der Zyklus verlassen und damit der Prozeß der Lichtmarkennachführung beendet werden kann.

5.4.2. Unterprogramme des Programmsystems DEC-GRAPHIC-11 zur aktiven Nutzung des Bildschirmgerätes [26]

Das in Abschnitt 5.3.2. beschriebene Programmsystem läßt auch die aktive Nutzung des grafischen Bildschirmgerätes zu. Das zur Verfügung stehende Unterprogramm zur Funktionstastenbenutzung schließt bereits Zuordnungsabschnitt (ZOA) und Behandlungsabschnitt (BHA) ein (vergleiche Abschnitt 5.4.1.1.). Das heißt, diese Aufgaben brauchen vom Nutzer bei der Programmierung nicht mehr beachtet werden. Die programmierungstechnische Aufgabe konzentriert sich auf den Wartezyklus (WZY) und den Verzweigungsabschnitt (VZA).

Allgemein formuliert:

$$
\begin{aligned}
&\text{WZY}: \downarrow\text{FT(LN, n)} && (26.1)\\
&\quad : \text{T}(\downarrow\text{FT} = 0) \rightarrow \text{WZY} \quad \downarrow\text{FT} \in \{0,1\}\\
&\text{VZA}: \big(\text{T}(\text{n} = \text{n}_k) \rightarrow \text{m}_k\big) \quad k = 1, \ldots, 16\\
&\qquad\qquad \vdots\\
&\text{m}_k \quad : \quad \vdots\\
&\downarrow\\
&k = 1, \ldots, 16\\
&\text{mit} \quad \text{LN} = (\text{fn}_i,\ i = 1, \ldots, 16), \quad \text{n} \in \{\text{n}_k,\ k = 1, \ldots, 16\}
\end{aligned}
$$

Im Wartezyklus WZY wird die Betätigung der Funktionstaste erwartet. Es existiert eine Liste LN von 16 Funktionstasten fn_i. Der Programmlauf verbleibt solange im Wartezyklus, bis das Ereignis $\downarrow\text{FT} = 1$, die Funktionstastenbetätigung, eintritt und dabei der Signalwert n, ein Element aus der Menge von 16 Signalwerten n_k, zur Auswertung übergeben wird.
Nach Verlassen des Wartezyklus (WZY) schließt sich der Verzweigungsabschnitt (VZA) an. In ihm wird abhängig von den 16 möglichen Signalwerten n_k zu einer der 16 Einsprungmarken m_k gesprungen, wobei eine eindeutige Zuordnung zwischen den Signalwerten n_k und den Einsprungmarken m_k besteht.
Im System DEC-GRAPHIC-11 wird dieser Sachverhalt durch folgende FORTRAN-Anweisungen realisiert:

```
          ⋮
      LOGICAL * 1 TN(16)
          ⋮
1     CALL PBH (IFT, TN)
      IF(IFT.EQ.0) GOTO 1
      DO2 N = 1, 16
      IF(TN(N)) NK = N
2     CONTINUE
      GOTO(m1, m2, m3, ..., m16), NK
          ⋮
mk
```

Es wird ein logisches Feld TN(16) vereinbart. Durch den Aufruf

CALL PBH (IFT, TN)

werden die Funktionstastatur aktiviert und über die Ausgabeparameter eine INTEGER-Variable IFT und das logische Feld TN belegt, die bei nicht beständiger Funktionstaste die Werte IFT = 0 bzw. TN(N) = false besitzen. Wurde eine Funktionstaste betätigt, so nimmt die Variable IFT einen von Null verschiedenen Wert IFT $\neq$ 0 an, und das der Funktionstaste zugeordnete Element des logischen Feldes TN wird mit dem Wert TN(N) = true belegt.
Dadurch kann über die IF-Anweisung der Wartezyklus 1 verlassen werden. In einer

DO-Schleife wird die Belegung des Feldes TN getestet und dadurch die Nummer der bestätigten Funktionstaste NK ermittelt. Der Verzweigungsabschnitt wird über die Verzweigungsanweisung GOTO (m1, m2, ..., m16), NK realisiert.

Da für das verwendete grafische Bildschirmgerät keine Positionierkugel existiert, wird ein Bildelement mit Hilfe von Lichtstift und beweglicher Lichtmarke plaziert, die an das Bildelement zu binden ist.
Der in Abschnitt 5.4.1.2. mit Hilfe der Positionierkugel erzielte Effekt wird im System DEC-GRAPHIC-11 durch folgende Anweisungen realisiert. Dabei wird berücksichtigt, daß Beginn und Ende des Vorganges über Funktionstasten gesteuert werden müssen. (Beachte obige Hinweise zur Benutzung der Funktionstastatur!)

```
      :
      LOGICAL * 1 TN(16)
      :
      CALL POINTER (1, 'BE')
1     CALL PBH(IFT, TN)
      IF(IFT.EQ.0)    GOTO 1
      IF(TN(1))       GOTO 2
      IF(TN(2))       GOTO 5
      GOTO 1
2     CALL GET(1, X, Y)
      CALL TRAK(X, Y)
      CALL ATTACH(1)
3     CALL PBH(IFT, TN)
      IF(IFT.EQ.0)    GOTO 3
      IF(TN(1))       GOTO 4
      IF(TN(2))       GOTO 5
      GOTO 3
4     CALL DETACH
      CALL ERAS
      GOTO 1
5     CONTINUE
      :
```

Erläuterung:

- Es wird ein logisches Feld TN(16) für die 16 Funktionstasten vereinbart.
- Über den Ruf CALL POINTER(1, 'BE') wird einem Bildelement mit Namen BE ein Zeiger 1 zugewiesen, der auf das erste Grundelement, die Positionierung, verweist.
- Der Zyklus „1···GOTO 1" kann über die Betätigung der Funktionstasten 1 oder 2 zur Marke 2 bzw. 5 verlassen werden.
- Die Fortsetzung bei Marke 2 beginnt mit dem Ruf CALL GET(1, X, Y), wodurch die Koordinaten der Positionierung des Bildelementes BE, auf das Zeiger 1 verweist, über die Parameter X, Y ermittelt werden.
- Mit dem Ruf CALL TRAK(X, Y) wird eine mit Lichtstift führbare Lichtmarke erzeugt, die die ermittelte Position X, Y erhält.

- Mit dem Ruf CALL ATTACH(1) wird die Lichtmarke an das Bildelement BE angebunden, auf das der Zeiger 1 verweist. Damit ist das Bildelement BE solange über Lichtstift und Lichtmarke führbar, bis der anschließende Wartezyklus 3··· GOTO 3 verlassen wird.
- Der Wartezyklus 3···GOTO 3 wird verlassen, wenn die Funktionstasten 1 oder 2 betätigt werden.
- Die Fortsetzung bei Marke 4 löst mit Ruf CALL DETACH die Lichtmarke vom Bildelement. Durch Ruf CALL ERAS wird anschließend die Lichtmarke gelöscht. Das Bildelement verharrt damit auf der zuletzt eingestellten Position.
- Die Rückkehr zur Marke 1 ermöglicht eine Wiederholung des Vorganges, wenn die Funktionstaste 1 erneut betätigt wird.
- Wird die Funktionstaste 2 betätigt, so wird der Programmabschnitt des lichtstiftgeführten Bildelementes verlassen.

Zur Nutzung der alphanumerischen Tastatur stehen im System DEC-GRAPHIC-11 folgende Unterprogrammrufe zur Verfügung. Mit dem Ruf CALL KBC(IHC) wird ein über die Tastatur eingegebenes Zeichen übernommen und sein ASCII-Wert in die INTEGER-Variable IHC eingetragen. Mit CALL KBS(L, STR, N) wird eine Zeichenkette der möglichen Länge L von der Tastatur übernommen und in ein LOGICAL $*$ 1-Feld STR eingetragen. N gibt die Anzahl der eingegebenen Zeichen an. Die Eingabe wird durch die Taste „carriage return“ beendet.

Der Ruf CALL TTW(N, STR) ermöglicht die Ausgabe von N Zeichen, die sich im LOGICAL $*$ 1-Feld STR befinden, auf den Bildschirm.

Zur Nutzung des Lichtstiftes wird mit dem Ruf CALL SENSE(K) über den Zeiger K die Lichtstiftempfindlichkeit eines Bildelementes hergestellt, das dann über den Ruf CALL LPEN(IH, NA) mit dem Lichtstift identifiziert werden kann. Dabei gibt IH $\leqq 0$ an, daß eine Lichtstiftidentifikation erfolgte, und über NA wird der Name des Bildelementes übergeben, das identifiziert wurde. Eine erweiterte Parameterliste ermöglicht darüber hinaus den Zugriff auf die identifizierten Punktkoordinaten X, Y und eine Auswertung der Bildelementeverschachtelung durch Ausgabe der Namen aller übergeordneten Bildelemente.

6. Die Arbeit mit grafischen Terminals

Wie schon an anderer Stelle erwähnt, geht die Entwicklung der Informatik in eine Richtung, die auf der einen Seite eine zunehmende Dezentralisierung der Rechentechnik und Verlagerung in Arbeitsplatznähe erwarten läßt, auf der anderen Seite für bestimmte Aufgaben weiterhin und ebenfalls in wachsendem Maße eine Zentralisierung der Rechen- und Speichertechnik erforderlich macht [115]. Da aber die vom Rechner bereitgestellte Information stets am Arbeitsplatz gebraucht wird und ihm von dort die wesentliche Ausgangsinformation wieder zugeführt wird, ist mit dieser Entwicklung auch der Aufbau von Rechnernetzen verbunden, um den Zugriff von dezentralen Arbeitsplatzrechnern zu zentralen Rechenanlagen und Speichern bzw. zu anderen dezentralen Rechnern und Speichern zu sichern. Das verlangen auch die Aufgaben und Anforderungen, die bei der rechnergestützten geometrischen Modellierung zu lösen bzw. zu erfüllen sind.
Grafische Terminals sind meist Endplätze, die selbst über eine leistungsfähige Rechen- und Speichertechnik verfügen, bzw. der mit einer grafischen Peripherie ausgestattete Arbeitsplatzrechner ermöglicht, anspruchsvolle Aufgaben bereits im autonomen Betrieb zu lösen. Trotzdem werden durch räumliche und ökonomische Einschränkungen der Rechentechnik in Arbeitsplatznähe die Rechen- und Speicherkapazität relativ begrenzt bleiben, so daß es vorteilhaft ist, den digital-geometrischen Arbeitsplatz als Satellitensystem auszubauen, das mit einem noch leistungsfähigeren Hostrechner gekoppelt ist und bei Bedarf auf dessen Ressourcen zugreifen kann.

6.1. Die Kopplung zu einem grafischen Satellitensystem

Die in Abschnitt 5 genannte Konfiguration GD 71 — KRS 4201 verfügt über ein Hard- und Softwareinterface [27], womit eine Kopplung zu einer ESER-Anlage möglich wird und das grafische Bildschirmgerät GD 71 mit dem gekoppelten Kleinrechnersystem KRS 4201 und seiner weiteren Peripherie die Eigenschaften eines Satellitensystems der zentralen ESER-Anlage erwirbt und gleichzeitig zu einem grafischen Terminal dieser Anlage wird.
Diese Konfiguration GD 71 — KRS 4201 — ESER-Anlage und das zugehörige Programmsystem GIS/TEBAM [28] soll an dieser Stelle dazu dienen, allgemeine Probleme der Rechnerkopplung bei der rechnergestützten geometrischen Modellierung an Hand eines konkreten geräte- und programmtechnischen Systems zu erläutern.
Abb. 6.1 zeigt schematisch den Informationsaustausch zwischen zwei Rechnern bei

ihrer Kopplung. Die gerätetechnischen Voraussetzungen für die Kopplung sollen hier nicht behandelt werden und werden als gegeben vorausgesetzt.
In jedem der beiden Rechner arbeitet eines der Betriebssysteme (BSS, BSH), die beide miteinander in Verbindung stehen. Von der Qualität dieser Betriebssysteme in Bezug auf die Bedienung der Kopplungskanäle und natürlich von den gerätetechnischen Voraussetzungen hängt ab, welche Möglichkeiten die Rechner haben, auf ihre Arbeit gegenseitig Einfluß zu nehmen. Bei der genannten Konfiguration beispielsweise besitzt das als Satellitensystem fungierende Kleinrechnersystem KRS 4201 physisch gesehen nur passiven Charakter [27] und kann gegenüber der gekoppelten ESER-Anlage erst aktiv werden, wenn ESER-seitig die Verbindung durch ein Steuerprogramm unter der Regie des Supervisors zuvor eröffnet wurde. Für die Zugriffsmethode TEBAM gibt es zwei Versionen, die Version TEBAM-S und die Version TEBAM-A. Bei der erstgenannten hat der Nutzer die Möglichkeit, über Steuerinformation vom Satellitensystem Operationen im Hostsystem, wie Datentransfer, Laden und Starten von Programmen u. a., zu veranlassen. Bei der letztgenannten kann der Nutzer den Informationsaustausch über Anwenderprogramme organisieren.

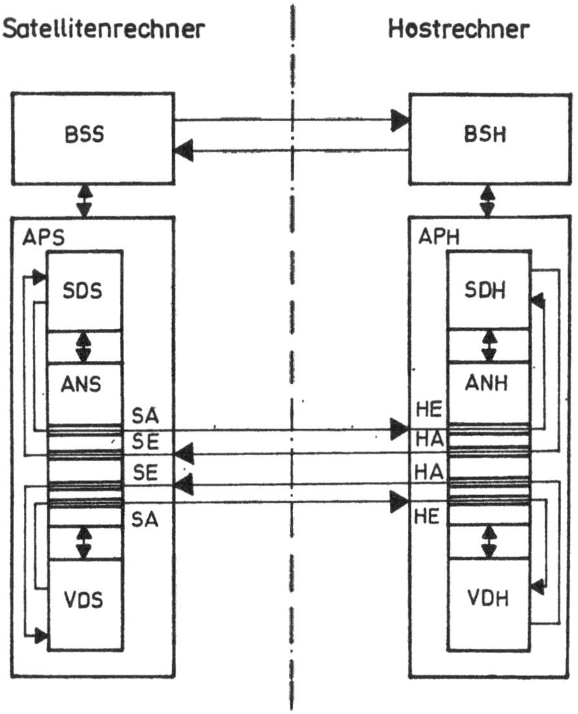

Abb. 6.1. Informationsaustausch bei Rechnerkopplung.

BSS, BSH = Betriebssystem Satelliten- bzw. Hostrechner
APS, ASH = Anwenderprogramm Satelliten- bzw. Hostrechner
SDS, SDH = Steuerdaten Satelliten- bzw. Hostrechner
ANS, ANH = Anweisungsfolge Satelliten- bzw. Hostrechner
VDS, VDH = Verarbeitungsdaten Satelliten- bzw. Hostrechner
SA, HA = Satellitenrechner- bzw. Hostrechnerausgabe
SE, HE = Satellitenrechner- bzw. Hostrechnereingabe

Auf diese Möglichkeit wird durch das Schema in Abb. 6.1 verwiesen. Bei den beiden Anwenderprogrammen (APS, APH) wird zwischen den Anweisungsfolgen (ANS, ANH), den Steuerdaten (SDS, SDH) und den Verarbeitungsdaten (VDS, VDH) unterschieden.
Für beide Systeme existieren für den Datenaustausch von Anwenderprogramm zu Anwenderprogramm je zwei Anweisungen, je eine Anweisung für die Ausgabe von Daten (SA, HA) und je eine Anweisung für die Eingabe von Daten (SE, HE). Diese Anweisungen aktivieren Unterprogramme, die über die Kanalroutinen des Betriebssystems den Datenaustausch veranlassen. Dabei ist auf Synchronisation der Anwenderprogramme zu achten; d. h., einer Ausgabeanweisung im Satellitenrechner (SA) muß eine Eingabeanweisung im Hostrechner (HE) bzw. umgekehrt einer Eingabeanweisung im Satellitenrechner (SE) muß eine Ausgabeanweisung im Hostrechner (HA) gegenüberstehen. Mit Hilfe der zugehörigen Unterprogramme können Daten unterschiedlicher Zweckbestimmung übertragen werden. Das sind zum einen Daten (VDS bzw. VDH), die dem Anwenderprogramm mit seinen Anweisungsfolgen (ANS bzw. ANH) zur weiteren Verarbeitung übergeben werden, und zum anderen Daten (SDS bzw. SDH), die den Ablauf des jeweiligen Anwenderprogramms in bezug auf die chronologische Ordnung seiner Anweisungsfolgen (ANS bzw. ANH) steuern.
Im Kopplungssystem GIS/TEBAM stehen für die Wirtsprache FORTRAN ESER-seitig folgende Unterprogrammrufe zur Verfügung:

```
CALL FOOPEN
     ⋮
CALL FOFEIN(K, N, DFEL)
     ⋮
CALL FOFAUS(K, N, DFEL)
     ⋮
CALL FOCLOS
```

Durch die Pflichtrufe FOOPEN und FOCLOS wird die Verbindung zum Kleinrechnersystem eröffnet bzw. geschlossen. Der Ruf FOFEIN ermöglicht eine Eingabe von Daten aus dem Kleinrechnersystem in die ESER-Anlage und der Ruf FOFAUS umgekehrt die Ausgabe von Daten aus der ESER-Anlage zum Kleinrechnersystem. Die Parameter haben folgende Bedeutung:

K = Schlüsselnummer des zu übertragenden Datentyps
N = Anzahl der zu übertragenden Zahlen bzw. Bytes (bei bestimmtem Datentyp)
DFEL = Feldadresse der einzugebenden bzw. auszugebenden Daten.

Im Kleinrechnersystem stehen analog die FORTRAN-Rufe

CALL KAUS(DFK, KK, NK) für die Ausgabe,
CALL KEIN(DFK, KK, NK) für die Eingabe

mit den Parametern

DFK = Feldadresse
KK = Datentyp
NK = Anzahl der zu übertragenden Zahlen bzw. Bytes (abhängig vom Datentyp)

und

CALL TRAP für das Trennen der Anwenderprogramme.

zur Verfügung.
In Abb. 6.2a und Abb. 6.2b wird ein Anwendungsbeispiel für gekoppelte Programme gezeigt. Dabei werden folgendes Beispiel und folgende Funktionsteilung zwischen Satellitensystem (GD 71/KRS) und Hostsystem (ESER-Anl.) angenommen:

- Ein zweidimensionales geometrisches Objekt (Bildelement) wird auf dem grafischen Bildschirm dargestellt und wahlweise mit Hilfe der Positionierkugel parallel verschoben bzw. um seinen Bezugspunkt gedreht.
- In der ESER-Anlage werden die Koordinaten des Bildelementes bereitgestellt und für die ausgewählten Transformationsoperationen neu berechnet.

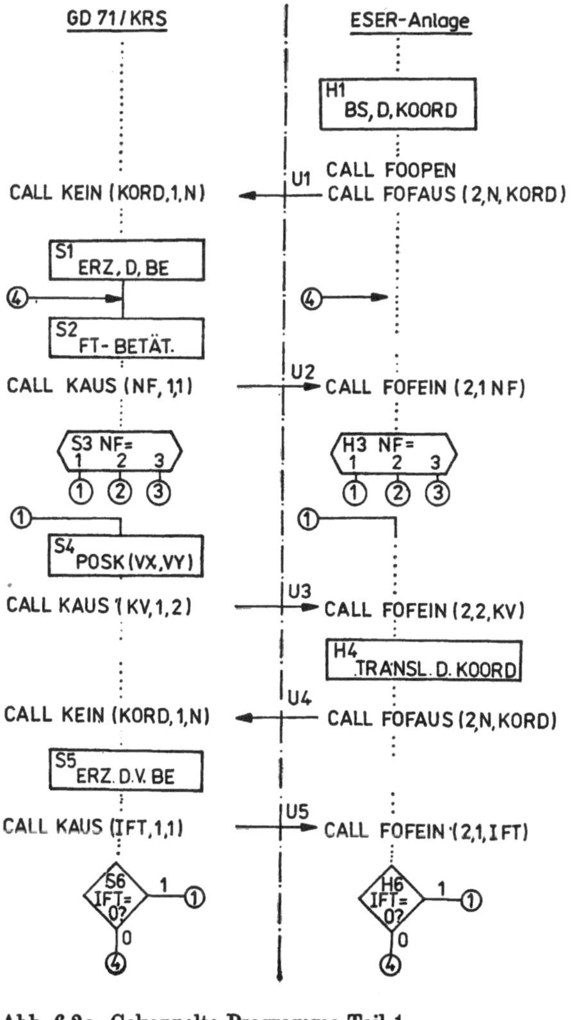

Abb. 6.2a. Gekoppelte Programme Teil 1

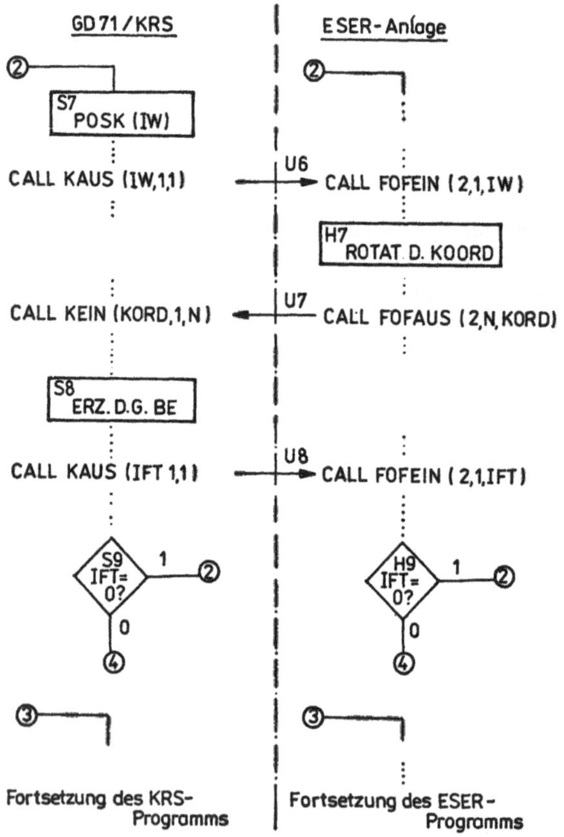

Abb. 6.2b. Gekoppelte Programme Teil 2

— Im Satellitensystem werden über die Peripherie die Transformationsart ausgewählt, die Transformationsparameter eingegeben und aus den Koordinaten das Bildelement generiert und auf dem Bildschirm dargestellt.

In Abb. 6.2a und Abb. 6.2b werden die Stellen der Datenübertragung Ui durch die ausgeschriebenen Anweisungen deutlich hervorgehoben. Die anderen wesentlichen Programmteile werden als komplexe Operationen (Si, Hi) symbolisch dargestellt. Dazu folgende Erläuterung:

H1: In der ESER-Anlage (ESER-A) werden die Koordinaten für das Bildelement bereitgestellt (BS.D.KOORD).

U1: Die Koordinatenwerte werden von der ESER-Anlage zum Kleinrechnersystem (KRS) übertragen (Verarbeitungsdaten VDH → VDS).

S1: Im KRS wird das Bildelement sichtbar auf dem Bildschirm erzeugt (ERZ.D.BE).

S2: Durch Funktionstastenbetätigung wird die Transformationsart ausgewählt (FT-BETÄT).

U2: Die Nummer der Funktionstaste (NF) wird vom KRS zur ESER-A übertragen (Steuerdaten SDS → SDH).

S3: H3: Die Steuerdaten werden in beiden Systemen zur Programmverzweigung ausgewertet.

①: Verzweigungsteil Translation

S4: Über die Positionierkugel werden die Komponenten des Verschiebungsvektors (VX, VY) im KRS eingegeben.

U3: Die Komponenten des Verschiebungsvektors werden vom KRS zur ESER-A übertragen (Verarbeitungsdaten VDS → VDH).

H4: Für die Translation wird aus dem Verschiebungsvektor die Umrechnung der Koordinaten durchgeführt (TRANSL.D.KOORD.).

U4: Die berechneten Koordinaten werden von der ESER-A zum KRS übertragen (Verarbeitungsdaten VDH → VDS).

S5: Im KRS wird das verschobene Bildelement sichtbar auf dem Bildschirm erzeugt (ERZ.D.V.BE).

U5: Der Wert eines Signals IFT wird vom KRS zur ESER-A übertragen (Steuerdaten SDS → SDH).

S6, H6: Der Signalwert wird in beiden Systemen zur Programmverzweigung ausgewertet. Bei IFT = 0 wird der Programmteil ① wiederholt. Den Wert IFT ≠ 0 soll er nach Betätigung einer beliebigen Funktionstaste annehmen. In diesem Fall wird der Programmablauf bei Marke ④ fortgesetzt, was eine erneute Auswahl der Translationsart ermöglicht.

②: Verzweigungsteil Rotation

S7: Über die Positionierkugel wird der Drehwinkel (IW) in das KRS eingegeben.

U6: Der Drehwinkel wird vom KRS zur ESER-A übertragen (Verarbeitungsdaten VDS → VDH).

H7: Für die Rotation wird aus dem Drehwinkel die Umrechnung der Koordinaten durchgeführt (ROTAT.D.KOORD).

U7: Die berechneten Koordinaten werden von der ESER-A zum KRS übertragen (Verarbeitungsdaten VDH → VDS).

S8 : Im KRS wird das gedrehte Bildelement sichtbar auf dem Bildschirm erzeugt (ERZ.D.G.BE).

U8: Der Wert eines Signals IFT wird vom KRS zur ESER-A übertragen (Steuerdaten SDS → SDH).

S9, H9: Der Signalwert wird in beiden Systemen zur Programmverzweigung ausgewertet. Bei IFT = 0 wird der Programmteil ② wiederholt. Bei IFT ≠ 0 (nach Betätigung einer beliebigen Funktionstaste) wird der Programmablauf bei Marke ④ fortgesetzt, was eine erneute Auswahl der Translationsart ermöglicht.

③: Programmfortsetzung

Zu dieser Stelle wird bei Betätigung der Funktionstaste Nr. 3 (Operation S2) in den Operationen S3 bzw. H3 verzweigt.

Aus Gründen der Übersichtlichkeit wurde auf einige noch notwendige Operationen, wie das Rücksetzen der Signalzellen und das Schließen der Rechnerkopplung, verzichtet.

6.2. Die Übertragung von Funktionsbausteinen

In Abschnitt 6.1. wurde auf ein gewichtiges Problem der Rechnerkopplung bei parallel laufenden Anwenderprogrammen hingewiesen, das ist das Problem der Synchronisation der Anwenderprogramme bezüglich ihrer Kopplungsschnittstellen. Nun müssen diese Schnittstellen chronologisch nicht nur im Hinblick auf die Übertragungsrichtung (ANS zu ANH bzw. umgekehrt), sondern auch unter Beachtung des Datentyps, der Kodierung, der Übertragungslänge und der Zweckbestimmung übereinstimmen. So würde beispielsweise der Synchronismus verletzt, wenn vom Satellitensystem Verschiebungskoordinaten übergeben werden und diese vom Hostsystem als Drehwinkelkomponenten übernommen würden, obwohl die syntaktische Übereinstimmung gegeben wäre.
Diesen Synchronismus bei komplizierten, mit vielen Zyklen versehenen Algorithmen herzustellen, verlangt vom programmierenden Nutzer erhebliche Mühe und Aufmerksamkeit. Deshalb ist es angebracht, daß der Systementwickler dem Nutzer diese Aufgabe abnimmt, indem er ihm vorgefertigte Funktionsbausteine zur Verfügung stellt, die diesen Synchronismus garantieren, ohne daß der Nutzer bei ihrer Verwendung in Anwenderprogrammen selbst darauf achten muß.

6.2.1. Die Methode EXPORT [29], [30]

Die Methode EXPORT (EXterne ProgrammORganisation für Terminal) wurde am Vereinigten Institut für Kernforschung in Dubna für die Konfiguration GD 71/KRS 4201/ES1040 entwickelt, ist aber allgemein für die Programmierung gekoppelter Rechner anwendbar. Sie beruht darauf, daß die anwendungsspezifische Arbeit des Satellitensystems (GD 71/KRS 4201) durch das Anwenderprogramm im Hostsystem (EC1040) organisiert wird, das die jeweils zur Abarbeitung kommenden Programmteile zum Satellitensystem überträgt. Es handelt sich um eine Art Übertragungstechnik (overlay) mit der Besonderheit, daß die zu übertragenden Programmsegmente vom Anwenderprogramm in einem Rechner bereitgestellt und zu einem anderen gekoppelten Rechner übertragen werden.
Abb. 6.3 zeigt schematisch das Grundprinzip der Methode EXPORT.
Das Anwenderprogramm im Hostsystem (APH) greift auf Unterprogramme (UP) zu, die als Datenfeld einen Lademodul (M) für das Satellitensystem enthalten. Bei Abarbeitung des Unterprogramms (UP) wird über einen sogenannten exportierenden Programmteil (EP) dieser Lademodul (M) vom Hostsystem zum Satellitensystem übertragen werden. Im Satellitensystem arbeitet ein sogenanntes importierendes Programm, das als Steuer- und Ladeprogramm fungiert. Es übernimmt den Lademodul vom Hostrechner und überträgt ihn in den Arbeitsbereich des Satellitenrechners. Der Lademodul (M) verkörpert im Satellitensystem das Anwenderprogramm (APS) und stellt einen oftmals recht komplexen Funktionsbaustein für das Satellitensystem unter Einbeziehung der Arbeit des grafischen Displays dar. In Verbindung mit dem Betriebssystem strukturiert es die Bilddatei und bedient die Bildschirmperipherie. Es führt aber auch andere Operationen aus, einschließlich der Übertragung von Daten vom und zum Hostsystem. Da aber das Anwenderprogramm des Satellitensystems (APS) und der spezifische

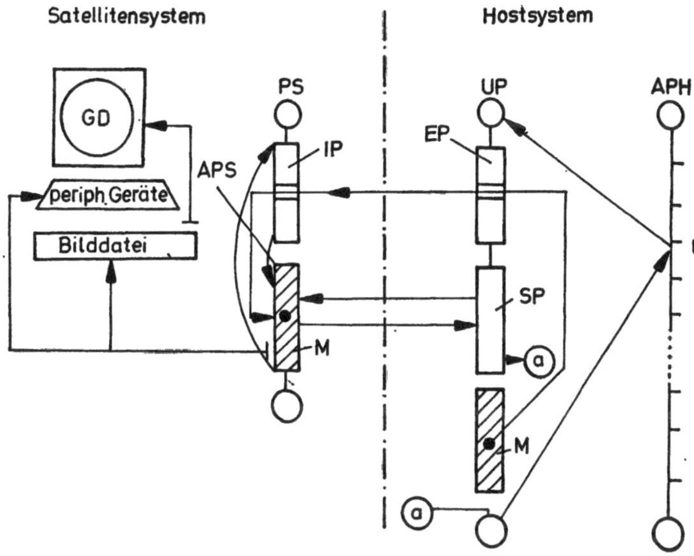

Abb. 6.3. Grundprinzip der Methode EXPORT.

GD = grafisches Display
APS = Anwenderprogramm des Satellitensystems
APH = Anwenderprogramm des Hostsystems
PS = Programm im Satellitensystem
UP = Unterprogramm
UPR = Unterprogrammruf
M = Lademodul = APS
IP = importierender Programmteil
EP = exportierender Programmteil
SP = spezifischer Programmteil

Programmteil (SP) ein und demselben Unterprogramm (UP) des Hostrechners zugeordnet sind, wird die Synchronisation der Datenübertragung vom Systementwickler garantiert, und der Nutzer braucht bei der Verwendung dieser Unterprogramme nicht auf die Bedingungen der Synchronisation zu achten. Er hat darauf keinen Einfluß.

Die Arbeit des als Lademodul (M) übertragenen Anwenderprogramms im Satellitensystem (APS) wird vom importierenden Programm (IP) zusammen mit dem Betriebssystem gesteuert. Es startet dieses Anwenderprogramm, das nach seiner Abarbeitung die Regie an das importierende Programm (IP) zurückgibt und es zur Übernahme eines neuen Lademoduls (M) befähigt. Das anschließend als Lademodul (M) übernommene neue Segment des Anwenderprogramms (APS) wird dem vorhergehenden überlagert. Auf diese Art und Weise wird das notwendige Anwenderprogramm im Satellitenrechner (APS) vom Anwenderprogramm im Hostrechner (APH) in Form vorgefertigter Funktionsbausteine bereitgestellt, zum Satellitenrechner Baustein für Baustein übertragen und dort verarbeitet. Dabei befindet sich jeweils nur ein Baustein im Satellitenrechner.

Die genannte Methode bringt die Vorteile, daß

— bei der Entwicklung der Anwenderprogramme für die gekoppelten Rechner jeweils nur ein Rechner (der Hostrechner) vom Nutzer programmiert werden muß,

- der Nutzer selbst nicht auf Synchronismus der Programme der gekoppelten Rechner achten muß und
- der Hauptspeicher des Satellitenrechners effektiver genutzt wird, da jeweils nur der zur Abarbeitung kommende Funktionsbaustein den Nutzerbereich des Hauptspeichers im Satellitenrechner belegt.

Das Sortiment der Funktionsbausteine ist so beschaffen, daß eine Gruppe von Bausteinen existiert, die die Grundfunktionen zur Generierung der Bildelemente und zur Arbeit mit den peripheren Einrichtungen erfüllen und eine andere Gruppe von Bausteinen komplexere, gegebenenfalls anwendungsorientierte Aufgaben übernimmt und dabei die Grundfunktionen zur Nutzung des grafischen Displays und seiner Peripherie in die komplexeren Funktionen integriert. Durch die letztgenannte Gruppe kann die Intelligenz des grafischen Terminals bedeutend erhöht werden.

6.2.2. Zugriff auf extern gespeicherte Funktionsbausteine

Für die Ingenieurarbeit werden intelligente Terminals gebraucht, die dem Nutzer den Zugang zum Rechner und zu gekoppelten Rechnersystemen in einer Terminologie und Kommunikationsart erlauben, die der spezifizierten Arbeitsweise des Ingenieurs weitestgehend angepaßt sind. Ihm sollte in der Regel detaillierte Programmierarbeit erspart bleiben, indem er seine fachspezifischen Probleme und Aufgaben im wesentlichen durch den Zugriff auf vorgefertigte Funktionsbausteine und deren Aktivierung löst. Dabei sollte er sich über fachgebietsbezogene Kommandosprachen und Sprachen zur Objektdefinition, -identifikation und -manipulation dem Rechner verständlich machen.

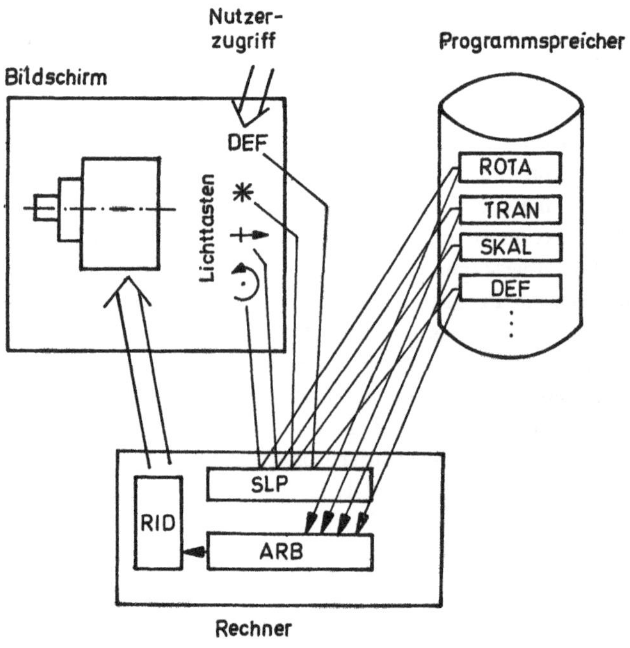

Abb. 6.4. Zugriff auf Funktionsbausteine

Das sollten Sprachen sein, die der Terminologie und Arbeitsweise des Ingenieurs entgegenkommen und einen möglichst geringen Lernaufwand erfordern.
Wie dieses Prinzip bei der rechnergestützten geometrischen Modellierung verwirklicht werden kann, soll an Hand der Abb. 6.4 erläutert werden.
Das zentrale Kommunikationsgerät des Nutzers am rechnergestützten Arbeitsplatz sei ein grafisches Bildschirmgerät. Auf dem Schirm dieses Gerätes werden das definierte geometrische Objekt und dessen vom Nutzer gewünschte Veränderungen angezeigt. Auf einer Menüleiste des Schirmes sind Lichttasten angeordnet, über die der Nutzer mit Hilfe des Lichtstiftes gewünschte Operationen zur Erzeugung und Veränderung von Objekten auslösen kann. Ein Steuer- und Ladeprogramm (SLP) im Rechner bewirkt, daß beim „Picken“ einer bestimmten Lichttaste der zugeordnete Funktionsbaustein auf dem Programmspeicher gesucht, in den Arbeitsbereich (ARB) des Rechners geladen und sofort aktiviert wird. Bei der Abarbeitung des Bausteines wird in einem dafür vorgesehenen Speicherbereich des Rechners die rechnerinterne Darstellung des Objektes (RID) erzeugt bzw. verändert und gleichzeitig auf dem Schirm abgebildet. Als Beispiel wurden die Definition (DEF), Skalierung (SKAL), Translation (TRAN) und Rotation (ROTA) von Objekten angegeben.
Für einen leistungsfähigen und den Ansprüchen eines Ingenieurs angemessenen Arbeitsplatz muß natürlich das Angebot an aktivierbaren Funktionsbausteinen wesentlich größer sein [116], [117]. Es muß auch möglich sein, in den Dialog Auskunfts- und Orientierungsphasen einschalten zu können, damit der Nutzer ausreichende Hinweise über seine Arbeitsmöglichkeiten bekommt. Auf den Einsatz von Rechnernetzen für leistungsfähige Systeme der rechnergestützten Ingenieurarbeit wurde bereits hingewiesen. Solche Systeme gestatten, eine zentrale umfangreiche Programmbank für die Funktionsbausteine und eine ebenso umfangreiche Datenbank für geometrische Objekte einzurichten [118]. Der Nutzer wählt dann entsprechend seinen fachspezifischen Anforderungen zu Beginn seiner Sitzung oder bei Bedarf eine Untermenge aus dem zentralen Angebot aus und übernimmt sie in den externen Speicher seines Arbeitsplatzrechners.

7. Die Standardisierung der grafischen Schnittstelle

Unter Grafik versteht man im allgemeinen den Teil der Digitalgeometrie, der sich mit der Transformation des rechnerinternen Abbildes eines geometrischen Modells in ein externes, dem Menschen als geometrisches Gebilde sichtbares Abbild auf einem beliebigen Trägermedium (Papier, Folie, Bildschirm usw.) oder umgekehrt befaßt. Alle Anwenderprogramme, die eine grafische Mensch-Maschine-Kommunikation, d. h. die grafische Ein- und Ausgabe geometrischer Informationen, vorsehen, müssen auf derartige Transformationsprogramme zugreifen können. Dabei liegt es nahe, diesen Zugriff nach einheitlichen Gesichtspunkten, Prinzipien und Regeln zu gestalten, um die Anwenderprogramme von einer speziellen Ein- und Ausgabetechnik und der zugehörigen Grafiksoftware unabhängig zu machen. Das wird durch die Standardisierung der grafischen Schnittstelle erreicht, die sich heute international allgemein durchsetzt [31], [32], [33], [34].

7.1. Forderungen und Erfahrungen bei der Vereinheitlichung grafischer Schnittstellen

Generell besteht die Forderung, daß jeder beliebige Anwender bei der Nutzung grafischer Kommunikationsmittel auf ein- und dieselben vereinheitlichten Funktionen zugreifen kann. Der Funktionsvorrat muß so beschaffen sein, daß alle technisch realisierbaren Leistungen grafischer Ein- und Ausgabegeräte abgedeckt werden können. Die Funktionen sollten in den verbreitetsten, meist problemorientierten Programmiersprachen unter vereinheitlichten Namen und Parameterlisten aufgerufen werden können. Von gerätespezifischen Besonderheiten sollte abstrahiert werden. Auf der anderen Seite sollte jedes spezielle grafische Ein- und Ausgabegerät entsprechend seinem Leistungsvermögen und der Geräteart die zugeordneten und vereinheitlichten Funktionen realisieren, wenn sie vom Nutzer aufgerufen werden. Auf Grund der bisher gemachten Erfahrung bei der Entwicklung und Nutzung grafischer Hard- und Software ergeben sich folgende Forderungen und Prinzipien bei der Gestaltung vereinheitlichter grafischer Schnittstellen und Systeme:

- **Logische Schnittstelle**

  Es ist eine logische Schnittstelle zu schaffen, die sowohl geräteunabhängig als auch anwendungsunabhängig ist.

  Jedes grafische (und auch nichtgrafische) Ein- und Ausgabegerät muß über spezielle

Transformationssysteme (Geräteschnittstelle) verfügen, die die Gerätefunktion und ihre zugehörigen Parameter in die Funktionen und Parameter der logischen Schnittstelle transformieren. Ebenso muß für jedes Einsatzgebiet ein anwendungsspezifisches Transformationssystem (Anwenderschnittstelle) existieren, das die vom Nutzer gewünschten Funktionen und gewählten Parameter in die Funktionen und Parameter der logischen Schnittstelle transformiert (Abb. 7.1).

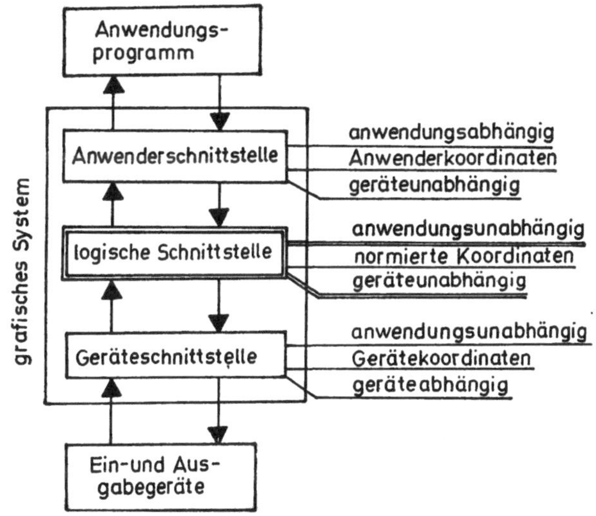

Abb. 7.1. Schnittstellen eines grafisches Systems

- **Abstrakte Arbeitsstation**

  Es ist zweckmäßig, für die logische Schnittstelle abstrakte Arbeitsstationen der grafischen und nichtgrafischen Mensch-Maschine-Kommunikation zu definieren, die eine begrenzte Menge verallgemeinerter Ein- und Ausgabefunktionen bereitstellen. Welche davon realisiert werden, hängt vom konkreten Gerätesystem ab. Die verallgemeinerten Ein- und Ausgabefunktionen werden vom geräteabhängigen Anpassungssystem transformiert und über seine Geräteschnittstelle in die möglichen, konkreten Funktionen der vorhandenen Ein- und Ausgabegeräte umgesetzt (s. hierzu Abb. 7.1).

- **Normierte Koordinaten**

  Jeder Anwender ordnet das von ihm betrachtete geometrische Modell in ein konkretes Koordinationssystem mit entsprechender Skalierung und entsprechenden Dimensionen ein. Ebenso stehen für die Ein- und Ausgabe recht unterschiedlich bemessene geometrische Arbeitsbereiche der Geräte zur Verfügung. Will man die logische Schnittstelle sowohl anwendungs- als auch geräteunabhängig gestalten, so muß man normierte Koordinatensysteme einführen, deren Skalenteilung dimensionslos ist und stets vom Wert 0 bis zum Wert 1 reicht. Das anwendungsseitige Anpassungssystem übernimmt dann die Umrechnung der Koordinaten aus dem vom Nutzer definierten Koordinatensystem in die des normierten Koordinatensystems und umgekehrt, und das geräteseitige Anpassungssystem sorgt für die Umrechnung der Koordinaten aus dem normierten Koordinatensystem in die Koordinaten des Koordinatensystems, das dem entsprechenden konkreten Ausgabegerät zugeordnet ist bzw. umgekehrt.

— **Definition und Speicherung identifizierbarer Bildelemente**

Das vereinheitlichte grafische System muß Funktionen bereithalten, die es dem Nutzer gestatten, Bildelemente beliebiger Struktur als eine Einheit zu definieren, zu speichern und für ihr Wiederauffinden identifizierbar zu machen. Die Gestaltungen der Bildelemente (auch Segmente genannt) muß Verschachtelungen, Ergänzungen und spätere Änderungen zulassen.

— **Funktionen zur Erzeugung grafischer Primitive**

Das vereinheitlichte grafische System muß Funktionen anbieten, die es ermöglichen, alle notwendigen grafischen Primitive (in der Regel zweidimensionale geometrische Grundelemente) zu erzeugen, mit deren Hilfe beliebig strukturierte grafische Bildelemente aufgebaut werden können. Das schließt auch die Festlegung solcher Attribute der grafischen Grundelemente, wie Intensität, Farbe, Strichstärke, Linienart usw., ein.

— **Funktionen zur Manipulation der Bildelemente**

Es müssen Funktionen verfügbar sein, die notwendige Manipulationen der Bildelemente zulassen. Das sind die Änderung des Namens, das Löschen des Bildelementes, das Einfügen weiterer Strukturelemente, die Transformation und das Ändern bestimmter Attribute der Bildelemente, wie die Sichtbarkeit, die Heraushebung (beispielsweise durch „Blinken"), die Identifizierbarkeit über die Darstellung u. a.

— **Eingabefunktionen**

Es müssen Funktionen zur Verfügung stehen, die die Eingabe

- einer Position im Koordinatensystem,
- eines Zahlenwertes,
- einer Textzeichenkette,
- eines Signalwertes und
- eines Berührungsimpulses beim optischen Erfassen eines Darstellungselementes

gestatten.

— **Organisations- und Steuerfunktionen**

Es müssen schließlich noch einige weitere Funktionen existieren, die die Arbeit mit dem grafischen System insgesamt organisieren und allgemein unterstützen. Das sind

- das Eröffnen, Initialisieren und Schließen des grafischen Systems,
- das Eröffnen, Initialisieren und Schließen von Arbeitsstationen und
- verschiedene Abbildungsfunktionen, über die sich die Zuordnung eines vom Nutzer definierten Gesamtbildbereiches, sowie eines dazu ausgewählten Bildausschnittes, zum normierten Bildbereich und eines davon ausgewählten Bildausschnittes bestimmen läßt.

— **Einheitliche permanente Speicherung**

Es ist zu sichern, daß die Arbeitsergebnisse bei der Nutzung des grafischen Systems auf anwendungs- und geräteunabhängigem Niveau permanent auf externen Medien gespeichert, von System zu System übertragen und wieder eingelesen werden können [121], [122], [123].

7.2. Der grafische Standard GKS

Neben einigen anderen Standardisierungsbestrebungen für grafische Software wurde von der internationalen Standardisierungsorganisation ISO ein Dokument erarbeitet und bestätigt. Dieser ISO-Standard nennt sich GKS (Graphical Kernel System, übersetzt: Grafisches Kern-System) [5]. Auf diesen GKS-Standard wird in den meisten Industrieländern einschließlich der UdSSR und der DDR orientiert, ohne daß bisher zugeordnete nationale Standards, wodurch das GKS gesetzlich verbindlich geworden wäre, erlassen worden sind. Trotzdem ist es angeraten, bei allen Entwicklungen grafischer Software den GKS-Standard zu berücksichtigen, um die Kompatibilität dieser Software-Produkte im nationalen und internationalen Rahmen zu gewährleisten.
Das Grafische Kernsystem GKS kommt den im Abschnitt 7.1. genannten Forderungen weitestgehend nach. Im GKS sind Funktionen festgelegt, die für 2d-Vektor- und Rastergrafik ermöglichen,

— grafische Grundelemente für die Ausgabe zu definieren und zu transformieren,
— Informationen einzugeben,
— die grafischen Ein- und Ausgaben auf einer oder mehreren Arbeitsstationen zu organisieren,
— die grafischen Informationen in einer geräte- und arbeitsstationsunabhängigen Form sowohl temporär, während der Laufzeit eines Anwenderprogramms, als auch permanent zu speichern und
— die in Anwenderprogrammen vorgesehene grafische Ein- und Ausgabe an die vorhandene Gerätetechnik anzupassen.

Das GKS verkörpert einen sprachunabhängigen Kern, dessen Integration in eine Programmiersprache über eine sprachabhängige Schicht erfolgen muß (Abb. 7.2). Darüber

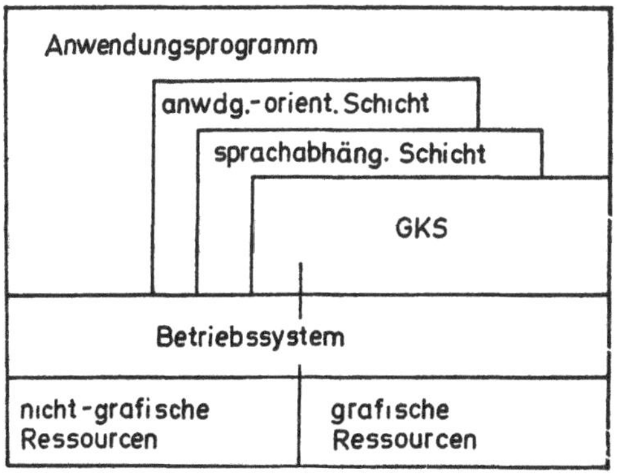

Abb. 7.2. Schichtenmodell des GKS

liegt eine anwendungsorientierte Schicht, die es dem Nutzer erleichtert, ausgehend von seinem Anwendungsprogramm bei vorgesehenen grafischen Ein- und Ausgaben über das GKS und das Betriebssystem sowohl auf die grafische als auch auf die alphanumerische Ein- und Ausgabetechnik zuzugreifen [32].
Im folgenden sollen eine Auswahl der wichtigsten Funktionen des GKS unter Beachtung der bereits ebenfalls standardisierten Spracheinbettung in die problemorientierte Programmiersprache FORTRAN vorgestellt werden [35].

7.2.1. Die Funktionen des GKS

7.2.1.1. Steuerfunktionen

Über die Steuerfunktionen wird der Nutzer in die Lage versetzt, das GKS in Betrieb zu nehmen, mögliche Arbeitsstationen auszuwählen, zu initialisieren und in entsprechende Arbeitszustände zu versetzen.

OPEN GKS Eröffnen des GKS

FORTRAN-Aufruf:
CALL GOPKS (ERRFIL)

Eingabeparameter:

INTEGER ERRFIL Dateinummer zur Ausgabe der Fehlernachricht

Wirkung: Das GKS wird in Betrieb genommen und initialisiert. Dieser Aufruf ist als erster Aufruf verbindlich.

CLOSE GKS Schließen des GKS

FORTRAN-Aufruf:
CALL GCLKS

Wirkung: Das GKS wird außer Betrieb genommen. Dieser Aufruf ist als letzter Aufruf verbindlich.

OPEN WORKSTATION Eröffnen einer Arbeitsstation

FORTRAN-Aufruf:
CALL GOPWK (WKID, CONID, WTYPE)

Eingabeparameter:

INTEGER WKID	Identifikation der Arbeitsstation
INTEGER CONID	Nummer der Ausgabedatei
INTEGER WTYPE	Typ der Arbeitsstation

Wirkung: Eine grafische Arbeitsstation wird eröffnet und initialisiert. Es handelt sich um eine logische Arbeitsstation, die durch das Betriebssystem über die geräteseitige Schnittstelle des GKS einer physischen Arbeitsstation zugeordnet wird.

CLOSE WORKSTATION Schließen einer Arbeitsstation

FORTRAN-Aufruf:

CALL GCLWK (WKID)

Eingabeparameter: wie bei GOPWK

Wirkung: Die grafische Arbeitsstation wird als logische Einheit außer Betrieb genommen.

ACTIVATE WORKSTATION Aktivieren einer Arbeitsstation

FORTRAN-Aufruf:

CALL GACWK (GWID)

Eingabeparameter: wie bei GOPWK

Wirkung: Die grafische Arbeitsstation wird als physische Einheit in Betrieb genommen.

DEACTIVATE WORKSTATION Reaktivieren einer Arbeitsstation

FORTRAN-Aufruf:

CALL GDAWK (WKID)

Eingabeparameter: wie bei GOPWK

Wirkung: Die grafische Arbeitsstation wird als physische Einheit außer Betrieb genommen.

CLEAR WORKSTATION Löschen einer Arbeitsstation

FORTRAN-Aufruf:

CALL GCLRWK (WKID, COFL)

Eingabeparameter:

INTEGER WKID	Identifikation der Arbeitsstation
INTEGER COFL	Steuersignal

Wirkung: Die Anzeige der Arbeitsstation wird gelöscht.

7.2.1.2. Ausgabefunktionen

Die Ausgabefunktionen ermöglichen die Definition zweidimensionaler geometrischer Grundelemente (Primitive), einschließlich von Textzeichensymbolen, die zur Ausgabe auf grafischen Ausgabegeräten vorgesehen sind.

POLYLINE Streckenzug

FORTRAN-Aufruf:

CALL GPL (N, PX, PY)

Eingabeparameter:

INTEGER N	Anzahl der Punkte
REAL PX(N), PY(N)	x-y-Koordinatenfelder (Weltkoordinaten)

Wirkung: Es wird ein zusammenhängender Streckenzug erzeugt.

POLYMARKER Punktwolke

FORTRAN-Aufruf:

CALL GPM(N, PX, PY)

Eingabeparameter: wie bei GPL

Wirkung: Es wird eine Wolke markierter Punkte erzeugt.

TEXT Textausgabe

FORTRAN-Aufruf:

CALL GTX (PX, PY, CHARS)

Eingabeparameter:

REAL PX, PY	Anfangskoordinaten des Textes in Weltkoordinaten
CHARACTER* (*) CHARS	Textzeichenkette

Wirkung: Es wird eine Textzeichenkette erzeugt.

FILL AREA „Gefüllte" Fläche

FORTRAN-Aufruf:

CALL GFA (N, PX, PY)

Eingabeparameter: wie bei GLP

Wirkung: Eine durch geschlossenen Streckenzug (Endpunkt verbunden mit Anfangspunkt) begrenzte Fläche wird durch Schraffur bzw. gerastertes Muster gekennzeichnet.

7.2.1.3. Funktionen zur Bestimmung der Ausgabe- und Arbeitsstationsattribute

Über diese Funktionen werden die Attribute der Darstellung, wie Intensität, Farbe, Linienart, Markentyp usw., bestimmt.

SET LINETYPE Bestimmung des Linientyps

FORTRAN-Aufruf:

CALL GSLN (LTYPE)

Eingabeparameter:

INTEGER LTYPE	Schlüsselnummer des Linientyps

Wirkung: Der Linientyp wird für die nachfolgenden, durch Ausgabefunktionen erzeugten Darstellungen, festgelegt.

SET MARKERTYPE Bestimmung des Markentyps

FORTRAN-Aufruf:

CALL GSKM (MTYPE)

Eingabeparameter:

INTEGER MTYPE	Schlüsselnummer des Markentyps

Wirkung: Der Typ für die symbolische Markierung der Punkte in der nachfolgenden Funktion POLYMARKER wird festgelegt.

SET PICK IDENTIFIER Bestimmung des Berührungsidentifikators

FORTRAN-Aufruf:

```
CALL GSPKID (PCID)
```

Eingabeparameter:

INTEGER PCID Berührungsidentifikator

Wirkung: Für das nachfolgende Bildelement wird der Identifikator festgelegt, der beim Berühren des Bildelementes (in der Regel durch Lichtstift) zum Erfassen des gespeicherten Bildelementes bereitgestellt wird.

7.2.1.4. Funktionen zur Bildfeldtransformation

Im GKS wird ein normiertes (Geräte-)Koordinatensystem NDC definiert, das dimensionslos ist und in x- und y-Richtung nur Werte zwischen 0 und 1 annehmen kann.
Mit Hilfe der Funktionen zur Bildfeldtransformation werden die Weltkoordinaten WC des Nutzers in die normierten (Geräte-)Koordinaten NDC und die normierten (Geräte-) Koordinaten NDC in die Gerätekoordinaten DC transformiert.

SET WINDOW Bestimmung des Betrachtungsfensters

FORTRAN-Aufruf:

```
CALL GSWN (TNR, XMIN, XMAX, YMIN, YMAX)
```

Eingabeparameter:

INTEGER TNR Transformationsnummer
REAL XMIN, XMAX Fenstergrenzen in
REAL YMIN, YMAX Weltkoordinaten (WC)

Wirkung: Aus dem vom Nutzer definierten Koordinatensystem in Weltkoordinaten WC wird ein rechteckiges Ausschnittfenster bestimmt, das auf das nachfolgend angegebene Bildfeld in normierten (Geräte-)Koordinaten NDC transformiert wird.

SET VIEWPORT Bestimmung des Bildfeldes in NDC

FORTRAN-Aufruf:

```
CALL GSVP (TNR, XMIN, XMAX, YMIN, YMAX)
```

Eingabeparameter:

INTEGER TNR Transformationsnummer
REAL XMIN, XMAX Bildfeldgrenzen in normierten
REAL YMIN, YMAX (Geräte-)Koordinaten (NDC)

Wirkung: Das unter TNR angegebene Betrachtungsfenster in WC wird in das angegebene Bildfeld in NDC transformiert. Hierzu siehe Abb. 7.3.

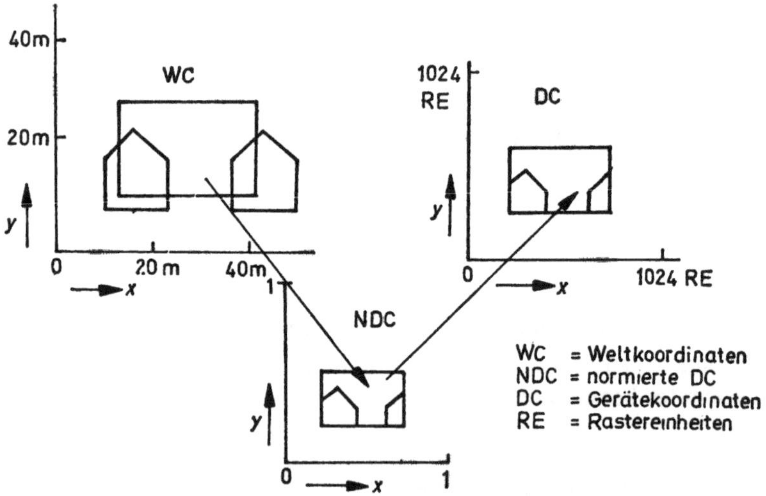

Abb. 7.3. Bildfeldtransformation

Mit den Funktionen

SET WORKSTATION WINDOW
SET WORKSTATION VIEWPORT

wird das Bildfeld in normierten (Geräte-)Koordinaten in ein Bildfeld auf dem Ausgabemedium in Gerätekoordinaten (DC) transformiert.

7.2.1.5. Funktionen zur Strukturierung und Manipulierung von Bildelementen

Mit Hilfe dieser Funktionen wird die Struktur von Bildelementen festgelegt, die über einen Namen identifizierbar und mit anderen Funktionen dieser Gruppe manipulierbar sind.

CREATE SEGMENT Eröffnen eines zu erzeugenden Bildelementes

FORTRAN-Aufruf:

CALL GCRSG (SGNA)

Eingabeparameter:

INTEGER SGNA Name des Bildelementes

Wirkung: Es wird ein Bildelement eröffnet und mit Namen versehen, das nachfolgend durch Ausgabefunktionen strukturiert wird.

CLOSE SEGMENT Abschließen eines Bildelementes

FORTRAN-Aufruf:

CALL GCLSG

Eingabeparameter: keine

Wirkung: Das durch CREATE SEGMENT eröffnete und durch Ausgabefunktionen strukturierte Bildelement wird mit dieser Funktion abgeschlossen und in den Bildelementspeicherbereich aufgenommen.

DELETE SEGMENT Löschen eines Bildelementes

FORTRAN-Aufruf:
CALL GDSG (SGNA)

Eingabeparameter: wie bei GCRSG

Wirkung: Das Bildelement wird im Speicher gelöscht.

SET SEGMENT TRANSFORMATION Bestimmung der Transformation des Bildelementes

FORTRAN-Aufruf:
CALL GSSGT (SGNA, M)

Eingabeparameter:

INTEGER SGNA	Name des Bildelementes
REAL M (3, 2)	Transformationsmatrix

Wirkung: Das Bildelement wird vor der Darstellung transformiert (Translation, Skalierung, Rotation).

Durch die Funktionen

SET VISIBILITY
SET DETECTABILITY

wird die Sichtbarkeit bzw. Ertastbarkeit (z. B. durch Lichtstift) eines Bildelementes hergestellt.

7.2.1.6. Eingabefunktionen

Über die Eingabefunktionen erhält der Nutzer die Möglichkeit, Zahlenwerte, Textzeichen und Steuersignale in den Rechner einzugeben. Im GKS sind die Eingabevorgänge auf verschiedene Arten abzuwickeln. Eine davon soll nachfolgend beschrieben werden, und zwar die Event input functions, d. h. Funktionen, die das Erwarten eines Eingabeereignisses in einer Warteschlange bei asynchronen Bedienereingriffen festlegen.

AWAIT EVENT Warten auf ein Ereignis

FORTRAN-Aufruf:
CALL GWAIT (TOUT, WKID, ICL, IDNR)

Eingabeparameter:

REAL TOUT Wartezeit (in Sekunden)

Ausgabeparameter:

INTEGER WKID	Identifikator der Arbeitsstation
INTEGER ICL	Eingabeklasse (LOCATOR, VALUATOR, ...)
INTEGER IDNR	logische Nummer des Eingabegerätes

Wirkung: Im Programmlauf wird auf ein Eingabeereignis gewartet.

FLUSH DEVICE EVENTS Gerät, von dem Ereignisse erwartet werden sollen

FORTRAN-Aufruf:

```
CALL GFLUSH (WKID, ICL, IDNR)
```

Eingabeparameter: wie bei GWAIT

Wirkung: Es wird das Gerät bestimmt, von dem Ereignisse zu erwarten sind:

GET LOCATOR Entgegennahmen einer Positionierung

FORTRAN-Aufruf:

```
CALL GGTLC (TNR, LPX, LPY)
```

Ausgabeparameter:

INTEGER TNR	normierte Transformationsnummer
REAL LPX, LPY	Position in Weltkoordinaten

Wirkung: Bei erfolgtem Ereignis durch die Eingabeklasse LOCATOR werden die transformierten Koordinaten der Positionen (in Weltkoordinaten) übergeben. Der Nutzer hat dadurch die Möglichkeit, eine Position, bezogen auf das von ihm gewählte Koordinatensystem, z. B. über die Positionierkugel in den Rechner einzugeben. Die Koordinatenwerte können nach Ausführung des FORTRAN-Unterprogramms den Speicherplätzen LPX und LPY entnommen werden.

GET VALUATOR Entgegennahme eines Zahlenwertes

FORTRAN-Aufruf:

```
CALL GGTVL (VAL)
```

Ausgabeparameter:

REAL VAL	Zahlenwert

Wirkung: Über dieses FORTRAN-Unterprogramm wird bei Eingabe eines Zahlenwertes über ein entsprechendes Eingabegerät (z. B. alphanumerische Tastatur) der Wert in den Speicherplatz VAL eingetragen.

GET CHOICE Entgegennahme eines Signalwertes

FORTRAN-Aufruf:

```
CALL GGTCH (CHNR)
```

Ausgabeparameter:

INTEGER CHNR	Signalnummer (ganze positive Zahl einer Alternative)

Wirkung: Über dieses FORTRAN-Unterprogramm wird bei Eingabe eines Steuersignals (z. B. über die Funktionstastatur) der Signalwert (z. B. Nummer der Funktionstaste) in den Speicherplatz CHNR eingetragen.

GET PICK Entgegennahme eines Tastergebnisses

FORTRAN-Aufruf:

CALL GGTPK (STAT, SGNA, PCID)

Ausgabeparameter

INTEGER STAT	Statuswert
INTEGER SGNA	Name des Bildelements
INTEGER PCID	Identifikator des ertasteten Grundelementes

Wirkung: Nach Auftreten eines PICK-Ereignisses (z. B. Lichtstiftimpuls) wird der Name des ertasteten Bildelementes und der Identifikator des ertasteten Grundelementes in die Speicherplätze SGNA bzw. PCID eingetragen.

GET STRING Entgegennahme einer Textzeichenkette

FORTRAN-Aufruf:

CALL GGTST (LOSTR, STR)

Ausgabeparameter:

INTEGER LOSTR	Anzahl der Textzeichen
CHARACTER* (*) STR	Textzeichenkette

Wirkung: Nach Benutzung des entsprechenden Eingabegerätes (z. B. alphanumerische Tastatur) wird eine Textzeichenkette der Länge LOSTR in den Speicherbereich STR eingetragen.

Zu den in diesem Abschnitt genannten Eingabefunktionen gehören noch Funktionen, über die die Eingabeparameter (Arbeitsstation, Eingabegerät, Anfangsdaten usw.) initialisiert und der Eingabemodus bestimmt werden können.

7.2.1.7. Metafile-Funktionen

Mit Hilfe der sogenannten Metafile-Funktionen sind die permanente Speicherung der auf den Arbeitsstationen erzeugten grafischen und nichtgrafischen Informationen in eine Datei, das GKS-Metafile (GKSM), in eine geräteunabhängige Struktur möglich, desgl. die Rückspeicherung zur späteren Wiederverwendung.

WRITE ITEM TO GKSM Eintragen in das GKS-Metafile

FORTRAN-Aufruf:

CALL GWITM (WKID, TYPE, LDR, DATREC)

Eingabeparameter:

INTEGER WKID	Identifikator der Arbeitsstation
INTEGER TYPS	Itemtype
INTEGER LDR	Länge des Datensatzes
CHARACTER* 80 DATREC (LDR)	Datensatz

Wirkung: Die auf der angegebenen Datenstation erzeugte grafische und nichtgrafische Information wird als Datensatz in die Datei GKSM eines externen Speichers eingetragen.

READ ITEM FROM GKSM Lesen von GKS-Metafile (GKSM)

FORTRAN-Aufruf:

CALL GRDITM (WKID, MLDR, LDR, DATREC)

Eingabeparameter

INTEGER WKID	Identifikator der Arbeitsstation
INTEGER MLDR	Länge des Datensatzes (Lesepuffer)

Ausgabeparameter

INTEGER LDR	Länge des Datensatzes (im GKSM)
CHARACTER* 80 DATREC(LDR)	Datensatz des GKSM

7.2.1.8. Weitere GKS-Funktionen

Über die in den Abschnitten 7.2.1.1. bis 7.2.1.7. genannten Gruppen von GKS-Funktionen hinaus existieren noch

— Abfrage- bzw. Auskunftsfunktionen,
— Fehlerbehandlungsfunktionen und
— Organisations-, Steuer- und Hilfsfunktionen.

7.2.2. Niveaustufen und Arbeitszustände des GKS

7.2.2.1. Niveaustufen

Auf Grund möglicher Unterschiede im Niveau der Ausstattung der Arbeitsstationen mit Ein- und Ausgabegeräten wurde ein Niveaustufenkonzept entwickelt. Dadurch wird erreicht, daß nur der entsprechend einer Niveaustufe erforderliche Umfang des GKS implementiert werden muß. Die vier Niveaustufen sind:

Niveau 0: minimale Fähigkeiten,
Niveau 1: passive Ausgabe,
Niveau 2a: passive Ausgabe und Segment-Speicherung, keine Eingabe,
Niveau 2b: passive Ausgabe und einfache Eingabe, keine Segmente,
Niveau 3: passive Ausgabe, einfache Eingabe und Segmentspeicherung (Zusammenfassung von Niveau 2a und 2b)
Niveau 4: alle GKS-Fähigkeiten.

Die Niveaus sind von 0 nach 4 aufwärtskompatibel. Niveau 0 entspricht den Fähigkeiten, die zum Betreiben eines Zeichenautomaten erforderlich sind. Niveau 4 verkörpert die Bedienung kompletter grafischer Arbeitsstationen mit interaktiven grafischen Bildschirmgeräten und Zeichenautomaten.

7.2.2.2. Arbeitszustände

Durch die Steuerfunktionen können im GKS fünf Arbeitszustände definiert werden, wobei jeder Zustand den nächstniedrigeren zur Voraussetzung hat.

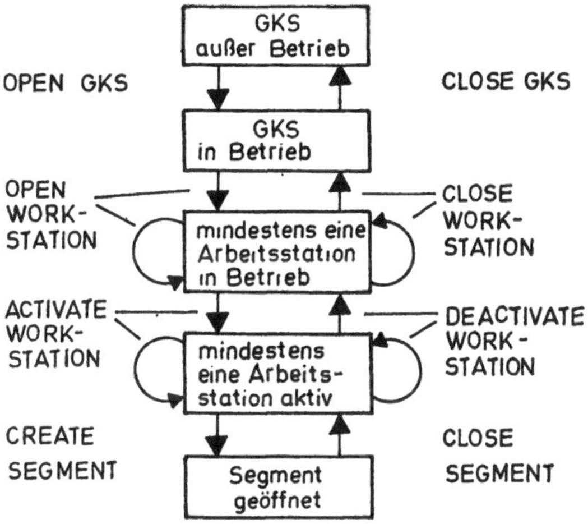

Abb. 7.4. Arbeitszustände im GKS

Abb. 7.4 zeigt diese Zustände und ihre Übergänge in einem Schema. Durch diese Zustände wird der mögliche Aufruf der GKS-Funktionen bestimmt.

Zustand 0: GKS ist geschlossen.
Zustand 1: GKS ist geöffnet.
Zustand 2: Mindestens eine Arbeitsstation ist geöffnet.
Zustand 3: Mindestens eine Arbeitsstation ist aktiviert.
Zustand 6: Ein Bildelement (Segment) ist geöffnet.

Die Charakterisierung der einzelnen Zustände erfolgt mit Zustandsgrößen, die insgesamt in folgenden vier Listen abgespeichert sind:

- GKS-Zustandsliste für die Arbeit mit GKS,
- Arbeitsstation-Zustandsliste für jede geöffnete Arbeitsstation,
- Segmentzustandsliste für jedes existierende Bildelement (Segment),
- Fehlerzustandsliste für die Meldung von Fehlern.

Bei der Initialisierung der einzelnen Zustände kann der Nutzer durch entsprechende GKS-Funktionen die zugehörigen Zustandsgrößen gezielt beeinflussen.

7.3. Die standardgerechte grafische Software GKS 1600

Zum Arbeitsplatz für Konstruktion und Technologie (AKT) robotron A 6454 wird die standardgerechte grafische Software GKS 1600 angeboten [36]. Sie ist die Implementation eines grafischen Kernsystems für die Mikrorechner robotron K1630 und basiert auf dem Standardentwurf GKS-Version 7.0 der ISO-Arbeitsgruppe ISO/TC97/SC5/WG2

„Computer Graphics“ [5]. Die Funktionen wurden als Aufrufe in die Programmiersprache FORTRAN eingebettet. GKS 1600 unterstützt [36]:

- Erzeugung von zweidimensionalen Bildern auf Linien- und Rastergrafik-Ausgabegeräten,
- Bediener-Eingaben und Interaktionen durch Bereitstellung von Grundfunktionen für die grafische Eingabe und Bildsegmentierung,
- Speicherung und dynamische Modifikation von Bildern,
- Speicherung und Verwaltung von grafischen und nichtgrafischen Informationen auf einer externen Datei.

Es sind vier Arten von Ausgabeelementen realisiert:

- POLYLINE: Definition eines Streckenzuges,
- POLYMARKER: Definition einer Wolke markierter Punkte,
- TEXT: Darstellung von Text nach unterschiedlicher Schriftart und Qualität,
- DRAW: Verallgemeinertes Darstellungselement, das spezielle geometrische Ausgabefähigkeiten (z. B. Kreisbogengenerator) einer Arbeitsstation spezifiziert.

Die Möglichkeiten einer grafischen bzw. alphanumerischen Eingabe über die Bedieneraktion werden durch fünf Eingabeeinheiten realisiert:

- LOCATOR-Einheit: liefert ein Koordinatenpaar in Weltkoordinaten,
- CHOICE-Einheit: liefert eine nichtnegative Zahl aus einer Alternative,
- PICK-Einheit: liefert Informationen (Segmentnummer, Pick-Identifikator) über das ertastete Bildelement (Segment),
- STRING-Einheit: liefert eine Zeichenkette.

Die Eingabe kann modifiziert werden, und zwar

- im Request-Modus, d. h. Eingabe mit Bedienereingriff,
- im Sample-Modus, d. h. Eingabe ohne Abwarten eines Bedienereingriffs oder
- im Event-Modus, d. h. Eingabe von Werten in eine Eingabewarteschlange, die durch asynchrone Bedienereingriffe gefüllt wird.

Wie im Abschnitt 7.2. dargestellt, ermöglicht auch die Implementierung GKS 1600 das Erzeugen und Manipulieren von Bildelementen (Segmenten) und stellt Funktionen zur Transformation der Koordinatensysteme (Weltkoordinaten (WC) — normierte (Geräte-)Koordinaten (NDC) — Gerätekoordinaten (DC)) bereit.

7.4. Weitere Standardisierungsbestrebungen

Während das genannte grafische Kernsystem (GKS) eine Standardisierung der Schnittstelle vorsieht, die in den Transformationsbeziehungen zwischen den vom Anwender benutzten internen geometrischen Objekten und den externen sichtbaren geometrischen Objekten liegt, also die grafische Ein- und Ausgabe betrifft, gibt es auch Bemühungen, die Schnittstelle zu standardisieren, die in den Transformationsbeziehungen zwischen den internen geometrischen Objekten unterschiedlicher Anwendersysteme liegt. Der Standardisierungsvorschlag IGES (Initial Graphics Exchange Specification) [140], [141] zielt darauf hin, den Austausch geometrischer Daten zwischen verschiedenen

CAD-Anwendersystemen zu gewährleisten. Es ist vorgesehen, die geometrischen Grundobjekte, wie Punkt, Strecke, Ebene, Kreisbogen, Kegelschnitte, Rotationsflächen, Zylinderflächen usw., einheitlich zu beschreiben. Die Erarbeitung eines derartigen Standards ist für die weitere Entwicklung von CAD-Systemen außerordentlich wichtig. Dabei kommt es nicht nur darauf an, die Schnittstelle zwischen den internen geometrischen Objekten, sondern darüber hinaus auch zwischen den internen geometrischen Operationen zu definieren. Im Wissenschaftsbereich Mathematische Kybernetik und Rechentechnik der Sektion Mathematik der TU Dresden wurde nach langjähriger Arbeit auf dem Gebiet der Modellierung geometrischer Objekte unter Beachtung gewonnener Erfahrungen mit den Praxispartnern eine Geometrieschnittstelle unter der Bezeichnung 'Interface für geometrische Objekte und Operationen (IGOO)' [146] erarbeitet. IGOO ermöglicht sowohl den Austausch von Informationen über geometrische Objekte als auch über die mit diesen Objekten auszuführenden Operationen. Dadurch wird nicht nur zur Übertragung geometrischer Daten, sondern auch zur Portabilität von Software zur geometrischen Modellierung beigetragen.

8. Ein- und Ausgabe geometrischer Informationen auf höherem Niveau

Die Aufgabe grafischer Systeme und wichtige Teilaufgabe der Digitalgeometrie ist es, das externe sichtbare geometrische Modell in das rechnerinterne geometrische Modell zu überführen und umgekehrt. In den Abschnitten 4., 5. und 7. wurden Programmsysteme vorgestellt, die das auf noch relativ maschinennahem Niveau erlauben und wenig nutzerfreundlich sind. Anstatt sich auf eine einfache, mit geringem Lernaufwand zu meisternde sprachliche Formulierung eines geometrischen Sachverhaltes zu beschränken, muß sich der Anwender grafischer Systeme mit noch viel zu vielen Detailkenntnissen der Informatik befassen, um die Ein- bzw. Ausgabe geometrischer Informationen seinen spezifischen Anforderungen gemäß zu gestalten.
Es ist anzustreben, daß der Endnutzer von Systemen der rechnergestützten geometrischen Modellierung die Struktur geometrischer Objekte und die mit ihnen auszuführenden Operationen einfach und ingenieurgemäß formulieren und Ein- und Ausgabefunktionen durch wenige und einfache Anweisungen auslösen kann. Zur Beschreibung geometrischer Objekte sollten deskriptive und nicht wie bei den vorgestellten Systemen imperative Sprachen genutzt werden.
In diesem Abschnitt werden einige diesbezügliche Lösungsansätze gezeigt.

8.1. Datenbezogene geometrische Strukturierung

Zur Erzeugung des Bildes auf dem Bildschirm des grafischen Displays muß eine Bilddatei strukturiert werden (siehe Abschnitt 5.1.2. und Abschnitt 5.1.3.), die als Bildprozessorprogramm zur Steuerung des Kathodenstrahls interpretiert wird. Die Bild-

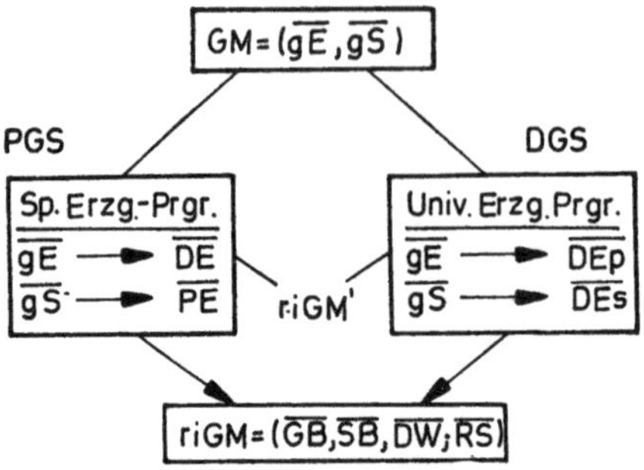

Abb. 8.1. Programm- und datenbezogene geometrische Strukturierung

datei enthält ein rechnerinternes Abbild des geometrischen Modells. Dieses interne Abbild wird im Rechner durch ein Programm und Eingabedaten erzeugt. Dabei kann man zwei Arten der Erzeugung des internen geometrischen Modells unterscheiden [6], [37]:

— die programmbezogene geometrische Strukturierung und
— die datenbezogene geometrische Strukturierung.

Beide Arten sollen anhand von Abb. 8.1 erläutert und verglichen werden.
Das geometrische Modell GM kann als ein System von Elementen und Relationen aufgefaßt werden,

$$\mathrm{GM} = (\overline{\mathrm{gE}}, \overline{\mathrm{gS}}),$$

wobei die Menge der geometrischen Elemente $\overline{\mathrm{gE}}$ aus Punkten und Untergebilden einschließlich ihrer Ortsangabe und die Menge der geometrischen Relationen $\overline{\mathrm{gS}}$ aus Strukturinformationen bestehen, die die Verbindungsart der Elemente untereinander angeben. Das Abbild dieses geometrischen Modells in der Bilddatei B^0 ist das rechnerinterne geometrische Modell

$$\mathrm{riGM} = (\overline{\mathrm{GB}}, \overline{\mathrm{SB}}, \overline{\mathrm{DW}}; \overline{\mathrm{RS}}),$$

das eine Menge grafischer Befehle $\overline{\mathrm{GB}}$, eine Menge von Steuerbefehlen $\overline{\mathrm{SB}}$ und eine Menge von Datenworten $\overline{\mathrm{DW}}$ sowie eine Menge von Relationen $\overline{\mathrm{RS}}$ enthält. Letztere bestimmen die Struktur in den Mengen der grafischen Befehle, Steuerbefehle und Datenworte, d. h. die Reihenfolge, die für die Auswertung der Bilddatei durch den Bildprozessor notwendig ist; mit anderen Worten die Struktur des Bildprozessorprogrammes.
Bei der programmbezogenen geometrischen Strukturierung PGS wird das rechnerinterne geometrische Modell riGM über ein dem geometrischen Modell GM zugeordnetes spezielles Programm erzeugt. Dabei werden nur die geometrischen Elemente $\overline{\mathrm{gE}}$, vorwiegend nur die Koordinaten und andere geometrische Parameter, durch Datenelemente $\overline{\mathrm{DE}}$ abgebildet, während die geometrischen Relationen $\overline{\mathrm{gS}}$, d. h. die Verknüpfung der Elemente untereinander, durch Programmelemente $\overline{\mathrm{PE}}$ angegeben werden. Das hat den Nachteil, daß Strukturänderungen, die über die reine Koordinaten- bzw. Parameteränderung hinausgehen, eine Programmänderung mit all dem damit verbundenen rechentechnischen Aufwand verlangen.
In den Abschnitten 5.3.1. und 5.3.2. werden Beispiele angegeben, wobei zur Erzeugung des riGM die programmbezogene geometrische Strukturierung PGS verwendet wird. Sie ist auch im allgemeinen bei der Bildschirmprogrammierung noch weit verbreitet.
Bei der datenbezogenen geometrischen Strukturierung werden sowohl die geometrischen Elemente $\overline{\mathrm{gE}}$ als auch die geometrischen Relationen $\overline{\mathrm{gS}}$, d. h. die gesamte Struktur, durch Datenelemente $\overline{\mathrm{DEp}}$ (der Positionierung) bzw. $\overline{\mathrm{DEs}}$ (der Struktur) abgebildet, und der obengenannte Nachteil entfällt. Die Erzeugung des riGM übernimmt bei der datenbezogenen geometrischen Strukturierung DGS ein universelles Programm, das von der zu erzeugenden Struktur und vom abzubildenden geometrischen Modell unabhängig ist. Eine Änderung der geometrischen Struktur führt nur zur Veränderung der Eingabedaten und beeinflußt das Programm selbst nicht. Ein derartiges universelles Erzeugungsprogramm kann (wie im Abschnitt 5.5. dargestellt) dem Nutzer bereits als

fertiges Programm zur Verfügung gestellt werden. Auf diese Art und Weise kann erheblich zur Verminderung der Programmierarbeit beigetragen werden.
Die beschriebene Abbildung des geometrischen Modells GM auf Daten- und Programmelemente kann ebenfalls als ein rechnerinternes geometrisches Modell riGM' angesehen werden. Es lautet bei datenbezogener geometrischen Strukturierung

$$\text{riGM}_d' = (\overline{\text{DE}}\text{p}, \overline{\text{DE}}\text{s}).$$

Es ist zweckmäßig, die Informationen in einer vom konkreten Ausgabegerät unabhängigen Form zu speichern. Wir kommen dann zu einer höheren Stufe der rechnerinternen Darstellung, zur Bilddatei 1. Ordnung BD^1, die im Gegensatz zur Bilddatei 0. Ordnung BD^0 (Bildprozessorprogramm) vom konkreten Ausgabegerät zwar unabhängig ist, aber ausgabeorientiert bleibt, d. h. in allgemeiner Form die Erzeugung einer Spur beschreibt (siehe Abschnitt 9.1.). Das rechnerinterne geometrische Modell riGM_d' besitzt aber eine Form, die erlaubt, das Modell im Rechner mit wenig Aufwand zu

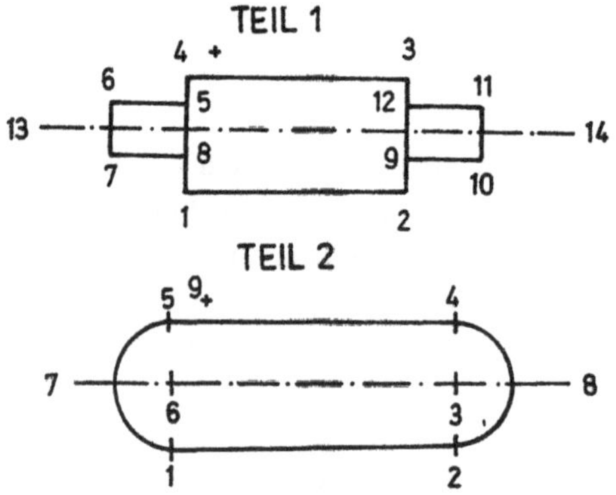

Abb. 8.2. Beispiele für Bildelemente.

Für die Punkte sollen folgende Koordinatenwerte gelten:

BE1			BE2		
i	*x*	*y*	*i*	*x*	*y*
1	300	500	1	300	100
2	600	500	2	700	100
3	600	700	3	700	200
4	300	700	4	700	300
5	300	650	5	900	300
6	200	650	6	300	200
7	200	550	7	100	200
8	300	550	8	900	200
9	600	550	9	350	350
10	700	550			
11	700	650			
12	600	650			
13	100	600			
14	800	600			
15	350	750			

manipulieren, von Rechner zu Rechner zu übertragen und auch leicht in die gewünschte Ausgabeform für ein spezielles Ausgabegerät zu transformieren. (Hierzu siehe auch Abschnitt 6.2. und 8.3.)
Für die folgenden Betrachtungen wollen wir wieder auf das geometrische Objekt Bildelement BE zurückkommen, das als Bestandteil des geometrischen Modells und als geschlossene, identifizierbare Einheit aufgefaßt werden kann (hierzu Abschnitt 2.3.).
Eine zweckmäßige rechnerinterne Darstellung des Bildelementes BE geschieht mittels des nachfolgend angegebenen Datenmodells, wie es bereits in den Beiträgen [6], [37], [133] vorgestellt wurde.

Bildelement BE

BE(KI, PI, SI, TI)

mit der *Kenninformation* KI (Charakteristik des BE)

KI(NA, NK, NPK, NST, NZ)

NA = Name des Bildelementes
NK = Kennzahl (Haupt- oder Unterobjekt, Eigenschaften, wie z. B. Lichtstiftempfindlichkeit)
NPK = Anzahl der Punkte des Bildelementes
NST = Anzahl der Strukturinformationen des Bildelementes
NZ = Anzahl der Textzeichen,

der *Punktinformation* PI

$\mathrm{PI}\big((X_i, Y_i), i = 1, \ldots, \mathrm{NPK}\big)$

X_i, Y_i = Punktkoordinaten,

der *Strukturinformation* SI

$\mathrm{SI}\big((\mathrm{V}_i, \mathrm{G}_i), i = 1, \ldots, \mathrm{NST}\big)$

- mit dem Verbindungswort V_i, das folgende Informationen trägt:

  V(UI, IN, LA, VA)

  mit UI = Verbindung zu einem Unterbildelement (UI = 1, sonst UI = 0)
  IN = Intensität
  LA = Linienart
  VA = Verbindungsart (nicht verbunden, geradlinig verbunden, kreisförmig verbunden usw.)

- mit dem Gebildenamen G_i, der entweder Punktname (Index) oder Bildelementname (bei UI = 1) sein kann,

und der *Textinformation* TI

$\mathrm{TI}(\mathrm{t}_i, i = 1, \ldots, \mathrm{NZ})$ mit t = Textzeichen.

Das soll in den in Abb. 8.2 dargestellten Beispielen erläutert werden.

BE1 (KI1, PI1, SI1, TI1)
KI1 (TEIL1, H, 15, 17, 0)
PI1 (300, 500, 600, 500, 600, 700, 300, 700, 300, 650,
200, 650, 200, 550, 300, 550, 600, 550, 700, 550,
700, 650, 600, 650, 100, 600, 800, 600, 350, 750)
SI1 (○, 1, ⊖, 2, ⊖, 3, ⊖, 4, ⊖, 1,
○, 5, ⊖, 6, ⊖, 7, ⊖, 8, ⊖, 9,
⊖, 10, ⊖, 11, ⊖, 12, 0, 13, ⊖ (LA = 2), 14,
○, 15, (UI = 1), BE11)
TI1 (leer)

BE11 (KI11, PI11, SI11, TI11)
KI11 (TEXT1, U, 0, 0, 6)
PI11 (leer)
SI11 (leer)
TI11 (TEIL␣1)

BE2 (KI2, PI2, SI2, TI2)
KI2 (TEIL2, H, 9, 10, 0)
PI2 (300, 100, 700, 100, 700, 200, 700, 300, 300, 300,
300, 200, 100, 200, 900, 200, 350, 350)
SI2 (0, 1, ⊖, 2, ⌒, 3, ⌒, 4, ⊖, 5,
⌒, 6, ⌒, 1, ○, 7, ⊖ (LA = 2), 8, ○, 9)
TI2 (leer)

BE21 (KI21, PI21, SI21, TI21)
KI21 (TEXT2, U, 0, 0, 6)
PI21 (leer)
SI21 (leer)
TI21 (TEIL␣2)

Erläuterung:

Bildelement BE 1

Die Kenninformation KI1 enthält:

- den Namen NA = TEIL1,
- die Kennzahl NK = H (Hauptbildelement),
- die Punktzahl NPK = 15,
- die Anzahl der Strukturinformationen NST = 17,
- die Anzahl der Textzeichen NZ = 0,

die Beschriftung 'TEIL 1' wird als Unterbildelement BE11 aufgefaßt.
Die Punktinformation PI1 enthält: je 15 x- und y-Koordinatenwerte.
Die Strukturinformation SI1 enthält: insgesamt 17 Verbindungsinformationen, darunter je 5 unsichtbare Verbindungen (○) vom jeweiligen Vorgänger zu den Punkten 1, 5, 9, 13 bzw. 15, je 11 geradlinige Verbindungen (⊖) mit standardisierter Intensität und Linien-

art (Vollinie), eine geradlinige Verbindung $(\ominus(LA = 2))$ zu Punkt 14 mit Linienart 2 (Strich-Punkt-Linie) und eine Verbindung (UI = 1) zu einem Unterbildelement BE11. Die Textinformation TI1 wird über das Unterbildelement BE11 zugeordnet und ist deshalb für das Hauptbildelement BE1 „leer".

Bildelement BE 11

Die Kenninformation KI11 enthält:

- den Namen NA = TEXT1,
- die Kennzahl NK = U (Unterbildelement),
- die Punktzahl NPK = 0,
- die Anzahl der Strukturinformationen NST = 0,
- die Anzahl der Textzeichen NZ = 6.

Die Punktinformation PI11 und die Strukturinformation SI11 sind „leer", da nur reine Text- oder reine Grafik-Bildelemente möglich sind und die Verknüpfung über das Anbinden eines Unterbildelementes erfolgt.
Die Textinformation TI11 enthält die Zeichenkette 'TEIL 1'.

8.2. Interaktive geometrische Strukturierung

In Anlehnung an den vorhergenannten Abschnitt soll unter der geometrischen Strukturierung die Festlegung der Struktur eines geometrischen Objektes einschließlich der Vermittlung seines internen Abbildes durch den Nutzer verstanden werden.
Von interaktiver geometrischer Strukturierung spricht man dann, wenn die Festlegung der geometrischen Struktur mit Unterstützung des grafischen Systems im Dialog zwischen Nutzer und Rechner erfolgt. Dazu können sowohl der alphanumerische als auch der grafische Dialog, aber auch beide kombiniert genutzt werden [6].

8.2.1. Struktureingabe im alphanumerischen Dialog

Bei einem ausschließlich alphanumerischen Dialog zur geometrischen Struktureingabe eines Bildelementes wird das Resultat erst nach Abschluß der Strukturierung grafisch angezeigt. Während der Strukturierung fehlt die geometrisch-optische Kontrolle über die Richtigkeit der eingegebenen geometrischen Werte. Sie können optisch nur als Zahl, Textzeichen oder Symbol überprüft werden. Es ist deshalb erforderlich, die Eingabe komplizierter, strukturierter Gebilde an Hand einer zuvor gezeichneten Kontrollskizze vorzunehmen.
In dem Programmsystem GISES [38], [39], steht ein Unterprogramm zur Verfügung, das die Eingabe der geometrischen Struktur im alphanumerischen Dialog über die alphanumerische Tastatur, verbunden mit der Kontrollanzeige in der Rollzeile des grafischen Displays, ermöglicht. Diese Lösung soll hier stellvertretend für viele mögliche vorgestellt werden. Entsprechend dem im Abschnitt 8.1. angegebenen Datenmodell werden vom Rechner über die Rollzeile des Displays die Kenninformation, die Punktinformation, die Strukturinformation und die Textinformation abgefragt und vom Nutzer die entsprechenden Antworten über die alphanumerische Tastatur und Rollzeile

eingegeben. Bei Eingabe der Strukturinformation wird die Verbindungsart durch Zeichenketten des für den Display gegebenen Zeichenvorrats angegeben, da die Symbolik der Entwurfssprache (○, ⊖, ⌒ usw.) nicht vorhanden ist.
Bei Eingabe der Strukturinformation liegt der Dialogsprache folgendes Schema zu Grunde (siehe auch Abschnitt 3.1.1.).

Pi * * VA n, * * P k, (1) ···Input ···Output

Pi + + IN l, LA m, VA n, + + P k, (2)

Pi * U VA m, * U k, (3)

i, k = Name (Index) des Gebildes (Punkt oder Unterobjekt)
l, m, n = ganze Zahl, die Intensität (IN), Linienart (LA) bzw. Verbindungsart kennzeichnet.

In der Rollzeile wird jeweils nur die Information über ein Strukturelement angezeigt. Es ist dasjenige, das im aktuellen Dialogschritt gerade bestimmt wird. Die Anzeige beginnt mit dem zuletzt angegebenen Gebilde Pi oder Ui (Punkt oder Unterobjekt). Erwartet wird die Eingabe der zwei Zeichen * *, + + oder * U. Diese drei verschiedenen Zeichenpaare bestimmen die Eingabeart, die im folgenden noch erläutert wird. Nach dieser Eingabe folgt die Frage nach der Intensität (IN), Linienart (LA) oder Verbindungsart (VA), die durch eine mit Komma abgeschlossene Ziffer beantwortet wird, in der die gewünschte Eigenschaft verschlüsselt ist. Die letzte Anzeige * * P, + + P oder * U enthält die Frage „Verbindung zu welchem Gebilde?“, die mit einer durch Komma abgeschlossenen Zahl beantwortet wird, die als Index den Namen eines Punktes oder Unterobjektes kennzeichnet.
Wie schon angedeutet, gibt es drei Arten der Eingabe der Strukturinformation:

- Die standardisierte Kurzeingabe (1). Es ist nur die Verbindungsart (nicht verbunden, geradlinig verbunden, kreisförmig verbunden (mathematisch positiv, mathematisch negativ, Vollkreis) anzugeben. Intensität und Linienart erhalten dabei Standardwerte (Intensitätsstufe 3 und Vollinie). Bei kreisförmiger Verbindung werden zwei Informationsschritte notwendig, einmal mit Angabe des Mittelpunktes und ein zweites Mal mit Angabe des Zielpunktes.
- Die ausführliche Eingabe der Strukturinformation (2). Intensität und Linienart können in den möglichen Stufen angegeben werden.
- Die Verbindung zu einem Unterobjekt (3). Durch diesen Informationsschritt wird ein bereits strukturiertes Unterobjekt in die neue Struktur eingebunden.

In den Dialog sind Elemente eingebaut, die an den notwendigen Stellen Korrekturen und Wiederholungen erlauben. Als Ergebnis des Dialogs erfolgt die Eintragung in eine Datenstruktur, der das in Abschnitt 8.1. angegebene Datenmodell zugrunde liegt.

8.2.2. Struktureingabe im graphischen Dialog

Durch das Vorhandensein eines grafischen Bildschirmgerätes sollte man sinnvollerweise die damit gegebenen Möglichkeiten nutzen und den Dialog über eine Sprache mit zweidimensionalen Sprachelementen abwickeln [96].
Der grafische Dialog verläuft nach folgendem Prinzip: Durch Aufforderungen und

Hinweise wird der Nutzer auf die notwendigen Handlungen zur Struktureingabe aufmerksam gemacht. Seine Handlungen werden jeweils durch ein passendes Echo bestätigt. Über einen Identifikator (Zeichen) wählt der Nutzer ein geometrisches Grundelement aus, das nach Eingabe einer entsprechenden Zeichenkette am Bildschirm sichtbar wird. Durch Betätigung peripherer Einrichtungen (Funktionstastatur, Positionierkugel) variiert er das Grundelement in Lage und Ausdehnung. Auf diese Art und Weise setzt er ein geometrisches Objekt aus vielen Grundelementen sichtbar zusammen (Abb. 8.3). Dabei wird die Punkt-, Struktur- und Textinformation im Rechner festgehalten. Die auf diese Art vollzogene Objektsynthese und Eingabe der Datenstruktur wird durch Eingabe einer entsprechenden Zeichenkette beendet. Anschließend erfolgt

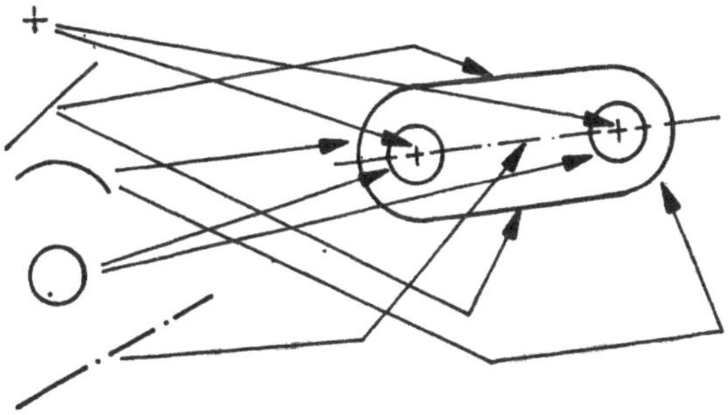

Abb. 8.3. Bildelementesynthese aus Grundelementen

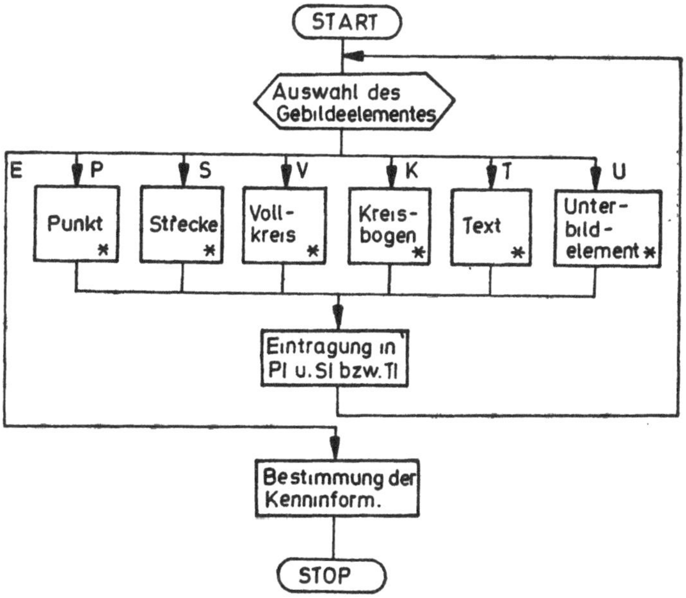

Abb. 8.4. Prinzip der grafischen Struktureingabe.

PI = Punktinformation
SI = Strukturinformation
TI = Textinformation

* = Manipulierung, Parameterbestimmung und Positionierung

die Eingabe der Kenninformation ebenfalls nach entsprechend vom Rechner gestellten Fragen bzw. gegebenen Hinweisen und Aufforderungen über den Bildschirm.
In der Arbeit [40] wird ein diesbezügliches Dialogprogramm vorgestellt, das als Bestandteil des Programmsystems GISES [38] vorgesehen ist und die Aufrufbezeichnung GIBEIN (Grafische Interaktive Bild-EINgabe) erhält. Der Nutzung liegt das in Abb. 8.4 gezeigte Schema zugrunde. Über die Indentifikatoren P, S, V, K, T und U kann auf die Unterprogramme Punkt, Strecke, Vollkreis, Kreisbogen, Text bzw. Unterbildelement zugegriffen werden, die erlauben, diese Grundelemente in ihren Parametern auf dem Bildschirm sichtbar zu manipulieren und zu positionieren. Nach Abschluß dieses Vorganges erfolgt die Eintragung in die Punkt-, Struktur- bzw. Textinformation. Die Auswahl von Gebildeelementen wird so oft wiederholt, bis das gewünschte Bildelement vollständig zusammengesetzt ist. Dann wird der Abschluß über die Eingabe des Zeichens E erreicht. Am Ende des Dialogprogrammes erfolgt die Bestimmung der Kenninformation, die teilweise automatisch vor sich geht und teilweise durch den Nutzer vorgenommen wird. Automatisch wird die Anzahl der Punkte des Bildelementes, die Anzahl der Strukturinformationen und die Anzahl der Textzeichen registriert. Der Nutzer legt den Namen des Bildelementes und seine Kennzahl fest, die die Eigenschaften des Bildelementes (wie Haupt- oder Unterbildelement, Lichtstiftempfindlichkeit) charakterisiert.
Für die benutzte zweidimensionale Dialogsprache dienen als Sprachwerkzeuge für die Eingabe alphanumerische Tastatur (AT), Funktionstastatur (FT) und Positionierkugel (PK) und für die Ausgabe das Bildschirmgerät mit dem Schirm und den Generatoren zur Erzeugung sichtbarer Darstellungen. Die Syntax einer derartigen Sprache kann man unter Verwendung der Backus-Notation folgendermaßen beschreiben:

eingabeseitig (>):

aktion ::= AT↓/FT↓/PK↓
AT↓ ::= at-eingabe
FT↓ ::= ft-Eingabe
PK↓ ::= pk-eingabe
at-eingabe ::= /AT/ > zeichenkette
ft-eingabe ::= FT > ft-nummer
pk-eingabe ::= PK > x-rasterzahl y-rasterzahl
ge-aufruf ::= > ge-identifikator (ge = geometrisches Grundelement)
ge-identifikator ::= P/S/V/K/T/U
parametereingabe ::= FT > ftn PK > xrz yrz FT > ftn/parametereingabe parametereingabe
(xrz = x-rasterzahl, yrz = y-rasterzahl)
eingabeende ::= > E

ausgabeseitig (<):

reaktion ::= bildschirmausgabe ausgabeobjekt
bildschirmausgabe ::= </ < a/< r/ bildschirmausgabe bildschirmausgabe
< ::= ausgabe im nutzerfeld
< a ::= ausgabe außerhalb des nutzerfeldes

< r ::= ausgabe in rollzeile
ausgabeobjekt ::= zeichenkette/geom.objekt/ausgabeobjekt ausgabeobjekt
ge-anzeige ::= < grundelement
grundelement ::= +/∕/⊙/⌜/zeichenkette/unterbe
unterbe ::= be (be = Bildelement)
auffordg.z.ge-aufruf ::= < r GRUNDELEMENT
anzeige_ge-änderung ::= < ge_gpa
(ge_gpa = ge in geänderter Position und Ausdehnung)

ge_gpa ::= 

be ::= ge_gpa ge_gpa ge_gpa···

im Dialog (> <):

ge-eingabe ::= auffordg.z.ge-aufruf ge-aufruf ge-anzeige parametereingabe anzeige/ge-änderung [parametereingabe anzeige_ge-änderung···]
be-eingabe ::= ge-eingabe [ge-eingabe ge-eingabe···] abschluß_ge-eingabe ki-eingabe
abschluß_ge-eingabe ::= auffordg.z.ge-aufruf eingabeende
ki-eingabe ::= be-name-eingabe be-kennz.-eingabe

Es wurden die wesentlichen Sprachelemente aufgeführt, die die Dialogsprache beschreiben, mit deren Hilfe der Nutzer über die obengenannten Sprachwerkzeuge mit dem Rechner Informationen austauscht, um ein zweidimensionales geometrisches Objekt sowohl sichtbar auf dem Bildschirm als auch als rechnerinternes Abbild zu strukturieren [49], [90], [91].
Derartige Programme zur interaktiven geometrischen Strukturierung werden mitunter auch als Grafikeditoren bezeichnet.
Soll die Parametereingabe größeren Genauigkeitsforderungen genügen und soll ein vom Nutzer definiertes Koordinatensystem gelten, so ist zu beachten, daß für eine Werteingabe mit geforderter Genauigkeit Untersetzungsschalter für den Positionierkugelabgriff und zusätzliche Digitalanzeigen der für das Nutzersystem berechneten Werte im Dialog vorzusehen sind.

8.3. Programmsysteme mit geringen Programmieranforderungen

Das grundlegende Anliegen der in diesem Abschnitt vorgestellten Programmsysteme besteht darin, dem Nutzer bei der Programmierung grafischer Arbeitsplätze möglichst keine Kenntnisse abzuverlangen, die nichts mit seiner eigentlichen Aufgabe zu tun haben. Außer der Beherrschung einer problomorientierten Sprache, die ihm die Formulierung und Implementierung eines benötigten Algorithmus ermöglichen, sollten ihm lediglich einfache Anweisungen (in der Regel Unterprogrammaufrufe) bekannt sein, die über eine einfache und zweckmäßige Formulierung seiner Ein- und Ausgabewünsche bez. geometrischer Informationen nicht wesentlich hinausgehen. So bleibt ihm u. a. der Erwerb von Kenntnissen über die spezielle Unterbrechungsbehandlungstechnik bei Nutzung der Eingabegeräte grafischer Arbeitsplätze oder über die interne Strukturierung der Bildelemente zur Aufbereitung der Bilddatei für die Ausgabe auf dem Bildschirm bzw. Zeichenautomaten erspart. Derartige Kenntnisse werden bei Benutzung der in den Abschnitten 5.3. und 5.4. vorgestellten Programmsysteme noch im hohen Maße abverlangt.

8.3.1. Niveauorientierte Programmierung zur Nutzung der Eingabegeräte grafischer Arbeitsplätze

An die Stelle der im Abschnitt 5.4. dargestellten Art und Weise der Programmierung einer aktiven Nutzung des Bildschirmgerätes kann nach Ortleb [41] auch eine auf Niveaus bezogene sogenannte „niveauorientierte" Programmierung treten. Dabei wird unter Niveau ein Systemzustand verstanden, für den bestimmte Verhaltensweisen der Dialogeinrichtung unveränderlich sind. Zu jedem Niveau gibt es dann zwei Klassen von Bedieneraktionen: Bedieneraktionen, die zu einer niveaucharakteristischen Fortsetzung auf dem Niveau führen, und Bedieneraktionen, die ein Verlassen des Niveaus bewirken.

Ortleb versteht unter niveauorientierter Programmierung die Darstellung eines Dialogplanes, der in Form eines Graphen Niveaus als Knoten und Handlungen als Kanten erfaßt, und die Implementierung dieses Dialogplangraphen mit den gewählten Sprachmitteln.

Im Programmsystem GIS (siehe Abschnitt 5.4.1.) wird durch die Ergänzung „Grafische Programmierung niveauorientiert (GPN)" [41] ein Niveau durch einen Unterprogrammaufruf hergestellt.

Mit Hilfe der GPN kann ein komplexer grafischer Dialog mit weitreichender Variabilität ohne Benutzung der in Abschnitt 5.4.1. angegebenen detaillierten Unterprogrammaufrufe und Anweisungsfolgen implementiert werden. Dadurch erübrigt sich die besondere Kenntnis der Unterbrechungsbehandlungstechnik, und die Gefahr von Fehlern durch Nutzer des Systems bei der Unterbrechungsbehandlung wird vermieden. Für die Gestaltung des Dialogs mit Hilfe des grafischen Bildschirmgerätes GD 71 und seiner peripheren Einrichtungen (alphanumerische Tastatur, Funktionstastatur, Lichtstift und Positionierkugel) wird ein Unterprogrammaufruf

```
CALL NIVI(···)
```

zur Erzeugung eines Niveaus verwendet, das in den Modifikationen $I = 0, 1, 2, \ldots, 6$ auftritt. Diese Modifikationen benutzen einen gemeinsamen Kern und unterscheiden sich durch den Aufbau der Parameterliste. Der prinzipielle Aufbau soll an Hand der Modifikation NIV1 gezeigt werden.

FORTRAN-Aufruf:

```
CALL NIV1(INAM, IXP, IYP, K, LNHI, WAKT)
```

Parameter

INAM	Identifikationsname eines Bildelementes,
IXP, IYP	Positionierkugelkoordinaten,
K	Tastennummer, sowohl über Funktionstastatur als auch über Lichtstift beeinflußbar,

LNHI Name einer vom Nutzer zu vereinbarenden Routine bei Lichtstiftidentifikation,

WAKT Name einer vom Nutzer zu vereinbarenden Routine für eine Warteaktion.

Wirkung: Die peripheren Einrichtungen des grafischen Bildschirmgerätes sind aktiviert. Bei ihrer Betätigung werden die Ergebnisse, wie

- Identifikationsname eines Bildelementes bei Lichtstiftbenutzung,
- Koordinatenwerte bei Benutzung der Positionierkugel,
- Tastennummer bei Betätigung einer Funktionstaste bzw. Menü-item-Nummer bei Anwendung der Lichtstift-Menü-Technik,

über die Parameter des Unterprogramms entnommen. Die alphanumerische Tastatur wird dabei zur Ablaufsteuerung beim Positionierkugelabgriff benutzt. Darüber hinaus gelten die in Abschnitt 5.4.1. dargestellten Möglichkeiten der Eingabe alphanumerischer Zeichen.

8.3.2. Vereinfachte Programmierung zur Gestaltung der aktiven und passiven grafischen Bildschirmarbeit

Die Möglichkeiten einer grafischen vereinfachten Programmierung zur Gestaltung der aktiven und passiven Bildschirmarbeit sollen am Beispiel des Programmsystems GISES [38] gezeigt werden. Es wurde ursprünglich für ESER-Anlagen und speziell für die Gerätekonfiguration GD 71—KRS 4201—ESER-Anlage entwickelt, aber darüber hinaus für Systeme der Kleinrechentechnik (SKR) verallgemeinert. Es baut auf den in den Abschnitten 8.1. und 8.2. vorgestellten Prinzipien der datenbezogenen und interaktiven geometrischen Strukturierung auf und verfolgt ähnliche Ziele, die Programmierung des grafischen Dialogs zu vereinfachen, wie die im Abschnitt 8.3.1. genannte niveauorientierte Programmierung. Zur Gestaltung der interaktiven grafischen Bildschirmarbeit, einschließlich der passiven grafischen Bildausgabe, werden dem Nutzer Unterprogramme bereitgestellt, die er über die problemorientierte Programmiersprache FORTRAN aufrufen kann und die seine Programmierarbeit auf die für ihn wesentlichen Aufgaben einschränken.

Dabei wurden folgende Prinzipien entwickelt:

1. Die Funktionen zur Ausgabe grafischer und alphanumerischer Informationen, POLYLINE, POLYMARKER, STRING (siehe Abschnitt 7.) werden auf die zwei Funktionen
   - Gebildeerzeugung (GERZ) und
   - Texterzeugung (TERZ)

   verdichtet.
2. Diese beiden Funktionen GERZ und TERZ schließen darüber hinaus die Funktionen zur Kreierung eines Bildelementes, wie CREATE SEGMENT und CLOSE SEGMENT, und zur Bestimmung des Attributes DETECTABILITY mit ein.
3. Die Struktur des Bildelementes und die Attribute der Ausgabeprimitive werden den Ausgabefunktionen GERZ und TERZ durch Datenfelder entsprechend der im Abschnitt 8.1. vorgestellten Kodierung als Eingabeparameter übergeben.

4. Durch die mögliche wahlweise Kennzeichnung eines Bildelementes als Haupt- und Unterbildelement und die Aufnahme eines Unterbildelementes in die Struktur eines Bildelementes (Haupt- oder Unterbildelement) kann eine beliebige Verschachtelung der Bildelemente erfolgen.
5. Ein komplexes Bildelement, d. h. ein Bildelement, das geometrische Grundelemente und Text enthält, wird durch die Funktion GERZ erzeugt, indem der Text als Unterbildelement in die Struktur aufgenommen worden ist. Das Unterbildelement wird zuvor über die Funktion TERZ erzeugt.
6. Die Stützpunktkoordinaten (Punktinformation) und die Verbindung der Stützpunkte untereinander einschließlich der Attributwerte (Strukturinformation) werden der Funktion GERZ als getrennte Datenfelder vermittelt, so daß bereitgestellte Transformationsfunktionen (SEGMENT TRANSFORMATION), wie Translation, Skalierung und Rotation, einen schnellen Zugriff auf die Punktinformationen bekommen, deren Verarbeitung bei Transformationen der Bildelemente einzig und allein maßgebend ist.
7. Für die Definition der Bildelemente, d. h. ihre Kreierung, Benennung und die Bestimmung ihrer Eigenschaften und Struktur, werden die Komplexe Eingabefunktionen GISI, TISI und GIBEIN bereitgestellt, die die Eingabe der für ein Bildelement erforderlichen Parameter, wie Identifikator, Eigenschaften, Punktinformationen, Strukturinformation und Textinformation, im alphanumerischen bzw. im grafischen Dialog über das Bildschirmgerät ermöglichen.
8. Es stehen weitere Funktionen zur Verfügung, die dem Nutzer ermöglichen, die Eingabeprimitive LOCATOR, CHOICE, PICK, VALUATOR und STRING sowie eine einfache Dialogsteuerung und einige Übertragungsaufgaben auf einem Anweisungsniveau zu verwirklichen, das keine allzu großen Detailkenntnisse zur Programmierung grafischer Systeme erfordert.

Im folgenden sollen die wesentlichen Unterprogrammaufrufe des Programmsystems GISES genannt werden [38], [39], [42], [43]:

```
CALL GDOPEN
      ⋮
Unterprogrammaufrufe des Systems GISES
      ⋮
CALL GDCLOS
```

Diese Unterprogramme veranlassen das Eröffnen, Initialisieren bzw. Schließen des grafischen Systems einschließlich der zugeordneten Kopplungssysteme einer Arbeitsstation GD 71/KRS 4201. Die genannten Unterprogrammaufrufe müssen zu Beginn bzw. am Ende aller anderen GISES-Aufrufe stehen.

GEBILDEERZEUGUNG

FORTRAN-Aufruf:

```
CALL GERZ (NTX, NIN, NK, NPK, NST, PI, ISI, K)
```

Wirkung: Erzeugung eines beliebigen grafischen Bildelementes unter Nutzung aller für das grafische Display gegebenen Generierungs- und Modifizierungsmöglichkeiten. Auch die Einbindung von zuvor erzeugten Unterbildelementen ist möglich.

Parameter (Eingabeparameter):

NTX Bildelementname (4 Textzeichen),

NIN Namensindex (Integerzahl),

NTX, NIN bilden zusammen einen mnemonisch günstig wählbaren externen Namen (externer Identifikator) des Bildelementes, der über Verwaltungsroutinen einem rechnerinternen Namen (interner Identifikator) zugeordnet wird.

NK Bildelementkennzahl

NK = 0 Hauptbildelement,
NK = 1 Hauptbildelement, lichtstiftempfindlich,
NK = 2 Unterbildelement,
NK = 3 Unterbildelement, lichtstiftempfindlich

NPK Anzahl der Punkte eines Bildelementes einschließlich der Mittelpunkte von Kreisbögen,

NST Anzahl der Strukturinformationen, d. h. der Verbindungselemente von Punkt zu Punkt; dabei gelten als 1 Verbindungselement

- eine unsichtbare Strecke,
- eine sichtbare Strecke und
- die Einbindung eines Unterbildelementes.

Als 2 Verbindungselemente zählt

- die Kreisbogenverbindung.

PI Feld der X,Y-Koordinaten (ganzzahlige Bildschirmrasterkoordinaten) der Stützpunkte des Bildelementes (Punktinformation)

ISI Feld der Strukturinformation,

K Einschaltsignal bei der Generierung:

K = 1 Bildelement eingeschaltet,
K = 0 Bildelement ausgeschaltet (unsichtbar).

Erläuterung zur Strukturinformation: Die Strukturinformation enthält in fortlaufender alternierender Folge die Angaben über die Verbindungselemente (Verbindungswort VW) und Zielpunkte (Gebildeelement GE), beginnend beim Gebildeelement GE (0) und endend beim Gebildeelement GE (NST) (siehe Strukturinformation Abschnitt 8.1.), d. h. GE(0), VW(1), GE(1), VW(2), GE(2), ..., VW(I), GE(I), ..., VW(NST), GE(NST) mit GE(0) = J (Index des Anfangspunktes, wobei $1 \leqq J \leqq$ NPK).
Allgemein gilt:

J Index eines Punktes im Feld PI, wobei $1 \leqq J \leqq$ NPK,

GE(I) = NBE-Nr. (interner Name eines Unterbildelementes).

Das Verbindungswort setzt sich folgendermaßen zusammen:

$$VW = VBE + VIN + VLA + VAR$$

mit VBE Verbindung zu einem Unterbildelement:

$VBE = 0$ keine Verbindung, GE(I) = J,

$VBE = 1 * 8^3 = 512$ Verbindung vorhanden, GE(I) = NBE,

VIN Intensität:

$VIN = 0$	Intensität 0
$VIN = 1 * 8^2 = 64$	Intensität 1
$VIN = 2 * 8^2 = 128$	Intensität 2
$VIN = 3 * 8^2 = 192$	Intensität 3

VLA Linienart:

$VLA = 1 * 8^1 = 8$	Linienart 1 ······
$VLA = 2 * 8^1 = 16$	Linienart 2 –·–·–·–
$VLA = 3 * 8^1 = 24$	Linienart 3 -----
$VLA = 4 * 8^1 = 32$	Linienart 4 ———

VAR Verbindungsart:

$VAR = 0$	Verbindungsart 0 unsichtbar verbunden
$VAR = 1 * 8^0 = 1$	Verbindungsart 1 geradlinig verbunden
$VAR = 2 * 8^0 = 2$	Verbindungsart 2 kreisförmig verbunden math. positiv
$VAR = 3 * 8^0 = 3$	Verbindungsart 3 kreisförmig verbunden math. negativ
$VAR = 4 * 8^0 = 4$	Verbindungsart 4 Vollkreis

Beispiel: „QUADRAT" (QUAD)

```
INTEGER * 2 PI (8), ISI (9)
DATA PI/100, 100, 400, 100, 400, 400, 100, 400/
DATA ISI/1, 225, 2, 225, 3, 225, 4, 225, 1/
        :
CALL GERZ ('QUAD', 0, 0, 4, 4, PI, ISI, 1)
```

TEXTERZEUGUNG

FORTRAN-Aufruf:

```
CALL TERZ (NTX, NIN, NK, IX, IY, NZ, ITEX, K)
```

Wirkung: Generierung eines Text-Bildelementes und Ausgabe an einer vorgesehenen Position IX, IY des Bildschirmes.

Parameter (Eingabeparameter):

NTX, NIN, NK, K wie bei GERZ,
IX, IY X,Y-Koordinaten des ersten Textzeichens,
NZ Anzahl der Textzeichen,
ITEX Textfeld.

Beispiel: „EXPORT"

```
CALL TERZ ('NAME', 0, 0, 50, 50, 6, 'EXPORT', 1)
```

GEBILDEEINGABE (alphanumerisch)

FORTRAN-Aufruf:
CALL GISI (NTX, NIN, NK, NPK, NST, PI, ISI)

Wirkung: In einem alphanumerischen Dialog wird über eine lineare Eingabesprache (siehe Abschnitt 8.2.) die Struktur eines Bildelementes definiert, das durch GERZ sichtbar erzeugt wird.

Parameter (Ausgabeparameter): entsprechen den Eingabeparametern von GERZ

TEXTEINGABE

FORTRAN-Aufruf:
CALL TISI (NTX, NIN, NK, IX, IY, NZ, ITEX)

Wirkung: In einem alphanumerischen Dialog wird die Struktur eines TEXT-Bildelementes definiert, das durch TERZ sichtbar erzeugt wird.

Parameter (Ausgabeparameter): entsprechen den Eingabeparametern von TERZ

GRAFISCHE INTERAKTIVE BILDEINGABE

FORTRAN-Aufruf:
CALL GIBEIN (NTX, NIN, NK, NPK, NST, PI, ISI)

Wirkung: In einem grafischen Dialog wird über eine zweidimensionale Eingabesprache (siehe Abschnitt 8.2.) die Struktur eines Bildelementes definiert, das durch GERZ sichtbar erzeugt wird. Einbezogener Text wird über die Unterprogramme TISI und TERZ als Unterbildelement defininiert und sichtbar erzeugt.

Parameter (Ausgabeparameter): entsprechen den Eingabeparametern von GERZ

TRANSLATION

FORTRAN-Aufruf:
CALL TRAN (NPK, PI, VX, VY)

Wirkung: Ein Bildelement mit der Punktinformation PI wird bei nachfolgendem Aufruf des Unterprogramms GERZ um den Vektor VX, VY verschoben.

Parameter:

NPK	Anzahl der Punkte (Eingabeparameter),
PI	Feld der X,Y-Koordinaten (Ein- und Ausgabeparameter),
VX, VY	Verschiebungsvektor (Eingabeparameter).

SKALIERUNG

FORTRAN-Aufruf:
CALL SKAL (NPK, PI, X0, Y0, FX, FY)

Wirkung: Ein Bildelement mit der Punktinformation PI wird bei nachfolgendem Aufruf des Unterprogramms GERZ in einem achsenverschiedenen Darstellungsmaßstab mit den Maßstabsfaktoren FX, FY verändert.

Parameter:

NPK, PI,	wie bei TRAN
X0, Y0	Bezugspunktkoordinaten (Eingabeparameter)
FX, FY	Maßstabsfaktoren (Bei FX ≠ FY müssen alle Kreisbögen durch Streckenzüge approximiert sein.)

ROTATION

FORTRAN-Aufruf:
CALL ROTGEB (NPK, PI, XD, YD, PHI)

Wirkung: Ein Gebilde mit der Punktinformation PI wird bei nachfolgendem Aufruf des Unterprogramms GERZ um den Drehpunkt XD, YD mit dem Winkel PHI gedreht.

Parameter:

NPK, PI	wie bei TRAN,
XD, YD	Drehpunktkoordinaten (Eingabeparameter),
PHI	Drehwinkel (Eingabeparameter).

FUNKTIONSTASTENBETÄTIGUNG

FORTRAN-Aufruf:
CALL FUTAST (NF)

Wirkung: Der Nutzer wird zur Betätigung der Funktionstaste aufgefordert. Nach der Betätigung wird die Nummer der Funktionstaste NF übergeben.

Ausgabeparameter:

NF Nummer der Funktionstaste.

Das Unterprogramm verwirklicht die GKS-Funktion CHOICE.

POSITIONIERKUGELBINDUNG

FORTRAN-Aufruf:
CALL POKFUN (NF1, NF2, NTX, NIN)

Wirkung: Ein Bildelement mit dem Namen NTX, NIN wird an die Koordinaten der Positionierkugel gebunden. Das An- und Abbinden wird über die Funktionstaste NF1 und das Beenden des Unterprogrammlaufes über die Funktionstaste NF2 gesteuert.

Eingabeparameter:

NF1, NF2	Nummer der gewählten Funktionstaste,
NTX, NIN	Name des Bildelementes (siehe GERZ).

Das Unterprogramm enthält die GKS-Funktionen LOCATOR und CHOICE.

LICHTSTIFTBETÄTIGUNG

FORTRAN-Aufruf:
CALL LIGHTP (NTX, NIN)

Wirkung: Der Nutzer wird zur Lichtstiftbetätigung aufgerufen. Nach dem Berühren eines lichtstiftempfindlichen Bildelementes erfolgt als Echo ein Blinken des Bildelementes, und sein Name NTX, NIN wird übergeben.

Ausgabeparameter:

NTX, NIN Name des Bildelementes (siehe GERZ).

Das Unterprogramm enthält die GKS-Funktion PICK.

Anwendungsbeispiele

Beispiel 1

```
      CALL GDOPEN
    1 CALL FUTAST (NF)
      IF (NF.EQ.9) GOTO 2
      IF (NF.EQ.10) GOTO 3
      CALL GIBEIN (NTX, NIN, NK, NPK, NST, PI, ISI)
      CALL GERZ (NTX, NIN, 1, NPK, NST, PI, ISI, 1)
      GOTO 1
    2 CALL FUTAST (NF)
      IF(NF.EQ.10) GOTO 3
      CALL LIGHTP (NTX, NIN)
      CALL POKFUN (1, 0, NTX, NIN)
      IF (NF.NE.9) GOTO 1
      GOTO 2
    3 CALL DISFIL
      CALL GDCLOS
          ⋮
```

Mit diesem Programm kann u. a. die in Abb. 8.5 dargestellte Zeichnung im grafischen Dialog erzeugt und über Zeichenautomaten ausgegeben werden.

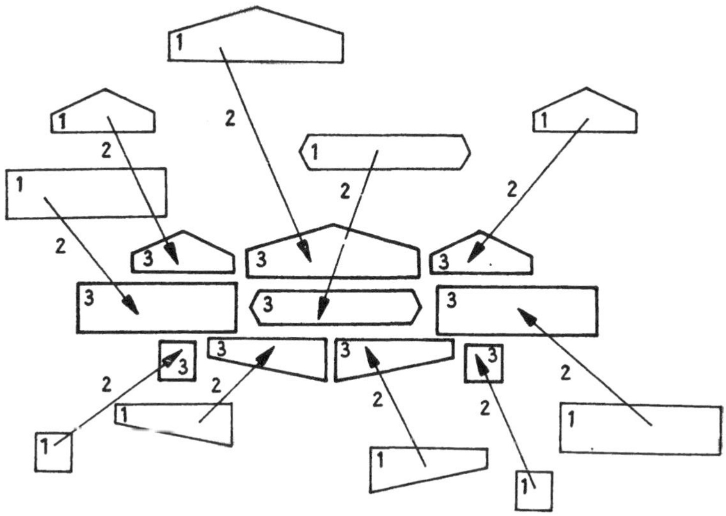

Abb. 8.5. Bausteinerzeugung und -montage (Beispiel 1).
1 strukturierte Bausteine
2 mit Lichtstift erfaßt und mit Positionierkugel verschoben
3 plazierte Bausteine

Erläuterung zu Beispiel 1:

Z1: Eröffnen und Initialisieren des grafischen Systems,
Z2: Funktionstastenbetätigung nach Aufforderung,
Z3: bei NF = 9 Verzweigung zu Marke 2,
Z4: bei NF = 10 Verzweigung zu Marke 3, (bei jeder anderen Funktionstaste wird der Programmlauf bei Z5 fortgesetzt),
Z5: grafische interaktive Bildelement-Eingabe, dessen gewählter Name in NTX, NIN eingetragen wird,
Z6: sichtbare Erzeugung des definierten Bildelementes als einheitliches über Namen (NTX, NIN) und Lichtstift (NK = 1) identifizierbares geometrisches Objekt,
Z7: Wiederholung des Definitionsabschnittes abhängig von der Funktionstastenbetätigung,
Z8: Funktionstastenbetätigung nach Aufforderung,
Z9: bei NF = 10 Verzweigung zu Marke 3 (bei jeder anderen Funktionstaste wird der Programmlauf bei Z10 fortgesetzt),
Z10: Aufforderung der Lichtstiftbenutzung,
nach Lichtstiftidentifikation eines Bildelementes wird sein Name in NTX, NIN eingetragen.
Z11: Das über Lichtstift ausgewählte Bildelement wird bei Betätigung der Funktionstaste NF = 1 an die Koordinaten der Positionierkugel an- bzw. abgebunden. Es kann neu plaziert werden. Dieser Vorgang wird über Funktionstaste NF = 0 beendet.
Z12: Bei NF ≠ 9 wird der Definitionsabschnitt über Marke 1 wiederholt. Es kann ein weiteres Bildelement erzeugt werden.
Z13: Wurde zuvor die Funktionstaste NF = 9 betätigt, wird der Plazierungsabschnitt über Marke 2 wiederholt.
Z14: Sowohl Definitions- (Z2 bis Z7) als auch Plazierungsabschnitt (Z8 bis Z13) können über die Betätigung der Funktionstaste NF = 10 nach Marke 3 verlassen werden. Es schließt sich die Übertragung des Displayfiles zur ESER-Anlage mit nachfolgender Ausgabe auf Zeichenautomaten an.
Z15: Schließen des grafischen Systems.

Beispiel 2:

```
  CALL GDOPEN                                     Z1
  CALL GIBEIN (NTX, NIN, 0, NPK, NST, PI, ISI)    Z2
  IXO = PI(1)                                     Z3
  IYO = PI(2)                                     Z4
  PHI = 0                                         Z5
  DO 1 I = 1, 12                                  Z6
  NIN = I                                         Z7
  CALL GERZ (NTX, NIN, 0, NPK, NST, PI, ISI)      Z8
  PHI = PHI + 30                                  Z9
1 CALL ROTGEB (NPK, PI, IXO, IYO, PHI)            Z10
  CALL DISFIL                                     Z11
  CALL GDCLOS                                     Z12
```

Mit diesem Programm kann u. a. die in Abb. 8.6 dargestellte Zeichnung im grafischen Dialog erzeugt und auf Zeichenautomaten ausgegeben werden.

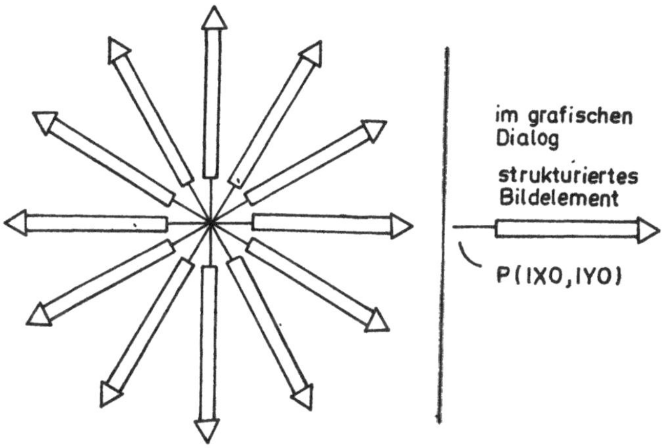

Abb. 8.6. Bilderzeugung durch rotierendes Bildelement (Beispiel 2)

Erläuterung zu Beispiel 2:

Z1: Eröffnen und Initialisieren des grafischen Systems,
Z2: grafische interaktive Bildelement-Eingabe, dessen gewählter Name in NTX, NIN eingetragen wird,
Z3:, Z4: Bestimmung der Drehpunktkoordinaten aus den Koordinaten des ersten Punktes im Feld PI,
Z5: Anfangswert für Drehwinkel PHI = 0,
Z6: Eröffnung eines Zyklus,
Z7: der Namensindex des Bildelementes erhält den Wert des Laufindex,
Z8: das Bildelement wird sichtbar erzeugt,
Z9: der Drehwinkel wird um 30 Grad erhöht,
Z10: die Rotationskoordinaten für das Feld PI werden neu berechnet, dadurch wird über den Zyklus das Bildelement NTX, I in 12 gedrehten Positionen erzeugt,
Z11: das Displayfile wird zur ESER-Anlage übertragen und nachfolgend auf einem Zeichenautomaten ausgegeben,
Z12: Schließen des grafischen Systems.

9. Spezielle Probleme der Digitalgeometrie

Wie an anderer Stelle bereits mehrfach erwähnt, besteht der eigentliche Sinn der Digitalgeometrie darin, geometrische Modelle rechnerintern abzubilden und rechnerintern zu manipulieren, um Aussagen über die zugeordneten realen Objekte zu erhalten. Dabei sind zwei spezielle Probleme zu lösen:

— Wie sind geometrische Objekte rechnerintern darzustellen und zu speichern, damit sie in allen Verarbeitungsprozessen in einer geeigneten Form zur Verfügung stehen?
— Welche Operationen sind notwendig und welche Funktionsbausteine sind bereitzustellen, um geometrische Modelle rechnerintern manipulieren zu können?

Auch auf diesem Gebiet sind schon viele gute Lösungen bekannt, die aber meist auf eine spezielle Anwendungsaufgabe zugeschnitten sind und den Charakter von Insellösungen tragen. Es kommt aber darauf an, geeignete Vorschläge für eine umfassende universelle Lösung dieser Probleme, unabhängig vom Anwendungsgebiet und unabhängig von der Implementierung und der Rechentechnik, zu erarbeiten.

9.1. Spezielle Probleme der rechnerinternen Darstellung und Speicherung geometrischer Objekte [109], [110], [113], [114], [129], [130]

Bei der rechnerinternen Darstellung und Speicherung geometrischer Objekte sind vielfältige Aspekte und Anforderungen zu berücksichtigen.

— Die rechnerinterne Darstellung muß die allgemeine Beschreibung des geometrischen Modells im dreidimensionalen Raum (3D-Darstellung) zulassen und gleichzeitig verschiedene Transformationsstufen ermöglichen, die der Umwandlung externer (sichtbarer) in interne Abbildungen des geometrischen Modells und umgekehrt dienen.
— Für die genannte Speicherung der geometrischen Objekte auf externe Speichermedien muß die Darstellung möglichst redundantfrei sein und minimalen Speicherplatzbedarf erfordern, aber auch einen schnellen Zugriff auf die gespeicherten Objekte erlauben.
— Die rechnerinterne Darstellung muß für alle erforderlichen Verarbeitungsprozesse geeignet sein oder leicht und schnell in eine verarbeitungsgerechte Darstellung transformiert werden können.

— Sowohl Darstellungs- als auch Speicherungsstruktur müssen ständige Änderungen und Ergänzungen der geometrischen Objekte zulassen.
— Die Datenmodelle und Datenstrukturen müssen so beschaffen sein, daß aus einer allgemeinen, anwendungsunabhängigen Datenbasis des Geometriekernes anwendungsspezifische Datenbasen aufgebaut werden können.

Bei der Lösung der genannten Probleme, die sich bei der rechnerinternen Darstellung und Verarbeitung geometrischer Objekte ergeben, werden noch weitere Aspekte und Anforderungen auftreten, die es zu beachten gilt [92], [93], [100], [101], [102], [103], [104].

9.1.1. Existenzformen und Transformationsstufen der rechnerinternen Darstellung

Es gibt natürlich nicht wenige Objekte, für deren geometrische Modellierung die zweidimensionale Darstellung ausreichend ist. Für den allgemeinen Fall muß man aber von den Objekten ausgehen, für deren geometrische Modellierung die dreidimensionale Darstellung unerläßlich ist.
Das trifft bei der Gestaltung von Geometriekernen zu, unter denen in Anlehnung an [44] ein System von problem- und weitestgehend geräteunabhängigen, d. h. multivalent nutzbaren Prozeduren mit anwendungsunabhängigen Funktionen zur Manipulierung und Speicherung geometrischer Objekte verstanden werden soll.
Zur Erläuterung der Transformationsstufen wird auf die im Abschnitt 2. beschriebenen Begriffe und Zusammenhänge zwischen dem geometrischen Modell (GM) und dem Bild (B) Bezug genommen. Ist das geometrische Modell (GM) die Abbildung eines realen Objektes unter geometrischem Aspekt, so soll unter dem Bild (B) der Ausschnitt (Teil oder Schicht) eines geometrischen Modells (GM) verstanden werden, der als einheitliches Ganzes einer zusammenhängenden Betrachtung oder Darstellung unterzogen wird.

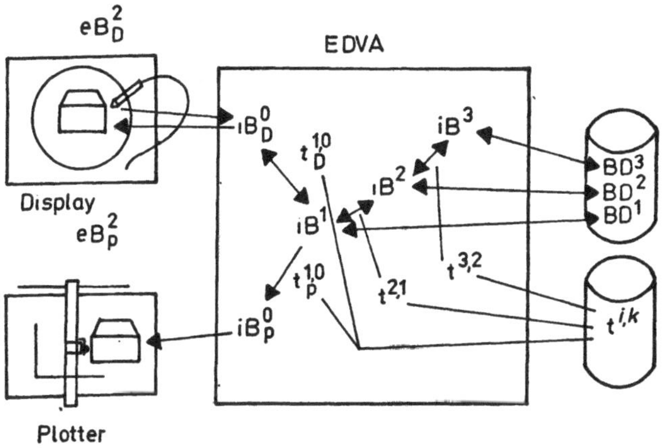

Abb. 9.1. Existenzformen und Transformationen von Bildern.

eB^2 = externes (sichtbares) Bild (2d)
iB^i = (rechner-)internes Bild i-ter Ordnung
$t^{i,k}$ = Transformation i- zu k-ter Ordnung
BD^i = Bilddatei i-ter Ordnung

Es ist der Gegenstand eines rechnergestützten Arbeitsprozesses, der als überschaubares komplexes System von Objekten zusammenhängend behandelt werden kann und sowohl in (rechner-)interner als auch in externer Darstellung existiert.
Es ergeben sich folgende Ordnungsprinzipien für die Speicherung derartiger Bilder (Abb. 9.1).

Bilddatei 3. Ordnung BD^3

Das gespeicherte Resultat eines Arbeitsganges der rechnergestützten geometrischen Modellierung ist im allgemeinen Fall die Bilddatei 3. Ordnung BD^3. Sie enthält möglichst redundanzfrei alle wesentlichen Informationen über dreidimensionale Bilder B^3.

Bilddatei 2. Ordnung BD^2

Bei den derzeitigen gerätetechnischen Möglichkeiten der Bildausgabe (Bildschirmgerät, Zeichenautomat) ist nur die Ausgabe zweidimensionaler Bilder möglich. Die Bilddatei 2. Ordnung BD^2 enthält alle wesentlichen Informationen über zweidimensionale Bilder B^2, wie sie auch letzten Endes auf den Ausgabemedien in Abschnitten oder insgesamt zur Darstellung gebracht werden können. Jedes dreidimensionale Bild B^3 muß, bevor es zur Ausgabe bereitgestellt werden kann, in ein oder mehrere (in der Regel drei) zweidimensionale Bilder B^2 transformiert werden.

Bilddatei 1. Ordnung BD^1

Externe sichtbare Bilder werden durch lineare Folgen von Ausgabeoperationen der entsprechenden Ausgabegeräte erzeugt, die sich in der Bewegung eines Zeichenstiftes oder des Kathodenstrahles äußern. Die Bilddatei 1. Ordnung BD^1 enthält alle wesentlichen Informationen über eine Operationsfolge, die zur Erzeugung eines zweidimensionalen Bildes auf einem virtuellen Ausgabegerät erforderlich sind. Das gespeicherte interne Bild 1. Ordnung B^1 ist ausgabeorientiert, aber geräteunabhängig. Es entspricht der Metafileeintragung über ein Bild im GKS (Abschnitt 7.) bzw. der Strukturinformation über ein Bild im Programmsystem GISES (Abschnitt 8.). Ein zweidimensionales Bild B^2 muß vor seiner Ausgabe in die ausgabegerechte Form, die ausgabeorientierte Bildinformation B^1 transformiert werden.

Bilddatei 0. Ordnung BD^0

Die Bilddatei 0. Ordnung BD^0 enthält das eigentliche Bildprozessorprogramm eines Bildes, d. h. ebenfalls eine interne, aber geräteabhängige Darstellung eines Bildes B^0.
Durch diese vier Existenzformen eines internen Abbildes des geometrischen Objektes „Bild (B)" ergeben sich drei umkehrbare Transformationsstufen.

Transformationsstufe $t_{3,2}$

Das interne dreidimensionale Bild B^3 wird durch die Operation Projektion in ein oder mehrere interne zweidimensionale Bilder B^2 transformiert. Das ist in der Regel die interne Darstellung einer perspektiven Ansicht oder die interne Darstellung einer, zweier oder dreier Seitenansichten der zu einem Bild gehörenden geometrischen Objekte.

Transformationsstufe $t_{2,1}$

Das interne zweidimensionale Bild B^2 wird in einer Folge logischer (geräteunabhängiger) Ausgabeoperationen des Bildes B^1 transformiert. Es handelt sich hierbei um eine geräteunabhängige sogenannte Grafikschnittstelle zur internen Darstellung der allgemeinen Geometrie.

Transformationsstufe $t_{1,0}$

Die Folge logischer (geräteunabhängiger) Ausgabeoperationen des internen Bildes B^1 wird in eine Folge konkreter gerätespezifischer Ausgabeoperationen des internen Bildes B^0 transformiert. In diesem Falle handelt es sich um die Geräteschnittstelle zur sogenannten geräteunabhängigen Grafik.
Wie im Abschnitt 2. beschrieben, setzt sich ein Bild (B) aus Bildelementen (BE) und Unterbildelementen (UBE) beliebiger Untergliederung zusammen, bis herab zu spezifizierten geometrischen Grundelementen (GGE), die selbst nur noch in Punkte (P) zerlegbar sind. Als Oberbegriff für alle im Abschnitt 2. genannten Objektklassen soll der Begriff „geometrisches Objekt (GO)“ benutzt werden.
Als internes geometrisches Objekt (iGO) bezeichnen wir dann die rechnerinterne Darstellung bzw. das rechnerinterne Abbild eines geometrischen Objektes.
Bezüglich der Existenzformen des internen geometrischen Objektes kann man dann ebenso vom internen geometrischen Objekt *n*. Ordnung (iGO^n) sprechen.
Ein dreidimensionales geometrisches Objekt kann durch Volumenelemente, durch Flächenelemente oder durch Linienelemente (Kanten) beschrieben werden [107], [108], [141]. Dadurch können dem internen geometrischen Objekt 3. Ordnung (iGO^3) die speziellen untergeordneten Existenzformen

- internes geometrisches Objekt 3. Ordnung, kantenrepräsentiert (iGO_K^3)
- internes geometrisches Objekt 3. Ordnung, flächenrepräsentiert (iGO_F^3)
- internes geometrisches Objekt 3. Ordnung, volumenrepräsentiert (iGO_V^3)

zugeschrieben werden.
Auf Grund dieser Existenzformen gibt es drei weitere Transformationsstufen.

Transformationsstufe $t_{3V,F}$

Das volumenrepräsentierte Objekt (iGO_V^3) wird in ein flächenrepräsentiertes Objekt (iGO_F^3) transformiert.

Transformationsstufe $t_{3F,K}$

Das flächenrepräsentierte Objekt (iGO_F^3) wird in ein kantenrepräsentiertes Objekt (iGO_K^3) transformiert.

Transformationsstufe $t_{3V,K}$

Das volumenrepräsentierte Objekt (iGO_V^3) wird in ein kantenrepräsentiertes Objekt (iGO_K^3) transformiert.

Alle genannten Existenzformen des internen geometrischen Objektes iGO und alle genannten Transformationsstufen $t_{m,n}$ sind sowohl durch die Umwandlung in externe sichtbare geometrische Objekte als auch durch eine Vielzahl unterschiedlicher Verarbeitungsaufgaben erforderlich. Durch die Existenzformen kommt zum Ausdruck, daß das interne Abbild ein und desselben geometrischen Objektes in den genannten sechs wesentlichen unterschiedlichen Darstellungsformen, d. h. bei invarianter semantischer Belegung, existieren kann. Die Transformationsstufen können natürlich in beiden Richtungen durchlaufen werden. Für bestimmte Verarbeitungs- und Anwendungszwecke sind noch weitere Darstellungsformen möglich.

9.1.2. Schichtenmodell der geometrischen Modellierung

Unter der geometrischen Modellierung versteht man die Abbildung von Objekten im geometrischen euklidischen Raum und deren zielgerichtete Manipulierung. Sie ist ein wesentlicher Bestandteil der Ingenieurtätigkeit, insbesondere des Konstruktionsprozesses. Die rechnergestützte geometrische Modellierung ist die teilweise Automatisierung des Manipulierungsprozesses durch zwischenzeitliche Abbildungen und Manipulierungen des geometrischen Modells in Rechenanlagen einschließlich deren peripherer Speicher. Bei der rechnergestützten geometrischen Modellierung existieren zunächst zwei Hauptformen des geometrischen Modells [45]:

— Das *externe geometrische Modell* (eGM) ist das Eins-zu-eins-Abbild des gedanklichen, abstrakten geometrischen Modells in die sichtbare Struktur eines physisch existierenden Mediums, z. B. die nachleuchtende Spur des Kathodenstrahles auf einem Bildschirm oder die Spur des Zeichenstiftes eines Zeichenautomaten auf dem Zeichenpapier. Das externe geometrische Modell ist die vom Menschen lesbare und formulierbare Darstellungsform des geometrischen Modells. Es dient in erster Linie der Mensch-zu-Mensch-Kommunikation.
— Das *interne geometrische Modell* (iGM) ist das Abbild des gedanklichen, abstrakten geometrischen Modells und damit auch seiner wahrnehmbaren sichtbaren Entsprechung, des externen geometrischen Modells, im Rechner bzw. in seinen externen Speichermedien.

In der rechnergestützten Ingenieurarbeit basiert die Lösung eines jeden Anwendungsproblems auf einem, dem konkreten Problem entsprechenden anwendungsspezifischen Modell. Die anwendungsspezifischen Modelle haben stets einen Bezug zu anwendungsunabhängigen mathematischen Modellen. Entsprechend unseren bisherigen Einschränkungen auf den geometrischen Aspekt der Modellierung, wollen wir uns auch in den folgenden Betrachtungen nur auf das geometrische Modell beziehen, obwohl die Modellierung in der Ingenieurarbeit selbstverständlich umfassender ist [105], [106], [109]. Abhängig von den Benutzerklassen, sind die externen geometrischen Modelle in bezug auf ihre typischen Darstellungselemente und deren semantische Belegung verschieden. Abhängig von der Basisanlage, sind sowohl Speicherungsstruktur als auch Speicherstruktur unterschiedlich. Unter der Basisanlage soll in Anlehnung an [23] die Rechenanlage mit ihrer Ein- und Ausgabeperipherie und einschließlich bereitgestellter Grundsoftware verstanden werden. Unter Bezugnahme auf [46] wird zwischen Speicherungsstruktur aus logischer Systemsicht und Speicherstruktur aus realer (physischer) Systemsicht unterschieden.
Um die Forderung nach Anwendungsabhängigkeit der internen geometrischen Modellierung (igm), (d. h., alle Anwendungsaufgaben sollen auf jeder einzelnen speziellen Basisanlage lösbar sein) und nach Anlagenunabhängigkeit der externen geometrischen Modellierung (egm) (d. h., jede einzelne Anwendungsaufgabe sollte auf allen Basis-

anlagen lösbar sein) zu erfüllen, müßten bei m Anwenderklassen und n unterschiedlichen Basisanlagen $m \circ n$ Transformationen zwischen externer und interner geometrischer Modellierung bereitgestellt werden (Abb. 9.2a). Führt man dagegen, wie in der Datenbanktechnologie [47], eine zwischen externer und interner Ebene liegende konzeptuelle Ebene ein, so müssen m Beziehungen zwischen den Anwenderklassen und dieser Ebene und n Beziehungen zwischen dieser Ebene und den Anlagenvarianten, also nur insgesamt $m + n$ Transformationen, vorhanden sein (Abb. 9.2b). Durch die Bezugnahme der anwendungsspezifischen externen geometrischen Modellierung (egmi; i = 1, ..., m)

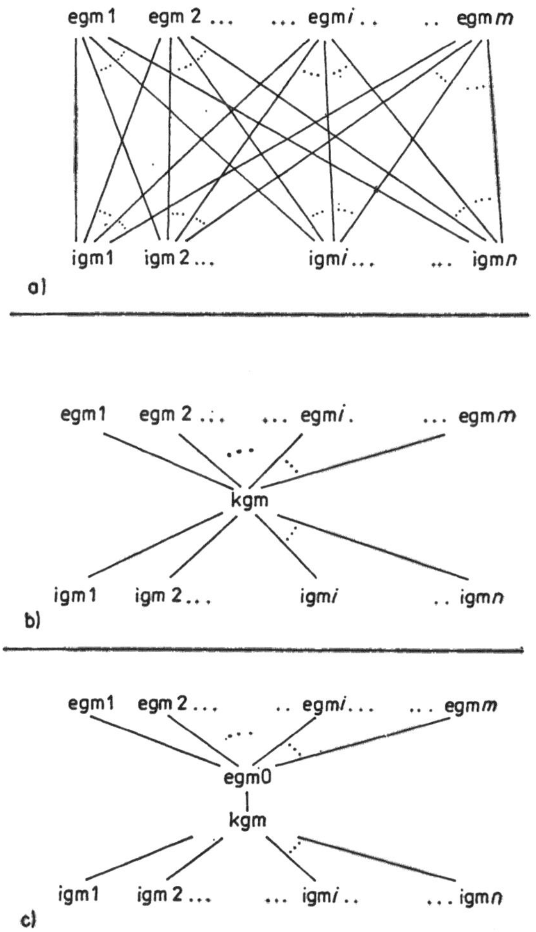

Abb. 9.2. Schichtenmodell der geometrischen Modellierung
a) Direktbeziehungen bei Anwendungs- und Anlagenvielfalt
b) mit konzeptueller Ebene
c) unter Beachtung allgemeiner Geometrie

egm = externe geometrische Modellierung
igm = interne geometrische Modellierung
kgm = konzeptuelle geometrische Modellierung
egm0 = anwendungsunabhängige (externe) geometrische Modellierung

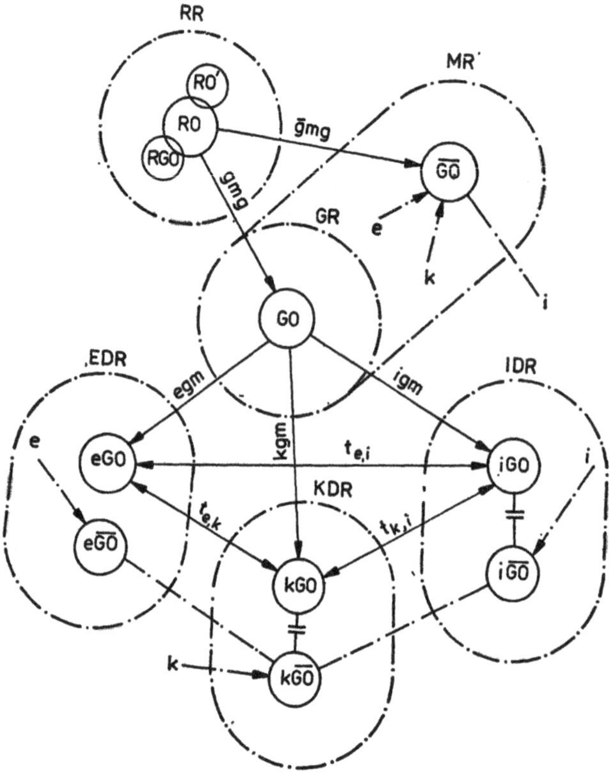

Abb. 9.3. Abbildungsbeziehungen der rechnergestützten geometrischen Modellierung.

RR = realer Raum
MR = (gedanklicher) Modellierungsraum
GR = (gedanklicher) geometrischer Raum
EDR = externer (sichtbarer) Darstellungsraum
IDR = (rechner-)interner Darstellungsraum
KDR = konzeptueller Darstellungsraum
$t_{e,i}$ = Transformation extern—intern
$t_{e,k}$ = Transformation extern—konzeptuell
$t_{k,i}$ = Transformation konzeptuell—intern
RO = reales Objekt
RO′ = zu erzeugendes reales Objekt
RGO = reales geometrisches Objekt
gmg = geometrische Modellierung
egm = externe (sichtbare) geometrische Modellierung
igm = (rechner-)interne geometrische Modellierung
kgm = konzeptuelle geometrische Modellierung
$\overline{GO}$ = nicht-geometrisches Objekt
$\bar{g}$mg = nicht-geometrische Modellierung
⫲ = (Geometrie-)Schnittstelle

auf die anwendungsunabhängige externe geometrische Modellierung (egm0) der allgemeinen Geometrie ergeben sich vereinfachte Beziehungen zur konzeptuellen geometrischen Modellierung (Abb. 9.2c).
Die konzeptuelle geometrische Modellierung ist die Abbildung und Manipulierung geometrischer Modelle auf konzeptueller Ebene, d. h. über Informationsstrukturen und allgemein formulierte Manipulationsoperationen, unabhängig von der Implementierung der Speicherung und der Anwendung. Das konzeptuelle geometrische Modell gehört zu den konzeptuellen Informationsmodellen [47] und ist die Abbildung des (gedanklichen, abstrakten) geometrischen Modells in einer Informationsstruktur [97], [134]. Das konzeptionelle Informationsmodell dient zur einheitlichen allgemeinen Darstellung von Objekten und deren Manipulierung auf konzeptueller Ebene, d. h. unabhängig von Implementierung, Speicherung und Anwendung. In der Literatur [48] wird dafür auch der Begriff Datenmodell verwendet. Der Begriff Informationsmodell soll zum Ausdruck bringen, daß bezüglich der Implementierung (u. a. Angabe der Wertart) noch keinerlei Festlegungen getroffen werden.
Abb. 9.3 zeigt schematisch die Beziehungen zwischen den einzelnen Darstellungsräumen des Schichtenmodells der rechnergestützten geometrischen Modellierung. Dieses Schema soll im folgenden erläutert werden.
Es wird wieder der Oberbegriff für alle Abbildungselemente vom Modell und dessen Aufgliederung bis zu seinen Grundelementen verwendet, und zwar

— das geometrische Objekt GO

und um alle möglichen Beziehungen der geometrischen Modellierung zu erfassen, der Vollständigkeit halber

— das nichtgeometrische Objekt $\overline{\text{GO}}$.

Das reale Objekt (RO), inbegriffen das reale Objekt (RO′), das zu konstruieren und noch zu erzeugen ist, und inbegriffen das reale geometrische Objekt (RGO), existiert im realen Raum (RR).
Seine Modellierung erfolgt durch die Abbildung des realen Objektes in den gedanklichen Modellierungsraum MR. Sie gliedert sich auf in die geometrische Modellierung (gmg) und die nicht-geometrische Modellierung ($\overline{\text{gmg}}$). Das Resultat ist das unter geometrischem Aspekt im geometrischen Raum (GR) modellierte geometrische Objekt (GO) und das nicht-geometrische Objekt ($\overline{\text{GO}}$).
Die *externe geometrische Modellierung* (egm) ist die Abbildung eines geometrischen Objektes (GO) in einen definierten Raum eines sichtbaren Darstellungsmediums (Bildschirm, Zeichenblatt u. a.), dem externen Darstellungsraum (EDR)

$$\text{egm} ::= \text{GO} \longrightarrow \text{EDR}.$$

Das *externe geometrische Objekt* (eGO) ist das Abbild eines geometrischen Objektes (GO) im externen Darstellungsraum (EDR)

$$\text{eGO} ::= \text{GO} \longrightarrow \text{eGO}, \quad \text{eGO} \subset \text{EDR}.$$

Die *interne geometrische Modellierung* (igm) ist die Abbildung eines geometrischen Objektes (GO) in einem definierten Raum eines Speichermediums (Hauptspeicher, periphere Speicher), dem internen Darstellungsraum (IDR)

$$\text{igm} ::= \text{GO} \longrightarrow \text{IDR}.$$

Das *interne geometrische Objekt* (iGO) ist das Abbild eines geometrischen Objektes (GO) im internen Darstellungsraum (IDR)

$$\mathrm{iGO} ::= \mathrm{GO} \longrightarrow \mathrm{iGO},\ \mathrm{iGO} \subset \mathrm{IDR}.$$

Die *konzeptuelle geometrische Modellierung* (kgm) ist die Abbildung eines geometrischen Objektes (GO) in einem Informationsraum (der durch ein System von definierten Mengen und Informationseinheiten bestimmt ist [134]), dem konzeptuellen Darstellungsraum (KDR)

$$\mathrm{kgm} ::= \mathrm{GO} \longrightarrow \mathrm{KDR}.$$

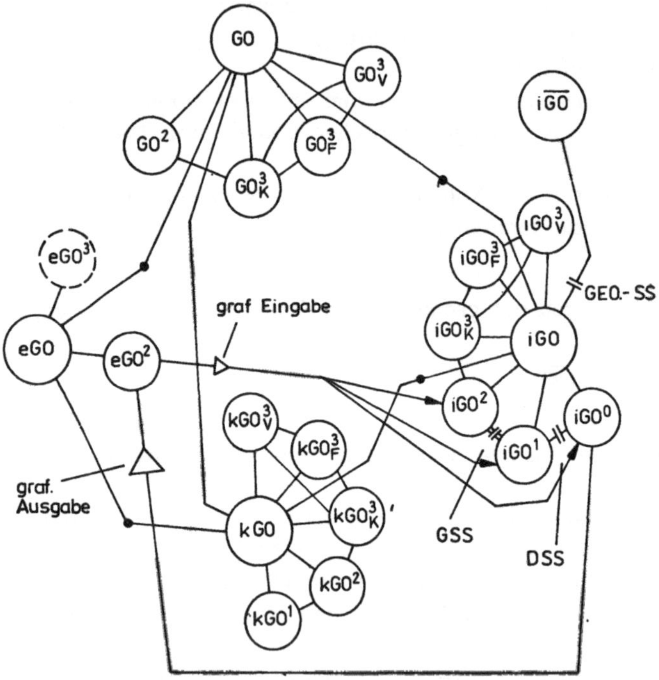

Abb. 9.4. Existenzformen und Transformationsbeziehungen des geometrischen Objektes.
—●— Modellierung, ——— Zuordnung u. Transformation, —▷— grafische Ein- und Ausgabe, —||— definierte Schnittstelle: GEO-SS = Geometrie-, GSS = Grafik-, DSS = Geräte-Schnittstelle.

GO = geometrisches Objekt·
$\overline{\mathrm{GO}}$ = nicht-geometrisches Objekt
GO_V^3 = GO,3d, volumenrepräsentiert
GO_F^3 = GO,3d, flächenrepräsentiert
GO_K^3 = GO,3d, kantenrepräsentiert
GO^2 = GO,2d
GO^1 = GO, 1. Ordnung, ausgabeorientiert
GO^0 = GO, 0. Ordnung, Bildprozessorprogramm
= extern (sichtbar), i = (rechner-)intern, k = konzeptuell

Das *konzeptuelle geometrische Objekt* (kGO) ist das Abbild eines geometrischen Objektes (GO) im konzeptuellen Darstellungsraum (KDR)

$$\text{kGO} ::= \text{GO} \rightarrow \text{kGO}, \subset \text{KDR}.$$

Unter der (externen, internen, konzeptuellen) Modellierung soll im weiteren Sinne die Erzeugung der modellierten Objekte einschließlich ihrer zielgerichteten Manipulierung verstanden werden.
Abb. 9.4 zeigt schematisch die Existenzformen, Transformationsstufen und Transformationsbeziehungen des geometrischen Objektes (GO) und seiner Abbilder, externes geometrisches Objekt (eGO), internes geometrisches Objekt (iGO) und konzeptuelles geometrisches Objekt (kGO). In der Abbildung werden wichtige Schnittstellen in den Transformationsbeziehungen hervorgehoben.

Die Dualität des geometrischen Objektes

Abgesehen vom geometrischen Objekt existieren im Prozeß der rechnergestützten geometrischen Modellierung in der Regel die zwei Hauptformen des Abbildes eines Objektes, das externe geometrische Objekt (eGO) und das interne geometrische Objekt ((iGO) Abb. 9.5). Sowohl das externe als auch das interne geometrische Objekt sind das Abbild ein und desselben realen Objektes, d. h., die semantische Belegung ist gegenüber der Existenzform invariant. Das *externe* geometrische Objekt (eGO) ist die sichtbare, vom *Menschen* lesbare und interpretierbare Darstellungsform und das *interne* geometrische Objekt (iGO) ist die für den Menschen unsichtbare, vom *Rechner* lesbare und interpretierbare Darstellungsform eines realen Objektes. Beide Objektabbildungen sind über die extern-intern-Objekttransformation miteinander verbunden. Diese Dualität des geometrischen Objektes gilt auch für nicht-geometrische Objekte, also allgemein bei jeder rechnergestützten Modellierung. Sie ist die Voraussetzung für die Realisierung der PICK-Funktion (siehe Abschnitt 7.), das Ertasten eines Objektes, d. h. das Selektieren eines Objektes aus einer Menge von Objekten durch Berühren des sichtbaren Abbildes (eGO) mit einer PICK-Einrichtung (z. B. Lichtstift).

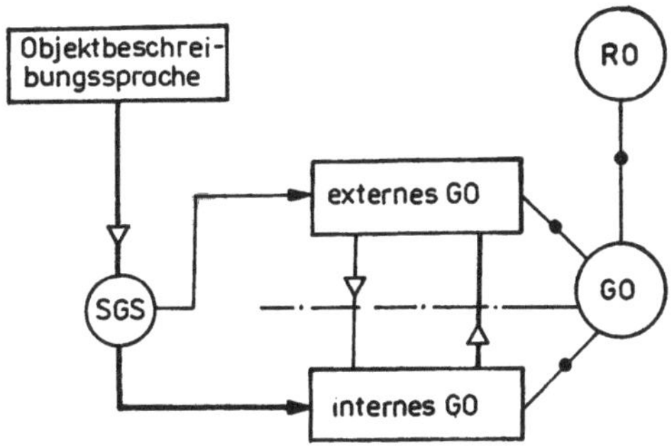

Abb. 9.5. Dualität und Definition des geometrischen Objektes.
SGS = sichtbare geometrische Strukturierung:
interaktiv, konstruktiv, I- und T-erzeugend (I = Identifizierbarkeit (über Name), T = Tastbarkeit (über Bild)),
RO = reales Objekt, GO = geometrisches (gedankliches) Objekt
—●— Modellierung —▷— Ein- und Ausgabe

Die Definition geometrischer Objekte

Für die Objektdefinition muß ein (Programm-)Baustein [49], [90] verfügbar sein, der die in Abb. 9.5 dargestellten Zusammenhänge realisiert und das Definieren eines Objektes, möglichst im Dialog, erlaubt.
Über eine zweidimensionale grafische Objektbeschreibungssprache wird das geometrische Objekt sichtbar strukturiert und gleichzeitig als internes Objekt in den Rechner eingegeben. Durch die zuvor beschriebene Dualität des Objektes über die Transformationsbeziehungen entstehen das interne geometrische Objekt (iGO) und das externe geometrische Objekt (eGO) gleichzeitig. Die sichtbare geometrische Strukturierung und Objekteingabe (siehe auch Abschnitt 8.2.) sollte

- in interaktiver grafischer Arbeitsweise vor sich gehen,
- konstruktive Operationen (wie das Erzeugen von Relationen „senkrecht zu", „parallel zu", „tangential zu" usw.) erlauben,
- die Identifizierbarkeit durch die Bestimmung eines Identifikators und
- die Tastbarkeit des Objektes herstellen lassen.

Für die permanente Speicherung des geometrischen Objektes sind die Existenzformen des iGO nicht im gleichen Maße erforderlich. Für die Aufbewahrung genügt eine der Existenzformen 3. Ordnung (iGO^3_m; $m = K, F, V$) (bei zweidimensionalen Objekten 2. Ordnung (iGO^2)).
Bei interaktiver Arbeit und schnellem Zugriff auf die Objekte zur Ausgabe sollte dann gleichzeitig die Existenzform 1. Ordnung (iGO^1) im externen Speicher bereitgehalten werden. Bei interner Verarbeitung des geometrischen Objektes und der Verknüpfung zur nicht-geometrischen Modellierung (z. B. Berechnungsaufgaben) sollte das Objekt in die geeignetste Form transformiert werden.

Aufgabe der konzeptuellen geometrischen Modellierung (kgm)

Die konzeptuelle geometrische Modellierung hat die Aufgabe, die allgemeinen Fragen der Speicherung des Zugriffs, der Transformation in die verschiedenen Existenzformen und der Manipulierung zunächst unabhängig von der Implementierung und der Anwendung zu klären und durch geeignete sprachliche Mittel zu beschreiben.
Der Schwerpunkt liegt bei der Entwicklung geeigneter konzeptueller Informationsmodelle und konzeptueller Modelle zur Darstellung der Informationsverarbeitungsprozesse in der rechnergestützten geometrischen Modellierung.

9.1.3. Konzeptuelle Informationsmodelle für den Diskursbereich Geometrie

Das konzeptuelle Informationsmodell ist eine allgemeingültige Form und Struktur der Darstellung von Objekten auf konzeptueller Ebene, d. h. unabhängig von der Anwendung und seinen konkreten Objekten und auch unabhängig von der Implementierung und Speicherung der Objekte.
Das konzeptuelle Informationsmodell ist mit den Darstellungsstrukturen aus der Anwendersicht und den Darstellungsstrukturen aus der Sicht der Implementierung und Speicherung lediglich durch klar definierte Transformationsbeziehungen verbunden.
Nach Nijssen [147] gelten folgende allgemeine Anforderungen an ein konzeptuelles Informationsmodell:

— Die Beschreibungsmittel sollen genügend mächtig sein, um jede diskrete Struktur der Realität im konzeptuellen Schema der Informationsbasis zu erfassen.
— Das Schema muß im Sinne der Logik formal sein, d. h., es muß aus einer formal definierten Menge von Konstruktionen bestehen, und anhand einer Gesamtheit formaler Regeln muß erkennbar sein, ob die verwendeten Konstruktionen zulässig sind oder nicht.
  Die Zuordnung von Semantik zu den Konstruktionen erfolgt durch deren Abbildung auf Begriffe der Realität des jeweiligen Diskursbereiches.
— Das Schema muß leicht zu formulieren und zu verstehen sein.
— Das Schema muß leicht änderbar sein, d. h., daß die Auswirkung von Modellkomponenten auf ihre unmittelbare Umgebung beschränkt sein muß.
— Das Schema der konzeptuellen Ebene muß einfache Transformationen zum Schema der externen bzw. internen Ebene ermöglichen.
— Nach SCHUBERT [47] soll es das Modell ermöglichen, die Semantik eines Diskursbereiches möglichst vollständig und formal im konzeptuellen Schema zu beschreiben.

Das konzeptuelle Informationsmodell ordnet sich in die Art der Darstellung von Objekten mit Hilfe einer mathematischen Formelsprache ein, weist aber demgegenüber die Besonderheit auf, daß diese Darstellung bereits auf eine einfache Transformation in eine rechnerinterne Abbildung orientiert.
Für die Anwendung im Diskursbereich Geometrie ergeben sich an das konzeptuelle Informationsmodell spezielle Anforderungen [98], [99], [100]. Sie bestehen darin, daß es in der Lage sein muß, die typischen Eigenschaften, Strukturen und Existenzformen der geometrischen Objekte bzw. ihrer internen Darstellungen vollständig zu erfassen und eine geeignete informationelle Basis für die interne Verarbeitung und Speicherung sowie die Transformation zwischen interner und externer Darstellung zu liefern.
Bei der Erzeugung geometrischer Objekte und ihrer internen Darstellungen sind zwei wesentliche Prozesse zu beachten:

1. Die *Aggregation* oder „Endmontage" geometrischer Objekte GOi. Sie ist das durchdringungsfreie ($GO_i \cap GO_k = 0$) und lückenlose (zusammenhängender Körper) Zusammenfügen „montagefertiger" Einzelteile.

2. Die *Einzelteilgestaltung*. Sie ist das Formen und Verknüpfen von geometrischen Objekten, den sogenannten „Rohteilen", zu „montagefertigen" Einzelteilen mit Hilfe der

   • Transformationsoperationen $\circledast \in \{\nrightarrow, *, \circlearrowright^{+}\}$ und der
   • Verknüpfungsoperationen $\oplus \in \{\cup, \cap, \setminus\}$.

Unter dem Aspekt der Objektsynthese und -speicherung ist folgende Klassifizierung der geometrischen Objekte zweckmäßig:

— Aggregat (GO^A)
— Einzelteil (GO^X)
— Einzelteil-Muster (GO^{XM}),
— Rohteil (GO^R),
— Rohteil-Muster (GO^{RM}),
— komplexes Grundobjekt (GO^K),
— Grundobjekt (GO^G).

Das *Aggregat* GO^A ergibt sich aus der durchdringungsfreien und zusammenhängenden Vereinigung von Einzelteilen, wobei Einzelteile selbst (Unter-)Aggregate (Baugruppen) sein können.

$$GO^A ::= \bigcup_{i=1}^{n}{}^{*}\, GO_i^X$$

mit $\bigcup^* ::= \bigcup$, durchdringungsfrei und zusammenhängend,

$$GO^X ::= \begin{cases} X = E & \text{echtes Einzelteil,} \\ X = A & \text{(Unter-)Aggregat,} \end{cases}$$

$n ::=$ Anzahl der Einzelteile.

Das *Enzelteil* GO_i^X ist das Element des Aggregates GO^A. Es ist ein konkretes im Gesamtaggregat konkret positioniertes geometrisches Objekt. Es kann sowohl echtes Einzelteil GO_i^E als auch ein (Unter-)Aggregat GO_i^A sein.
Es ergibt sich durch die Kopie und die Lagetransformation $\circledast'$ eines Einzelteil-Musters GO^{XM} aus seiner Grundposition in die konkrete Lage des Gesamtaggregates

$$GO_i^X ::= \circledast'\, L_i,\ GO^{XM}$$

mit $\circledast' ::= \nrightarrow \;/\; \overset{+}{\curvearrowright} \;/\; \circledast'$, $\circledast'$ Lagetransformation (siehe Abschnitt 2.),

$L_i ::=$ Liste der Transformationsparameter,

$$GO^{XM} ::= \begin{cases} X = E & \text{echtes Einzelteil-Muster,} \\ X = A & \text{(Unter-)Aggregat-Muster.} \end{cases}$$

Das *Einzelteil-Muster* GO^{XM} ist ein „montagefertiges“, kopierfähiges geometrisches Objekt in einer definierten Grundposition $\circledast'_0$. Es besteht aus einem bereits definierten (Unter-)Aggregat GO^A oder entsteht durch die mengentheoretische Verknüpfung von Rohteilen GO^R.

$$GO^{XM} ::= GO^{AM} \;/\; GO^{EM},$$

$$GO^{AM} ::= GO^A,$$

$$GO^{EM} ::= \bigoplus_{i=1}^{n} GO_i^R$$

mit $\bigoplus ::= \cup \;/\; \cap \;/\; \setminus$,

$GO_i^R ::=$ Rohteil.

Das *Rohteil* GO^R ist ein bezüglich eines Einzelteil-Musters konkretes und konkret positioniertes geometrisches Objekt, das aus der Kopie und Transformation eines Rohteil-Musters entstanden ist.

$$GO_i^R ::= \circledast\, L_i,\ GO^{RM}$$

mit $\circledast ::= \nrightarrow \;/\; * \;/\; \overset{+}{\curvearrowright} \;/\; \circledast$, $\circledast$ Transformation (siehe Abschnitt 2.),

$L_i ::=$ Liste der Transformationsparameter,

$GO^{RM} ::=$ Rohteil-Muster.

Das *Rohteil-Muster* GO^{RM} ist ein kopier-, transformier- und verknüpfungsfähiges geometrisches Objekt in einer definierten Grundposition und -ausdehnung (und ggf. mit definierten Grundparametern bei Detailabmessungen). Es existiert als elementares geometrisches Grundobjekt GO^G oder als komplexes geometrisches Grundobjekt GO^K

$$GO^{RM} ::= GO^G \,/\, GO^K.$$

Das *Grundobjekt* GO^G ist ein in einer Grundposition und -ausdehnung definiertes geometrisches Objekt, das außer in Punkte nicht mehr in andere Grundobjekte unterteilbar ist.
Es ergibt sich aus der Spezifizierung eines geometrischen Grundelementes GGE (siehe Abschnitt 2.)

$$GO^G ::= GGE(LS_0).$$

Beispiele sind: Punkt, Strecke, Gerade, Ebene, Halbraum, Zylinderfläche, Kugelfläche u. a.

Das *Komplexe Grundobjekt* GO^K ist ein zum Rohteil-Muster deklariertes Einzelteil-Muster

$$GO^K ::= GO^{XM}.$$

Damit können sowohl vom Systementwickler als auch vom Systemanwender Grundobjekte sinnvoll definiert werden (siehe hierzu auch Abschnitt 2.).
Es gilt auch

$$GO^{RM} ::= GO' \,/\, GO'' \,/\, GO''' \,/\, GO^{RM}, GO^{RM}$$

mit $GO' ::= GO^G$,

$GO'' ::= GBS(LS_0)$ spezifizierter anwendungsunabhängiger Geometriebaustein (siehe hierzu Wiederholelement GB_t Abschnitt 2.),

$GO''' ::= GPB(LS_0)$ spezifizierter anwendungsbezogener Problembaustein (siehe hierzu Wiederholelement GB_t Abschnitt 2.).

Auf Grund dieser Klassifizierung geometrischer Objekte kann systematisch aus geometrischen Grundobjekten GO^G eine für komplexe geometrische Objekte GO^X, GO^A, GO^R typische Struktur aufgebaut werden, wobei ständig auf Wiederholelemente GO^{XM}, GO^{RM} zurückgegriffen werden kann, die zuvor definiert worden sind (Abb. 9.6).
Für die Entwicklung von Datenbanklösungen ist die Bestimmung eines geeigneten konzeptuellen Informationsmodells unerläßlich. Nach KIESEWETTER [51] spielt das Datenmodell (in unserem Sinne das konzeptuelle Informationsmodell) für den Objektbegriff die gleiche wichtige Rolle wie die Turing-Maschine für den Algorithmenbegriff. Er versteht unter einem Modellschema die Gesamtheit von Mitteln zur exakten Beschreibung von Objekten.
Für die Beschreibung von konzeptuellen Informationsmodellen stehen folgende Modellschemata [46], [47], [50], [51], [52], [131], [132] zur Verfügung:

- Das Entity-relationship-Modell,
- das graphentheoretische Modell, Strukturgraph,
- das ALGRA-Datenmodell (ALGRA),
- das Netzwerk-Datenmodell,
- das DBTG-Datenmodell (CODASYL),
- das hierarchische Datenmodell,
- das relationale Datenmodell (Codd).

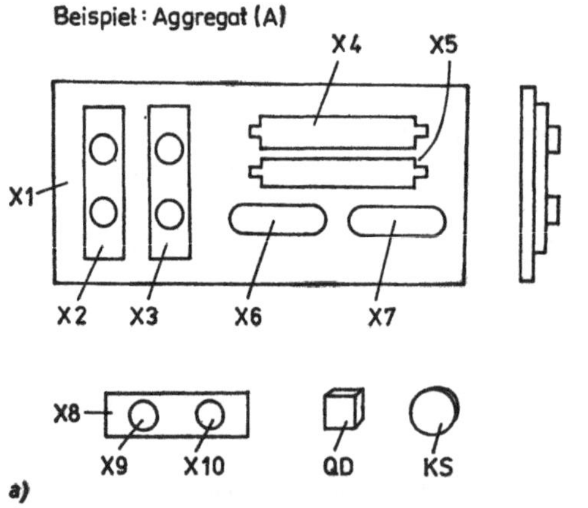

Abb. 9.6. Aggregatbildung, a) Beispiel für Aggregat A; b) Struktur der Aggregatbildung (s. S. 169) HR = Halbraum, ZY = Kreiszylinder, QD = Quader, KS = Kreisscheibe.

Niveau-Ebenen:
A: Aggregat-Ebene
X: Einzelteil-Ebene
XM: Einzelteilmuster-Ebene
R: Rohteil-Ebene
RM: Rohteilmuster-Ebene
K = komplexes Grundobjekt
G = Grundobjekt

◊1 ≙ U* = Vereinigung, durchdringungsfrei und zusammenhängend
◊2 ≙ ⊛'Li = Lagetransformation und Kopie
◊3 ≙ ⊕ = Mengenoperation (∪, ∩, \\)
◊4 ≙ ⊛ Li = Transformation und Kopie

Diese Schemata werden in der angegebenen Literatur ausführlich beschrieben. Sie wurden bisher in unterschiedlichem Maße für die Modellierung geometrischer Objekte eingesetzt.

Das ALGRA-Datenmodell hat sich bei der Abbildung zwei- und dreidimensionaler kantenrepräsentierter geometrischer Objekte bewährt. Für das in Abschnitt 8. beschriebene System GISES wurde ein Informationsmodell zur Beschreibung zweidimensionaler geometrischer Objekte entwickelt, das sich auf ein relationales Datenmodell stützt und vergleichbare Komponenten zum ALGRA-Datenmodell besitzt.

Die Suche nach dem günstigsten konzeptuellen Informationsmodell für den Diskursbereich Geometrie ist nach wie vor eine vorrangige Aufgabe bei der Schaffung von Geometrie- und Datenbankkernen für Systeme der rechnergestützten Ingenieurarbeit [53].

Das in Abb. 9.6 vorgestellte Beispiel zeigt, wie vielfältig die Beziehungen der Objekte untereinander sein können. Dabei wurde der Übersichtlichkeit halber die Charakterisierung der Objekte und der Relationen durch Merkmale weggelassen.

Umfassende Möglichkeiten zur Beschreibung geometrischer Objekte bietet das Entity-relationship-Modell [54], [55]. Allerdings sind noch keine Erfahrungen bezüglich der Nutzung dieses Modells als Basis für Implementierungen von Datenbanken bekannt.

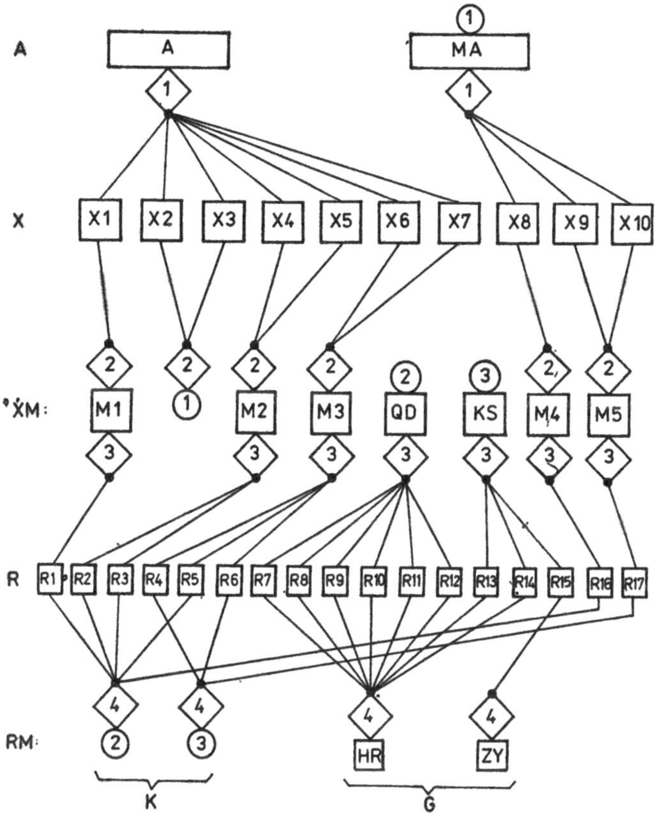

b)

Abb. 9.6.b)

Ein geometrisches Objekt ist allgemein durch ein Merkmalstupel zu beschreiben:

$$GO = (NA, OK, \overline{NX}, \overline{R}).$$

Dabei sind:

NA Name des geometrischen Objektes,

OK Objektklasse, der das Objekt bezüglich Existenzform und der Einordnung in die Struktur eines Systems der Objektsynthese angehört,

$\overline{NX}$ Menge der durch Namen N gekennzeichneten Objektelemente X,

$\overline{R}$ Menge definierter Relationen zwischen den Objektelementen X und dem Objekt GO sowie den Objektelementen X untereinander.

Die Relationen werden ebenfalls durch Merkmale charakterisiert, die Transformationsbeziehungen, Verknüpfungsfunktionen und Lagebeziehungen zum Ausdruck bringen. Nach [51] müssen die konzeptuellen Informationsmodelle zwei Grundprozessen gerecht werden, die mit rechnerinternen Darstellungen von Objekten vollzogen werden. Das sind

- die *Identifikation*, d. h. das schnelle Herausfinden eines Objektes aus einer Menge gespeicherter Objekte und

— die *Manipulation*, d. h. Ausführung geometrischer und nicht-geometrischer Operationen zur zielgerichteten Veränderung der Objekte bzw. zur Bestimmung der Merkmale neuer Objekte.

Besondere Aufmerksamkeit verdienen im Rahmen der geometrischen Modellierung die geometrischen Operationen.

9.2. Spezielle rechnergestützte geometrische Operationen

Es gibt eine Vielzahl von Operationen, die in Verbindung mit der allgemeinen Modellierung realer, insbesondere technischer Objekte stehen und das geometrische Modell lediglich mit einbeziehen. Sie dienen der Ermittlung und Veränderung allgemeiner Modellparameter einschließlich der geometrischen.
Solche Operationen sind beispielsweise

— die Bestimmung eines Flächen- oder Körperschwerpunktes,
— die Bestimmung des Inhaltes einer Fläche oder eines Körpers,
— die Bestimmung des Trägheitsmomentes einer Fläche,
— die Bestimmung der Oberfläche (Inhalt) eines Körpers,
— die Bestimmung der Masse eines Körpers,
— die Ermittlung der Verformung eines Körpers bei gegebener Belastung,
— die Ermittlung der Spannungsverteilung in einem Körper bei gegebener Belastung,
— die Dimensionierung eines Körpers auf Grund gegebener Belastung und gegebener zulässiger Spannungen,
— die Bestimmung des Luftwiderstandes eines Körpers

und viele andere mehr.
Das sind natürlich komplexe Operationen, die sich aus einer Vielzahl von Teiloperationen zusammensetzen.
In diesem Abschnitt soll allerdings nur auf die geometrischen Operationen eingegangen werden. Darunter sollen die Operationen verstanden werden, deren Operanden und Ergebnisse ausschließlich geometrische Objekte oder geometrische Parameter sind. Für die Darstellung der Operationen soll folgende formale Beschreibung verwendet werden

$$< \text{„Operanden“} \gg \text{„Operation“} > \text{„Ergebnis“}.$$

Durch diese Symbolik sollen die Operanden als Eingangsgrößen, die Operation als die Verwirklichung einer Funktion und das Ergebnis als die Ausgangsgrößen gekennzeichnet werden. Die einzelnen Elemente sowohl eingangs- als auch ausgangsseitig werden durch Kommata voneinander getrennt und können durch runde Klammern zu Gruppen gleichartiger Größen (z. B. Komponenten eines Vektors) zusammengefaßt werden. Die Operation wird durch eine mnemonisch günstige Kurzbezeichnung angegeben.

9.2.1. Die Identifikation geometrischer Objekte

Zu dieser Gruppe geometrischer Operationen gehören die Operationen, die das Herausfinden eines oder mehrerer interner geometrischer Objekte iGO aus einer Menge interner geometrischer Objekte $\overline{\text{iGO}}$ ermöglichen. Dabei ist für unsere Beschreibung uninteressant, ob sich die Objekte im Arbeitsspeicher oder auf einem peripheren Speicher der Rechenanlage befinden.

9.2.1.1. Namensidentifikation

$$< \text{NA} \gg \text{IDNA} > \text{iGO (NA)}$$

mit NA Name bzw. Identifikator eines geometrischen Objektes,
IDNA IDENTIFIKATION DURCH NAMEN,
iGO(NA) internes geometrisches Objekt mit Namen NA.

Bei der Namensidentifikation wird über einen bei der Definition des geometrischen Objektes vorgegebenen Namen NA auf das interne geometrische Objekt iGO zurückgegriffen.

9.2.1.2. Bildidentifikation

$$< \text{eGO(NA)} \gg \text{IDBI} > \text{iGO(NA)}.$$

Diese Operation kann ggf. in zwei Teiloperationen zerlegt werden

$$< \text{eGO(NA)} \gg \text{IDBI}' > \text{NA},$$

$$< \text{NA} \gg \text{IDNA} > \text{iGO(NA)}$$

mit eGO(NA) externes (sichtbares) geometrisches Objekt mit Namen NA,
IDBI, IDBI′ IDENTIFIKATION DURCH BILD,
NA, iGO(NA) wie bei der Operation IDNA.

Bei der Bildidentifikation wird über das externe (sichtbare) geometrische Objekt eGO auf dem Bildschirm auf das interne geometrische Objekt iGO zugegriffen.
Die Bildidentifikation ist die rechentechnische Verwirklichung der PICK-Funktion (siehe Abschnitt 7.). Entsprechend den zahlreichen Existenzformen (siehe Abschnitt 9.1.) der internen geometrischen Objekte wäre diese Operation noch durch weitere Teiloperationen zu präzisieren, was durch folgende Zugriffskette angedeutet werden soll

$$\text{eGO(NA)} \to \text{iGO}^1\text{(NA)} \; [\to \text{iGO}^2\text{(NA)}] \to \text{GO}^3\text{(NA)}.$$

9.2.1.3. Selektive Identifikation

$$< \text{R}(\overline{\text{iGO}}, \text{X}) \gg \text{IDSE} > (\text{iGO}_K, \quad K = 1, \ldots, n)$$

mit $\text{R}(\overline{\text{iGO}}, \text{X})$ vorgegebene Relation zwischen den Elementen iGO einer gegebenen Menge definierter interner geometrischer Objekte $\overline{\text{iGO}}$ und den zu identifizierenden Elementen X einer gespeicherten Menge $\overline{\text{iGO}}^*$ interner geometrischer Objekte $\text{X} \in \overline{\text{iGO}}^*$,
IDSE IDENTIFIKATION DURCH SELEKTION,
iGO_K identifizierte interne geometrische Objekte $\text{iGO}_K \in \{\text{iGO}_K, \; \text{K} = 1, \ldots, n\} \subset \overline{\text{iGO}}^*$.

Bei der selektiven Identifikation werden über eine vorgegebene Relation zwischen definierten internen geometrischen Objekten $\text{iGO} \in \overline{\text{iGO}}$ und den gesuchten internen

geometrischen Objekten $X \in \overline{iGO}^*$ aus der Menge $\overline{iGO}^*$ diejenigen Objekte iGO_K herausgegriffen, die dieser Relation $R(\overline{iGO}, X)$ genügen. Dabei ist die Identität zwischen den Mengen $\overline{iGO}$ und $\overline{iGO}^*$ nicht Voraussetzung.
Über diese Operation können z. B. geometrische Objekte identifiziert werden, die mit einem gegebenen geometrischen Objekt eine Durchschnittsmenge $iGO \cap X \neq 0$ besitzen, wenn man die Objekte als Punktmengen auffaßt. Eine solche Operation wäre beispielsweise bei der Erzielung von Kollisionsfreiheit notwendig.

9.2.2. Die Manipulation geometrischer Objekte

Die Operationen zur Manipulation geometrischer Objekte werden in Anlehnungen an die Arbeiten zur Entwicklung von Geometriekernen [56], [57], [58], [59], [60], [61], [62], [63], [64], [80], [81], [139] beschrieben.

9.2.2.1. Transformation

Die Transformation bewirkt eine Änderung der Lage und Ausdehnung eines geometrischen Objektes GO.

Operatorsymbol: ⊛

mit ⊛ ::= ↠ / * / $\overset{+}{\smile}$ / ⊛, ⊛ (siehe auch Abschnitt 2.)

Operation:

$$GO = GO \circledast (TP)$$

in anderer Schreibweise:

$$< iGO, TP \gg TRAF > iGO$$

mit iGO internes geometrisches Objekt

TP Transformationsparameter mit
- Verschiebungsvektor $\vec{v} = (v_x, v_y, v_z)$,
- Skalierungsfaktoren m_x, m_y, m_z,
- Rotationswinkel $\varphi = (\varphi_x, \varphi_y, \varphi_z)$,
- Bezugspunkt P_0 der Skalierung,
- Rotationsachse g_D,

TRAF TRANSFORMATION.

Die komplexe Transformationsoperation kann auch durch spezielle Einzeloperationen dargestellt werden.

– Translation

Die Translation bewirkt die Verschiebung eines geometrischen Objektes GO

Operatorsymbol: ↠

Operation:

$$GO = GO \twoheadrightarrow \vec{v}$$

in anderer Schreibweise:

$$< \mathrm{iGO}, (v_x, v_y, v_z) \gg \mathrm{TRAN} > \mathrm{iGO}$$

mit TRAN = TRANSLATION.

– Skalierung

Die Skalierung bewirkt die Ausdehnung eines geometrischen Objektes GO in den drei Koordinateneinrichtungen

Operatorsymbol: *

Operation:

$$\mathrm{GO} = \mathrm{GO} * (\mathrm{m}_x, \mathrm{m}_y, \mathrm{m}_z)$$

in anderer Schreibweise:

$$< \mathrm{iGO}, \mathrm{m}_x, \mathrm{m}_y, \mathrm{m}_z \gg \mathrm{SKAL} > \mathrm{iGO}$$

mit SKAL = SKALIERUNG.

– Rotation

Die Rotation bewirkt die Drehung eines geometrischen Objektes GO mit dem Winkel $\varphi = (\varphi_x, \varphi_y, \varphi_z)$ um die Rotationsachse $\mathrm{g_D}$.

Operatorsymbol: $\overset{+}{\circlearrowleft}$

Operation:

$$\mathrm{GO} = \mathrm{GO} \overset{+}{\circlearrowleft} (\mathrm{g_D}, \varphi)$$

in anderer Schreibweise:

$$< \mathrm{iGO}, \mathrm{g_D}, (\varphi_x, \varphi_y, \varphi_z) \gg \mathrm{ROTA} > \mathrm{iGO}$$

mit ROTA = ROTATION.

Es ergeben sich noch zwei spezielle Arten der Transformation, die Kopierung und die Spiegelung.

– Kopierung

Die Herstellung der Kopie eines geometrischen Objektes GO hat vor allem dann einen Sinn, wenn aus einem geometrischen Objekt GO_0 ein neues geometrisches Objekt GO_n erzeugt werden soll, das dem ursprünglichen kongruent oder ähnlich ist.

Operatorsymbol: :=

Operation:

$$\mathrm{GO}_n := \mathrm{GO}_0$$

bzw. $\mathrm{GO}_n := \mathrm{GO}_0 \circledast (\mathrm{TP})$ in Verbindung mit der allgemeinen Transformation

in anderer Schreibweise:

$$< \mathrm{iGO}_0 \gg \mathrm{KOPI} > \mathrm{iGO}_n$$

mit KOPI = KOPIERUNG.

— **Spiegelung**

Die Spiegelung ist die Translation aller Punkte P_i eines geometrischen Objektes GO senkrecht zu einer Spiegelungsebene E_s in entgegengesetzter Normalrichtung um den doppelten Betrag ihres ursprünglichen Abstandes von dieser Ebene (siehe Abb. 9.7).

Operatorsymbol: $>|<$

Operation:

$$GO = GO >|< E_s$$

in anderer Schreibweise:

$$< iGO, E_s \gg SPGL > iGO$$

mit E_s Spiegelungsebene,
SPGL = SPIEGELUNG.

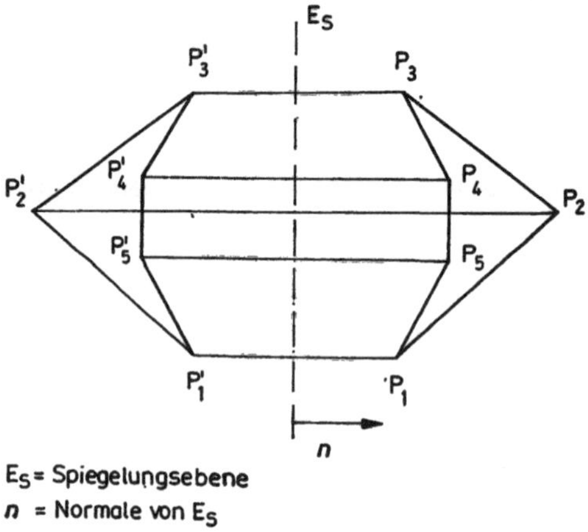

Abb. 9.7. Spiegelung

9.2.2.2. Bedingte Transformation

Die bedingte Transformation ist die Transformation eines geometrischen Objektes GO zur Herstellung einer vorgegebenen Relation zwischen diesem geometrischen Objekt GO bzw. einem seiner Unterobjekte GO_u und einem anderen geometrischen Objekt GO_K.

Operatorsymbol: !⊛

Operation:

$$GO = GO \,!\circledast\, (GO_u \sigma GO_K)$$

mit $GO_u \in GO$, σ = Relation, $\sigma \in \{=, ||, \perp, ◁|, \in, \subset, \vdash L, \sphericalangle\alpha\}$

in anderer Schreibweise:

$$< iGO, iGO_u, iGO_K, \sigma \gg TRBD > iGO$$

mit iGO internes geometrisches Objekt,
iGO_u internes geometrisches Unterobjekt $iGO_u \in iGO$,
iGO_K internes geometrisches Objekt $iGO_K \notin iGO$,
TRBD = TRANSFORMATION BEDINGT.

Zur bedingten Transformation gehören folgende spezielle Operationen:

– **Erzwingen von Gleichheit**

Ein geometrisches Objekt GO wird so transformiert, daß eines seiner Unterobjekte GO_u mit dem Unterobjekt GO_{uK} eines anderen geometrischen Objektes GO_K zur Deckung kommt.

Operatorsymbol: $!\circledast(\cdots = \cdots)$

Operation:

$$GO = GO!\circledast(GO_u = GO_{uK})$$

in anderer Schreibweise:

$$< iGO, iGO_u, iGO_{uK} \gg TRGL > iGO$$

mit
iGO internes geometrisches Objekt,
iGO_u internes geometrisches Unterobjekt $iGO_u \in iGO$,
iGO_{uK} internes geometrisches Unterobjekt $iGO_{uK} \in iGO_K$ und $iGO_{uK} \notin iGO$ sowie $iGO_u \notin iGO_K$,
TRGL = TRANSFORMATION MIT ERZWUNGENER GLEICHHEIT.

– **Erzwingen von Parallelität**

Ein geometrisches Objekt GO wird so transformiert, daß eines seiner Unterobjekte GO_u zu dem Unterobjekt GO_{uK} eines anderen geometrischen Objektes GO_K parallel ist.

Operatorsymbol: $!\circledast(\cdots \parallel \cdots)$

Operation:

$$GO = GO!\circledast(GO_u \parallel GO_{uK})$$

in anderer Schreibweise:

$$< iGO, iGO_u, iGO_{uK} \gg TRPL > iGO$$

mit TRPL = TRANSFORMATION MIT ERZWUNGENER PARALLELITÄT,
andere Bezeichnungen wie bei TRGL.

– **Erzwingen von Orthogonalität**

Ein geometrisches Objekt GO wird so transformiert, daß eines seiner Unterobjekte GO_u zu dem Unterobjekt GO_{uK} eines anderen geometrischen Objektes GO_K senkrecht steht.

Operatorsymbol: $!\circledast(\cdots \perp \cdots)$

Operation:

$$GO = GO!\circledast(GO_u \perp GO_{uK})$$

in anderer Schreibweise:

$$< iGO, iGO_u, iGO_{uK} \gg TROR > iGO$$

mit TROR = TRANSFORMATION MIT ERZWUNGENER ORTHOGONALITÄT,
andere Bezeichnungen wie bei TRGL.

– Erzwingen von Tangentialität

Ein geometrisches Objekt GO wird so transformiert, daß eines seiner Unterobjekte GO_u das Unterobjekt GO_{uK} eines anderen geometrischen Objektes GO_K tangiert (berührt).

Operatorsymbol: $!\circledast(\cdots \circ\!\!\mid \cdots)$

Operation:

$$GO = GO\,!\circledast(GO_u \circ\!\!\mid GO_{uK})$$

in anderer Schreibweise:

$$< iGO, iGO_u, iGO_{uK} \gg TRTG > iGO$$

mit TRTG = TRANSFORMATION MIT ERZWUNGENER TANGENTIALITÄT, andere Bezeichnungen wie bei TRGL.

– Erzwingen von Inzidenz

Ein geometrisches Objekt GO wird so transformiert, daß eines seiner Unterobjekte GO_u innerhalb eines anderen Objektes GO_K zu liegen kommt, d. h. die Untermenge bzw. das Element eines definierten geometrischen Objektes GO_K wird.

Operatorsymbol: $!\circledast(\cdots \subset \cdots)$ bzw. $!\circledast(\cdots \in \cdots)$

Operation:

$$GO = GO\,!\circledast(GO_u \subset GO_K) \quad \text{bzw.} \quad GO = GO\,!\circledast(GO_u \in GO_K)$$

in anderer Schreibweise:

$$< iGO, iGO_u, iGO_K \gg TRIN > iGO$$

mit iGO_K definiertes internes geometrisches Objekt als kompakte Punktmenge im geometrischen Raum,
TRIN = TRANSFORMATION MIT ERZWUNGENER INZIDENZ, andere Bezeichnungen wie bei TRGL.

– Erzwungene Distanz

Ein geometrisches Objekt GO wird so transformiert, daß eines seiner Unterobjekte (meist Randobjekte) GO_u zu dem Unterobjekt (meist Randobjekt) GO_{uK} eines anderen geometrischen Objektes GO_K eine gegebene Distanz l einnimmt.

Operatorsymbol: $!\circledast(\cdots \mapsto \cdots = \cdots)$

Operation:

$$GO = GO\,!\circledast(GO_u \mapsto GO_{uK} = l)$$

in anderer Schreibweise:

$$< iGO, iGO_u, iGO_{uK}, l \gg TRDS > iGO$$

mit TRDS = TRANSFORMATION MIT ERZWUNGENER DISTANZ, andere Bezeichnungen wie bei TRGL.

— **Erzwungener Winkel**

Ein geometrisches Objekt wird so transformiert, daß eines seiner Unterobjekte (meist Randobjekte) GO_u zu dem Unterobjekt (meist Randobjekt) GO_{uK} eines anderen geometrischen Objektes GO_K einen gegebenen Winkel einnimmt. Bei den Unterobjekten handelt es sich um Strecken, ebene Flächenstücken oder definierte Bezugsgeraden bzw. -ebenen.

Operatorsymbol: $!\circledast(\cdots \sphericalangle \cdots = \cdots)$

Operation:

$$GO = GO!\circledast(GO_u \sphericalangle GO_{uK} = \alpha)$$

in anderer Schreibweise:

$$< iGO, iGO_u, iGO_{uK}, \alpha \gg TRWK > iGO$$

mit TRWK = TRANSFORMATION MIT ERZWUNGENEM WINKEL,
andere Bezeichnungen wie bei TRGL.

9.2.2.3. Projektion

Die Projektion ist die Abbildung dreidimensionaler geometrischer Objekte GO auf Projektionsebenen E_{pi}

Operatorsymbol: $+<$

Operation:

$$(GO_i^2,\ i = 1, \ldots, n) = GO^3 +< \big((E_{pi}, a_{pi}, M_i),\ i = 1, \ldots, n\big)$$

mit
E_{pi} Projektionsebenen,
a_{pi} Projektionsarten,
$a_{pi} \in \{ZP, ||P, KP, T1, T2, T3\}$,
$M_i \in \{P_{zi}, \varphi_i\}$,
P_{zi} Projektionszentrum bei Zentralprojektion,
φ_i Neigung der Projektionsstrahlen zur Ebene bei Parallelprojektion,
n Anzahl der Projektionen,

in anderer Schreibweise:

$$< iGO^3, \big((E_{pi}, a_{pi}, M_{zi}),\ i = 1, \ldots, m\big) \gg PROJ > (GO_i^2,\ i = 1, \ldots, n)$$

mit
iGO^3 internes geometrisches Objekt der Existenzform „dreidimensional"
iGO_i^2 internes geometrisches Objekt der Existenzform „zweidimensional" (siehe Abschnitt 9.1.),
PROJ = PROJEKTION,
andere Bezeichnung wie oben.

Die komplexe Projektionsoperation kann durch spezielle Einzeloperationen dargestellt werden.

— **Zentralprojektion** (ZP)

Bei Zentralprojektion sind die Projektionsstrahlen von einem im Endlichen liegenden Projektionszentrum auf die Projektionsebene gerichtet.

Operatorsymbol: $+\!<\!z$

Operation:

$$GO^2 = GO^3 +\!<\!z\,(E_p, P_z),$$

in anderer Schreibweise:

$$< iGO^3, E_p, P_z \gg ZPRO > iGO^2$$

mit ZPRO = ZENTRALPROJEKTION,
andere Bezeichnungen wie bei PROJ.

– **Parallelprojektion** (|| P)

Bei Parallelprojektion liegt das Projektionszentrum im Unendlichen, und die Projektionsstrahlen sind dadurch parallel.

Operatorsymbol: $+\!<\!||$

Operation:

$$GO^2 = GO^3 +\!<\!||(E_p, \varphi)$$

in anderer Schreibweise:

$$< iGO^3, E_p, \varphi \gg PPRO > iGO^2$$

mit PPRO = PARALLELPROJEKTION,
andere Bezeichnungen wie bei PROJ.

– **Projektion in Kavaliersperspektive** (KP)

Die Projektion in Kavaliersperspektive ist eine Parallelprojektion mit $\varphi = 45°$.

Operatorsymbol: $+\!<\!K$

Operator:

$$GO^2 = GO^3 +\!<\!K(E_p)$$

in anderer Schreibweise:

$$< iGO^3, EP \gg PROK > iGO^2$$

mit PROK = PROJEKTION IN KAVALIERSPERSPEKTIVE,
andere Bezeichnungen wie bei PROJ.

– **Dreitafelprojektion** (T 3)

Die Dreitafelprojektion ist die senkrechte Parallelprojektion in drei aufeinander senkrecht stehenden Ebenen E_{pG}, E_{pA}, E_{ps},

Operatorsymbol: $+\!<\!3$

Operation:

$$GO_G^2, GO_A^2, GO_S^2 = GO^3 +\!<\!3(E_{pG}, E_{pA}, E_{ps})$$

mit GO_G^2, GO_A^2, GO_S^2 geometrisches Objekt (2d) im Grundriß, Aufriß, Seitenriß
E_{pG}, E_{pA}, E_{pS} Grundriß-, Aufriß- und Seitenrißebene

in anderer Schreibweise:

$$< iGO^3, (E_{pG}, E_{pA}, E_{pS}) \gg PRO3 > (iGO_G^2, iGO_A^2, iGO_S^2)$$

mit $iGO^3, iGO_G^2, iGO_A^2, iGO_S^2$ internes geometrisches Objekt analog GO,
PRO3 = DREITAFELPROJEKTION,
andere Parameter wie oben.

In der Vereinfachung existieren dazu die

- Eintafelprojektion mit $+\!<$ 1, PRO1, E_{pG} und die
- Zweitafelprojektion mit $+\!<$ 2, PRO2, EP_G, EP_A.

Bei der Projektion spielt die Bestimmung der verdeckten Kanten eine Rolle, wie sie in den Arbeiten [61], [62], [65], [139] behandelt wird.

9.2.2.4. Meßoperationen

Meßoperationen dienen der Ermittlung bestimmter Parameter von geometrischen Objekten GO und ihren gegenseitigen Lagebeziehungen. Sie sollen hier nur mit ihren Kurzbezeichnungen aufgeführt werden.

Operatorsymbol:	Operatorbezeichnung:
allgemein:	
X?	MSOP
Speziell:	
– Ermittlung der Distanz ⊢⊣?	MSDS
– Ermittlung des Winkels ∢?	MSWK
– Ermittlung des Ortsvektors +?	MSOV
– Ermittlung des Richtungsvektors $\vec{v}$?	MSRV
– Ermittlung des Krümmungsradius –)?	MSKR
– Ermittlung des Krümmungsmittelpunktes +)?	MSKM
– Ermittlung der Tangente $\vec{T}$?	MSRT
– Ermittlung der Normalenrichtung $\vec{N}$?	MSRN

10. Anwendung der Digitalgeometrie[1] in Forschung und Entwicklung

Die in der Einleitung und in Abschnitt 1. geäußerte Auffassung vom geometrischen Modell deutet auf eine umfassende Anwendung der Digitalgeometrie in allen Arbeitsgebieten hin, in denen man sich des geometrischen Modells für den Erkenntnisgewinn und in der schöpferischen Tätigkeit bedient [111], [112]. Wir wollen uns in diesem Abschnitt auf eine Auswahl wissenschaftlich-technischer Anwendungsgebiete beschränken. Sie sollen die Anwendungsspanne der Digitalgeometrie von der Ermittlung physikalischer Erscheinungen und Gesetzmäßigkeiten über die Lösung technischer Entwicklungsaufgaben bis hin zur Konstruktion, technologischen Vorbereitung und Fertigung technischer Objekte und Systeme zeigen.
Der größte Teil dieser Anwendungsspanne wird durch die vollständige Integration der Digitalgeometrie in den sogenannten CAD/CAM- bzw. CAE-Systemen bestimmt, die international zunehmend an Bedeutung gewinnen und eine Schlüsselstellung in der wissenschaftlich-technischen Entwicklung einnehmen [66].
Abb. 10.1 zeigt schematisch das Prinzip rechnergestützter Ingenieurarbeit (Computer aided engineering = CAE), der rechnergestützten Konstruktion, technologischen Vorbereitung und Fertigung (Computer aided design/Computer aided manufacturing = CAD/CAM). Das Prinzip ist durch die rechnerinterne Modellierung und Modellmanipulation geprägt, wobei das geometrische Modell als Partialmodell einen herausragenden Anteil bei der Abbildung technischer Erzeugnisse, Systeme und Prozesse einnimmt.

10.1. Anwendungsgebiet theoretische und experimentelle Physik

10.1.1. Grafische Darstellung von Berechnungsergebnissen

Zur Untersuchung physikalischer Gesetzmäßigkeiten werden in der Regel mathematische Modelle entwickelt und deren Richtigkeit an experimentellen Ergebnissen oder durch Beobachtungen und Messungen der natürlichen Erscheinungen überprüft. Um mit Hilfe dieser mathematischen Modelle Vorstellungen über die physikalischen Gesetzmäßigkeiten zu bekommen, sind nicht selten umfangreiche Berechnungen erforderlich, die

---

[1] Der Begriff Digitalgeometrie soll im folgenden Abschnitt im umfassenderen Sinne als Digitalgrafik/Digitalgeometrie verstanden werden (siehe Einleitung).

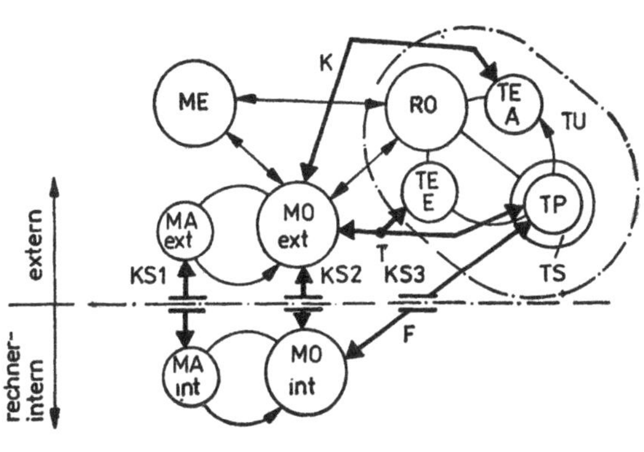

Abb. 10.1. Rechnergestützte Ingenieurarbeit (CAE).

ME = Mensch, Entwicklerkollektiv
MO = Modell (extern, intern)
MA = Modellmanipulation (extern, intern)
RO = reales Objekt
mit TU = technische Umgebung
TE = technisches Erzeugnis (E = eingangs zum TP, A = ausgangs zum TP)
TP = technischer Prozeß
TS = technisches System

$\xleftrightarrow{K}$ CAD (Konstruktion)
$\xleftrightarrow{T}$ CAD (Technologie, Fertigungsvorbereitung)
$\xleftrightarrow{F}$ CAM (Fertigung)

KS = Kommunikationsschnittstelle
KS1 = KS (ME-RE) operationsbezogen, RE = Rechner
KS2 = KS (ME-RE) objektbezogen
KS3 = KS (RE-TS(TP))

nur durch die Nutzung der modernen Rechentechnik zu bewältigen sind. Nicht selten führen die Berechnungen zu riesigen Zahlenkolonnen, deren Aussage vom Physiker ohne eine geometrische Modellierung dieser Berechnungsergebnisse nicht entschlüsselt werden kann. Es handelt sich im allgemeinen um Funktionen der Art

$$y = f(x_1, x_2, x_3, \ldots, x_n).$$

Die Berechnungsergebnisse stellen dann die zu dieser Funktion gehörende Wertetabelle dar. Bei der sichtbaren geometrischen Modellierung, die fast ausnahmslos im zweidimensionalen geometrischen Raum erfolgt, ist es erforderlich, eine Funktion mit n unabhängigen Variablen durch eine zweckmäßige Anzahl von Funktionen mit einer unabhängigen Variablen annähernd so abzubilden, daß eine qualitative Aussage über die physikalische Erscheinung möglich ist.

Wurde zum Beispiel die Temperaturverteilung $T = T(x, y, z)$ in einem Körper berechnet, so ist eine sichtbare (zweidimensionale) geometrische Modellierung dadurch möglich, daß man die Temperaturverteilung für ausgewählte Schnittebenen E1, E2, ..., En dieses Körpers bestimmt und die zu diesen Ebenen gehörenden Punkte auf ein neues

Koordinatensystem transformiert. Man erhält dann die Temperaturverteilungen

$$\begin{aligned} T_{E1} &= T_{E1}(x_{E1}, y_{E1}), \\ T_{E2} &= T_{E2}(x_{E2}, y_{E2}), \\ &\vdots \\ T_{En} &= T_{En}(x_{En}, y_{En}). \end{aligned}$$

Die sichtbare geometrische Darstellung wird nun möglich, wenn man für diese n ausgewählten Ebenen eine bestimmte Anzahl von Isothermen bestimmt.
Für eine Ebene E_i ergeben sich dann für ausgewählte Temperaturwerte

$$t_{Eik} \quad \text{mit} \quad k = 1, 2, \ldots, m,$$

m Isothermen

$$\begin{aligned} t_{Ei1} &= T_{Ei}(x_{Ei}, y_{Ei}) \\ t_{Ei2} &= T_{Ei}(x_{Ei}, y_{Ei}) \\ &\vdots \\ t_{Eik} &= T_{Ei}(x_{Ei}, y_{Ei}) \\ &\vdots \\ t_{Eim} &= T_{Ei}(x_{Ei}, y_{Ei}), \end{aligned}$$

die durch m Funktionen $y = f(x)$ darstellbar sind, d. h.:

$$\begin{aligned} y_{Ei} &= f_{tEi1}(x_{Ei}) \\ y_{Ei} &= f_{tEi2}(x_{Ei}) \\ &\vdots \\ y_{Ei} &= f_{tEik}(x_{Ei}) \\ &\vdots \\ y_{Ei} &= f_{tEim}(x_{Ei}). \end{aligned}$$

Das gewählte Beispiel zeigt, daß bei der sichtbaren geometrischen Modellierung von Berechnungsergebnissen mit dem Ziel ihrer qualitativen Bewertung die Anzahl der Darstellungen sehr schnell wachsen kann, so daß es in den wenigsten Fällen vertretbar oder überhaupt möglich ist, Ergebnisse physikalischer Berechnungen durch manuelles Zeichnen sichtbar geometrisch zu modellieren.
Es ist demzufolge erforderlich, für die meisten Berechnungsverfahren in der Physik und davon abgeleitet auch in vielen technischen Wissenschaften Softwarepakete bereitzustellen, die die rechnerinterne geometrische Modellierung der Ergebnisse und die Transformation der internen geometrischen Modelle in sichtbare externe geometrische Modelle von vornherein gewährleisten. Dadurch können die vielfältigsten physikalischen Zusammenhänge und Erscheinungen veranschaulicht werden.
Im folgenden sollen einige physikalische Erscheinungen genannt werden, die nach der Berechnung der konkreten Wertetabellen durch eine rechnergestützte geometrische Modellierung einschließlich der maschinellen Erzeugung einer zweidimensionalen Darstellung dem Physiker zum Erkenntnisgewinn sichtbar gemacht werden (hierzu Abb. 10.2).

Das sind u. a.

- elektrische und magnetische Feldlinien in der Elektrotechnik,
- Strömungslinien und Machsche Linien in der Aero- und Hydrodynamik,
- Isothermen und Isobaren in der Thermodynamik und Meteorologie,
- Beugungslinien in der Optik,
- Kraftflüsse, Spannungs- und Verformungsverläufe in der Mechanik, Elastizitäts- und Plastizitätstheorie,
- Bewegungs- und Schwingungsverläufe in der Dynamik, Kinematik, Akustik, Elektrotechnik und Elektronik,
- Potentialkurven und Häufigkeitsverteilungen in verschiedenen physikalischen Disziplinen.

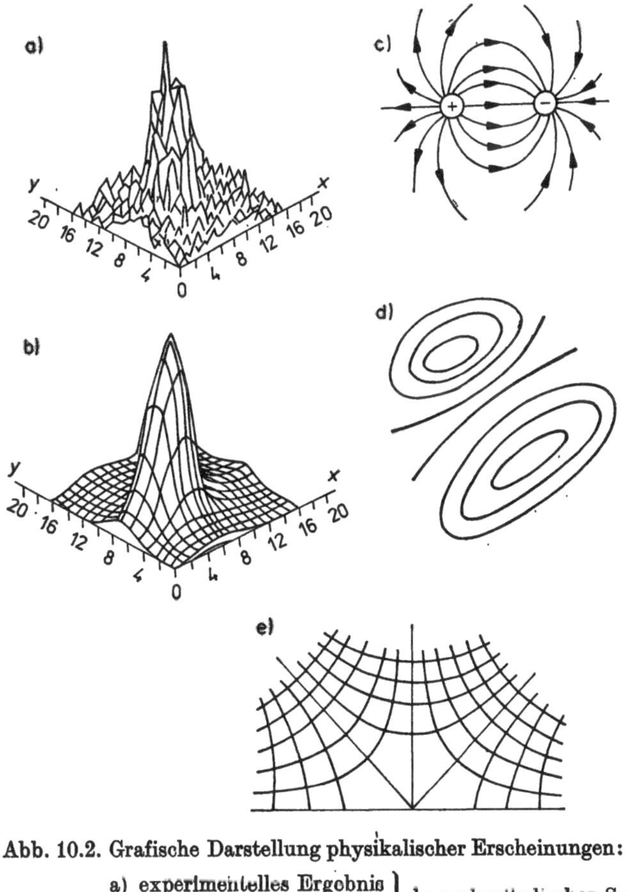

Abb. 10.2. Grafische Darstellung physikalischer Erscheinungen:

a) experimentelles Ergebnis } kernphysikalisches Spektrum [128]
b) berechnete Hüllfläche }

c) elektrostatisches Feld

d) Isobaren oder Isothermen

e) Potentiallinien einer Staupunktstörung

10.1.2. Geometrische Modellierung physikalischer Vorgänge

Es gibt eine Reihe physikalischer Erscheinungen, die erst in ihrem zeitlichen Verlauf richtig beurteilt und analysiert werden können. Ist der Mensch schon kaum in der Lage, bei der Quantifizierung und Berechnung komplizierter physikalischer Zusammenhänge größere Zahlenkolonnen zu überschauen, so ist es ihm erst recht nicht möglich, bei der mathematischen Beschreibung und Berechnung komplizierter physikalischer Prozesse sich zeitlich schnell verändernde Zahlenkolonnen zu erfassen und zu beurteilen.

Eine ausgezeichnete Möglichkeit, physikalische Vorgänge und Prozesse anschaulich zu modellieren, bietet auch in diesem Fall die Digitalgeometrie. Das allgemeine Prinzip der Simulation physikalischer Vorgänge und Prozesse mit Hilfe der Digitalgeometrie besteht in folgendem:

- Die funktionale Abhängigkeit zwischen der Zeit und den anderen Parametern eines physikalischen Vorganges wird durch ein mathematisches Modell beschrieben.
- Über ein geeignetes Berechnungsverfahren werden die Wertetabellen ermittelt, die den physikalischen Vorgang in seinem zeitlichen Ablauf quantitativ darstellen.
- Die Wertetabellen werden in einem zweckmäßigen internen geometrischen Modell in einer Rechenanlage abgebildet.
- Das interne geometrische Modell wird in ein günstiges sichtbares externes geometrisches Modell über grafische Ausgabesysteme transformiert.

Man erhält so die Möglichkeit, einen simulierten physikalischen Vorgang oder Prozeß in seinem zeitlichen Verlauf über ein sichtbares geometrisches Modell an einem grafischen Bildschirm zu verfolgen.

Man kann so beispielsweise folgende Vorgänge beobachten:

- den Temperaturverlauf bei der Erwärmung und Abkühlung eines Körpers durch wandernde Isothermen in ausgewählten Schnittebenen,
- die Veränderungen im Spannungsverlauf und in der Verformung bei dynamischer Belastung eines Körpers,
- die Bewegungsabläufe in kinematischen Systemen,
- die Ausbreitung von Druckwellen und der Wärmeenergie bei Explosionen

und vieles andere mehr.

So wurden beispielsweise bei der Simulation des Tunneleffektes in der Quantenmechanik über die Berechnung der zeitlich sich verändernden Energieverteilung und die Darstellung des wandernden Kurvenverlaufes auf einem grafischen Bildschirmgerät [67] viele neue Erkenntnisse gewonnen und eine hervorragende Möglichkeit geschaffen, diese Erscheinung aus der Quantenmechanik durch einen mit Hilfe der Digitalgeometrie rechnergestützt hergestellten Lehrfilm anschaulich zu demonstrieren.

10.1.3. Die Digitalgeometrie bei der Vorbereitung, Durchführung und Auswertung physikalischer Experimente

Physikalische Experimente werden heutzutage in der Regel mit hochentwickelten Präzisionsmeßgeräten und mit Rechnersystemen zur Meßdatenspeicherung und -verarbeitung durchgeführt. Diese experimentellen Anlagen und Versuchseinrichtungen

stützen sich auf die moderne Technik des mechanischen, optischen und elektronischen Gerätebaus, der Mikroelektronik und der Informationsverarbeitung. Belastungs- und Festigkeitsversuche, aerodynamische Messungen in Windkanälen, Messungen in der Hydrodynamik, kernphysikalische Experimente an Teilchenbeschleunigern u. a. experimentelle Untersuchungen werden heute zum großen Teil in modern ausgestatteten Laboratorien ausgeführt, die über einen Anlagenfonds verfügen, der nicht selten dem moderner Großbetriebe der materiellen Produktion gleichkommt oder mitunter noch übersteigt, wie das im Vereinigten Institut für Kernforschung Dubna bei Moskau der Fall ist. Darüber hinaus sind für die einzelnen Untersuchungen spezielle Versuchsaufbauten sowie Meß- und Verarbeitungseinrichtungen erforderlich, die hohe Anforderungen an die Anlagenkonstruktion und den wissenschaftlichen Gerätebau stellen. Deshalb gelten für die Vorbereitung der physikalischen Experimente uneingeschränkt alle Aussagen, die im Abschnitt 10.2. zur Anwendung der Digitalgeometrie in der rechnergestützten Ingenieurarbeit getroffen werden. Die Entwicklung, Konstruktion, Fertigungsvorbereitung und Fertigung moderner Versuchsaufbauten sowie Meß- und Verarbeitungseinrichtungen verlangen in zunehmendem Maße selbst die Nutzung der rechnergestützten Arbeitsweise einschließlich der Digitalgeometrie.
Bei der Versuchsdurchführung kommt in vielen Fällen die Prozeßrechentechnik zum Einsatz, in die ebenfalls die Digitalgeometrie integriert ist. Durch die rasche Entwicklung der Mikroelektronik rückt die Rechentechnik näher an die Arbeitsplätze bzw. Beobachtungsplätze der Experimentalphysiker bzw. Versuchsingenieure heran. Bei physikalischen Großversuchen, wie sie u. a. im Vereinigten Institut für Kernforschung Dubna durchgeführt werden, ist der Einsatz von lokalen Rechnersystemen unerläßlich (Abb. 10.3) [71], [72]. Die Physiker verfolgen über Prozeßrechner die Ereignisse an ausgewählten Meßstellen. Auch hierbei gilt die zuvor getroffene Aussage, daß er bei dem Anfall großer Datenmengen in kurzen Zeitabschnitten nur dann in der Lage ist, das Geschehen zu verfolgen, wenn die Meßergebnisse in geometrischen Modellen, d. h.

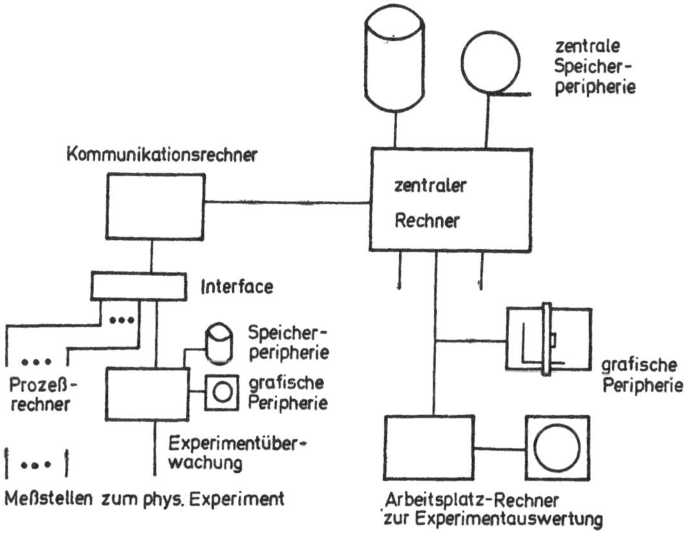

Abb. 10.3. Lokales Rechnernetz im physikalischen Experiment

in grafischen Darstellungen, abgebildet werden. Es ist also bereits eine Ausstattung der Rechner an den Meßplätzen mit einer grafischen Peripherie und grafischer Software erforderlich. Dabei geht es nicht nur um das Verfolgen und Bewerten der Meßergebnisse. Der Physiker muß auch die Möglichkeit erhalten, Zustände und Parameter der Meßstelle und der Versuchsanlage über ein geometrisches Abbild auf einem Bildschirm schnell zu erfassen und gegebenenfalls Änderungen und Korrekturen über seinen Arbeitsplatzrechner zu veranlassen, der dann nicht nur eingabeseitig, sondern auch ausgabeseitig mit der Meßstelle und der Versuchsanlage verbunden ist.
Zur späteren gründlichen Auswertung des Experimentes werden die Ergebnisse zu großen Datenspeichern einer zentralen Anlage übertragen. Die zentrale Anlage ist über einen Frontendprozessor oder Kommunikationsrechner mit den Prozeßrechnern an den Meßplätzen verbunden, um die Arbeit an den Meßplätzen und den gesamten Ablauf des Experimentes zu koordinieren und die verlustlose Übertragung aller im gleichen Zeitabschnitt anfallenden wichtigen Meß- und Versuchsdaten von den peripheren Speichern der Prozeßrechner zu den Speichern der zentralen Anlage zu sichern.
Die zentrale Anlage ist außerdem mit einem oder mehreren Arbeitsplatzrechnern verbunden, die den Physikern ermöglichen, nach Abschluß des Versuches die experimentellen Ergebnisse zu analysieren. Auch dabei ist die Nutzung der Digitalgeometrie und der grafischen Kommunikationseinrichtungen unerläßlich [68], [128]. Der effektive Einsatz ist erst dann gegeben, wenn eine hinreichende Softwareunterstützung verfügbar ist, die den Anforderungen des Nutzers an die Rechentechnik gerecht wird [69].
Dabei gilt folgende Zielstellung: Die Rechentechnik einschließlich ihrer Kommunikationsmittel muß zu einer solchen Arbeitstechnologie beitragen, die es dem Physiker erlaubt, sich möglichst ausschließlich auf die Lösung seiner fachspezifischen Aufgabe zu konzentrieren, und einen hohen schöpferischen Anteil gewährleistet.
Durch die Entwicklung leistungsfähiger Programmsysteme und Bedienungstechnologien ist der Tendenz entgegenzuwirken, daß sich der Nutzer in zunehmendem Maße mit Fragen der Rechen- und Programmierungstechnik beschäftigt und der Arbeitsanteil für seine fachspezifischen Aufgaben immer geringer wird.
Die Programmsysteme der Digitalgrafik/Digitalgeometrie müssen diesen grundlegenden Anforderungen entsprechen. Für ihre Anwendung in der physikalischen Forschung liegen Erfahrungen aus einer kernphysikalischen Forschungseinrichtung (VIK Dubna, UdSSR) vor, die auf Grund der Komplexität der dabei auftretenden physikalischen Erscheinungen und der Invarianz der geometrischen Modellierung gegenüber den physikalischen Teildisziplinen für die physikalische Forschung insgesamt verallgemeinert werden können.
Die grafische Software muß folgende Funktionen verwirklichen bzw. Eigenschaften aufweisen [69]:

- Sie muß die Abbildung realer oder abstrakter Objekte physikalischer Prozesse in geometrische Modelle gewährleisten und diese über Ausgabegeräte sichtbar machen.
- Sie muß Funktionen zur Modellmanipulierung bereitstellen.
- Die obengenannten Funktionen müssen für den Physiker mit möglichst geringem Programmieraufwand für die Gestaltung spezieller Anwenderprogramme verfügbar sein [70].
- Es müssen Bedienungs- und Steuerfunktionen bereitstehen, die es dem Physiker ermöglichen, die Auswirkungen von Bedienhandlungen an der Bildschirmperipherie

auf den Programmablauf und damit auf die Bilderzeugung und Modellmanipulation beliebig festzulegen. In zunehmendem Maße muß erreicht werden, daß die geforderten Funktionen der Bilderzeugung und Modellmanipulation durch einfache Bedienungsvorgänge unter Verzicht auf herkömmlichen Programmieraufwand für den Physiker zur Wirkung gebracht werden können.

Diese Forderungen können im Prinzip auch auf die in den folgenden Abschnitten genannten Einsatzgebiete übertragen werden.

10.2. Anwendung der Digitalgeometrie in der rechnergestützten Ingenieurarbeit (CAE bzw. CAD/CAM)

In der rechnergestützten Ingenieurarbeit treten natürlich anwendungsspezifische Anforderungen an die zu lösenden Aufgaben der Digitalgeometrie und der damit zusammenhängenden Softwareentwicklung auf. In die nähere Betrachtung sollen drei Anwendungsgebiete einbezogen werden, die sich in der Art der geometrischen Modellierung voneinander unterscheiden. Das sind:

- die Elektronik/Elektrotechnik mit den speziellen Problemen des Schaltungsentwurfs,
- die Informatik mit den speziellen Problemen der Programm- und Datenstrukturen und
- die Konstruktion, Fertigungsvorbereitung und Fertigung im Maschinen-, Fahrzeug- und Anlagenbau mit den speziellen Problemen dreidimensionaler geometrischer Konstruktionen.

Bezüglich der Anwendung der Digitalgeometrie gibt es in allen genannten und auch in den nichtgenannten Einsatzgebieten, wie z. B. dem Bauwesen, Gemeinsamkeiten.

10.2.1. Entwurfsaufgaben in Elektronik/Elektrotechnik

Wir wollen uns hier speziell dem Schaltungs- und Leiterplattenentwurf zuwenden und nicht dem Gehäuse- und Gefäßsystementwurf oder dem Entwurf mechanischer Bauteile und Geräteeinheiten, wie z. B. Präzisionsmotoren, Drucker, Zeichenautomaten usw. Diese Entwurfsaufgaben entsprechen denen im Maschinen- und Anlagenbau und werden im Abschnitt 10.2.3. behandelt.
Beim rechnergestützten Entwurf elektronischer Bauteile sind folgende Aufgaben zu lösen, die mit der rechnergestützten geometrischen Modellierung verbunden sind:

- der Logikentwurf, der mit einer geometrischen Modellierung durch Schaltbilder verbunden ist,
- der Maskenentwurf, der die Voraussetzung in der Technologie der Schaltkreisherstellung ist und
- der Leiterplattenentwurf, der das geometrische Modell für die Leiterplattenherstellung entstehen läßt.

Zum Logik-Schaltbild-Entwurf

Ziel des Logikentwurfes ist der Aufbau einer Struktur aus miteinander verknüpften logischen Grundelementen mit definierten Einzelfunktionen, um eine gewünschte Gesamtfunktion zu verwirklichen. Das für den Menschen lesbare Abbild dieser Struktur ist das Schaltbild, das die Grundelemente standardisierten geometrischen Gebilden, den Schaltungssymbolen, zuordnet und die Verknüpfungen der Grundelemente durch Streckenzüge widerspiegelt, die in der Regel aus parallel zum Bildrand verlaufenden Strecken bestehen. Das Schaltbild ist das geometrische Modell der Struktur einer Schaltungslogik, unabhängig davon, ob die Gesamtfunktion der Verarbeitung digitaler oder analoger Signale dient.

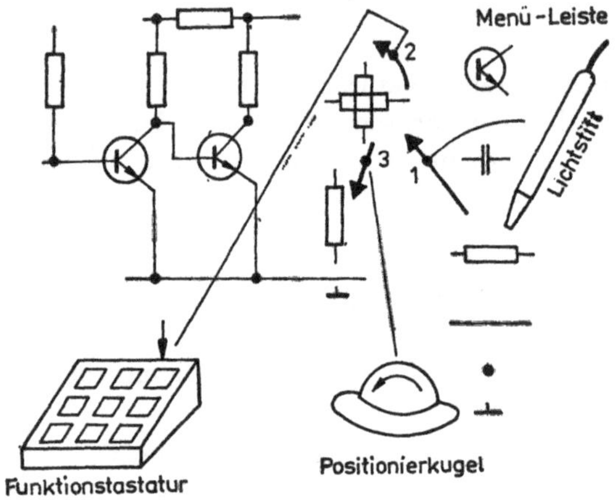

Abb. 10.4. Interaktiver Schaltungsentwurf.
1 Duplikat durch Lichtstiftidentifikation
2 Winkeländerung über Funktionstaste
3 Positionierung

Die einfachste Form des rechnergestützten Logikentwurfes ist die rechnergestützte Herstellung eines Schaltbildes (Abb. 10.4). Dem Ingenieur muß dazu ein grafischer Arbeitsplatz mit der entsprechenden Software zum Schaltbildentwurf zur Verfügung stehen. Er hat nun die Möglichkeit, an einem grafischen Bildschirm aus einem Angebot von Schaltungssymbolen auf einer dafür vorgesehenen Menü-Leiste Elemente auszuwählen, diese auf dem Bildschirm zu plazieren und durch horizontale und vertikale Strecken an gekennzeichneten Kontaktstellen miteinander zu verbinden. Bei dieser Form des Logikentwurfes wird die Rechnerunterstützung und Digitalgeometrie lediglich dazu genutzt, die Zeichenarbeit zu rationalisieren, was natürlich auch schon einen beträchtlichen Gewinn an Effektivität und Produktivität mit sich bringen kann. Diese Form ist auch nur dann geeignet, wenn der Ingenieur den Zusammenhang zwischen dem Schaltbild, der damit abgebildeten Logik-Struktur und der zu verwirklichenden Funktion überschauen kann. Das ist bei komplizierten und sehr komplexen Schaltungen nicht mehr möglich. Eine höher entwickelte Form des rechnergestützten Logikentwurfes besteht darin, daß drei Prozesse miteinander verbunden werden, und zwar

— der rechnergestützte Entwurf des Schaltbildes,

- die Zuordnung der rechnerinternen Darstellung des Schaltbildes zu einer rechnerinternen Darstellung der Logik-Struktur mit den zugehörigen Funktionselementen auf der Grundlage eines mathematischen Modells und
- die Überprüfung der Gesamtfunktion auf der Basis eines geeigneten Test- oder Simulationsverfahrens.

Der Logikentwurf kann dann auch arbeitsteilig zwischen Mensch und Rechner erfolgen. Nach der Eingabe gewünschter Grundeigenschaften der Schaltung wählt der Rechner aus gespeicherten Lösungen die geeigneten Grundschaltungen aus. Durch Bewertung der damit verwirklichten Funktionen, Eigenschaften und Leistungsparametern kann der Ingenieur auf Grund seiner Erfahrungen und Kenntnisse über Veränderungen im Schaltbild iterativ im Mensch-Maschine-Dialog die gewünschte, den Anforderungen entsprechende Schaltung entwerfen.
Wir wollen hier nicht auf die recht komplizierten Probleme der Schaltungsmodellierung und -simulation eingehen und uns nur auf die Probleme der Digitalgeometrie beschränken. Dementsprechend ergeben sich folgende Aufgaben für die Softwareentwicklung:

- Es müssen Programmsysteme bereitstehen, die es gestatten, am grafischen Bildschirmgerät in interaktiver Arbeitsweise elektronische und elektrische Schaltbilder zu entwerfen und zu manipulieren.
- Es müssen Programmsysteme existieren, die von gegebenen Funktionen zweckmäßige geometrische Modelle erzeugen und deren grafische Ausgabe realisieren.
- Zwischen den internen Darstellungen der geometrischen Modelle (bezüglich Schaltbild und Funktion) und den internen Darstellungen von Logik-Struktur und Funktion müssen die notwendigen Transformationsbeziehungen bestehen.

Zum Maskenentwurf

Aus dem entworfenen Schaltbild wird ein integrierter Schaltkreis, wenn in einem Fertigungsprozeß durch bestimmte Technologie (u. a. fotochemische Verfahren) auf einem Halbleitermaterial die entsprechenden Spuren eingetragen werden. Dazu ist ein weiteres geometrisches Modell, die Maske, erforderlich. Sie ist eine Zwischenstufe zwischen dem lesbaren geometrischen Modell des Schaltkreises (dem Schaltbild) auf der einen Seite und dem Schaltkreis als realem Objekt selbst auf der anderen Seite und dient nach ihrer Darstellung auf durchsichtigem Material als Schablone im fotochemischen Verfahren bei der Schaltkreisherstellung. Interessieren sollen in diesem Zusammenhang wiederum ausschließlich die Probleme der Digitalgeometrie.
Zwischen Schaltbild und Maske lassen sich Transformationsbeziehungen angeben, die theoretisch, unter Beachtung der Fertigungsparameter, wie Größenverhältnisse, Halbleitermaterial, Arbeitsgänge u. a., eine automatische Erzeugung der Maske aus dem Schaltbild zulassen würden. Praktisch ist das aber durch die Kompliziertheit der Schaltungen und durch eine Vielfalt von Kombinationsmöglichkeiten nicht möglich, so daß auch der Entwurf der Maske arbeitsteilig und iterativ im Mensch-Maschine-Dialog erfolgen muß, wobei wieder die Erfahrungen, Kenntnisse und Fähigkeiten des Ingenieurs einfließen können. Auf der Grundlage der zum Schaltbild gehörenden internen Darstellung der Logik-Struktur muß der Rechner Teilentwürfe und Entwurfsmuster anbieten, die der Ingenieur über den grafischen Bildschirm ergänzt und präzisiert. Das Ergebnis wird über den Zeichenautomaten mit dem Lichtschreiber auf lichtempfind-

lichem Material (Filmmaterial) festgehalten. Die so entstehende Maske ist um ein Vielfaches größer als der tatsächliche Schaltkreis. Durch die optische Verkleinerung bei der Schaltkreisherstellung erhöht sich dann die Genauigkeit der auf das Halbleitermaterial eingetragenen Struktur beträchtlich.

Zum Leiterplattenentwurf

Die Grundlage für den Leiterplattenentwurf ist ein Schaltbildentwurf. Im ersten Schritt kann der Rechner einen Bestückungsplan anbieten, in dem er gespeicherte geometrische Konturen zugeordneter Bauelemente sinnvoll auf dem geometrischen Modell der Leiterplatte anordnet und den jeweiligen geometrischen Ort der erforderlichen Kontaktstellen in das Modell einträgt. Über die zugeordnete sichtbare Darstellung am Bildschirm kann der Entwurfsingenieur den Bestückungsplan korrigieren, ergänzen und präzisieren. Der fertige Bestückungsplan ist sowohl die Unterlage für die spätere Leiterplattenbestückung als auch das Ausgangsmodell für den Entwurf der Leiterzüge. Aus der Logikstruktur und den zugeordneten Kontaktstellen der zu verwendenden standardisierten Bauelemente läßt sich automatisch eine Koinzidenzmatrix bestimmen. Auf deren Basis und aus den gegebenen Abmessungen der Leiterplatte kann der Rechner wiederum ein Angebot für die Struktur der Leiterzüge ermitteln und über den grafischen Bildschirm sichtbar anzeigen. Auch in diesem Falle kann es auf Grund der Lösungsvielfalt nur eine Lösungsvariante unter vielen sein, die gegebenenfalls noch unvollständig sein kann. Über interaktive grafische Bildschirmarbeit wird der Ingenieur die Struktur der Leiterzüge arbeitsteilig mit dem Rechner und iterativ optimieren. Das Endresultat wird eine mit dem Zeichenautomaten hergestellte Schablone für die Leiterplattenfertigung sein.
Die genannten Objekte des rechnergestützten Schaltungsentwurfs, wie Schaltbild, Bestückungsplan, Maske und Strukturplan der Leiterzüge, sind geometrische Modelle, die entsprechend der im Abschnitt 9. genannten Dualität der Modellobjekte über eine durch Transformationsbeziehungen verknüpfte, rechnerinterne und eine sichtbare externe Abbildung verfügen. Die Definition und Manipulation dieser Objekte auf die oben geschilderte Art und Weise setzt die Bereitstellung umfangreicher und komfortabler Software voraus. In der Literatur [73], [74], [75], [79] wird eine Reihe verwirklichter Lösungen vorgestellt.

10.2.2. Projektierungsaufgaben in der Informatik

Die zur Informatik gehörende Hardwareentwicklung wurde im vorangehenden Abschnitt behandelt. In diesem Abschnitt soll besonders auf die mit der Softwareentwicklung und der Systemarchitektur zusammenhängenden Entwurfsaufgaben eingegangen werden.
Auch für die Softwaretechnologie ist die geometrische Modellierung von Prozeß- und Systemstrukturen ein unentbehrliches Hilfsmittel. Ein geometrisches Modell von einem Algorithmus, nach dem ein Verarbeitungprozeß im Rechner abläuft, macht ihn für den Entwicklungsingenieur übersichtlicher. Das gleiche gilt für das geometrische Modell einer Datenstruktur, auf deren Grundlage die Speicherung von Objekten erfolgt. Auch zur überschaubaren Abbildung von Rechnersystemen bzw. Rechnernetzen, von Daten-

flüssen, Sprachstrukturen und vielen anderen Strukturen der Informatik sind geometrische Modelle hervorragend geeignet und auch ständig in der Anwendung.
Ihre Benutzung wurde nur mitunter dadurch eingeschränkt, daß bei noch manuellen Methoden ihrer Herstellung der relativ große Arbeitsaufwand Grenzen setzte. Die Digitalgeometrie/Digitalgrafik erschließt bei der Nutzung geometrischer Modelle neue hervorragende Möglichkeiten.
In der Informatik kommen in der Regel nur zweidimensionale geometrische Modelle zum Einsatz, obwohl auch die Anwendung dreidimensionaler Modelle denkbar ist und zweckmäßig sein kann.
Aus der Vielfalt der Möglichkeiten sollen hier nur einige genannt werden, und zwar:

- die geometrische Modellierung von Graphen,
- die Anwendung von Struktogrammen,
- die Anwendung von Programmablaufplänen, Datenflußplänen und Blockdiagrammen und
- die geometrische Modellierung von Informationsmodellen und Informationsstrukturen.

Zur geometrischen Modellierung von Graphen

Natürlich ist die alleinige rechnergestützte Erzeugung grafischer Darstellungen in vielen Fällen schon zweckmäßig und trägt zur Rationalisierung bei Entwurfsaufgaben und zur Anfertigung von Dokumentationen in der Informatik bei. Noch weitaus effektiver ist es, wie schon im Abschnitt 10.2.1. deutlich gemacht wurde, wenn die geometrische Modellierung unmittelbar mit den Entwurfsaufgaben verknüpft wird. Das bedeutet, daß bei der Modellierung von Graphen drei Modelle durch ausgewiesene Transformationsbeziehungen miteinander verknüpft werden, das rechnerinterne Graphenmodell, die rechnerinterne Abbildung des dem Graphenmodell zugeordneten geometrischen Modells und das externe, sichtbare geometrische Modell (Abb. 10.5). Dabei können noch dazwischenliegende Existenzformen des geometrischen Modells auftreten. Auf diese Weise ist gewährleistet, daß in interaktiver grafischer Arbeit über das sichtbare externe

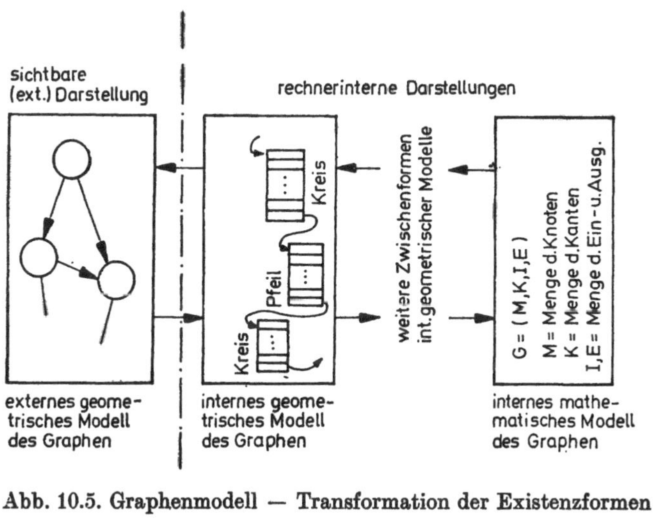

Abb. 10.5. Graphenmodell — Transformation der Existenzformen

geometrische Modell und seine Manipulation durch den Entwurfsingenieur das rechnerinterne Graphenmodell zielgerichtet verändert werden kann. Bei der rechnergestützten Ingenieurarbeit wird ein wesentlicher Teil der Modellmanipulation rechnerintern durch Verarbeitungsprogramme vollzogen. Diese Veränderungen wiederum wurden durch die gekoppelten Modellformen über das externe geometrische Modell am grafischen Bildschirm sichtbar gemacht. Von dieser Möglichkeit wurde u. a. beim rechnergestützten Entwurf von Rechnernetzen [76] Gebrauch gemacht. Auch beim Entwurf von Programmstrukturen, wie er in der Literatur [23] [143] beschrieben wird, kann die interaktive grafische Arbeitsweise bei der Entwicklung von Graphenmodellen zur Anwendung kommen. Die Knoten eines Graphen stellen in diesem Falle Algorithmen- bzw. Programmbausteine dar und die Kanten ihre Verknüpfung zu einem Programm. Der Entwicklungsingenieur kann dann sowohl Mikrostrukturen, deren Elemente die elementaren Verarbeitungsbausteine sind, als auch Makrostrukturen, deren Elemente komplexere, meist standardisierte Verarbeitungsbausteine sind, in interaktiver grafischer Arbeitsweise aufbauen. Es wäre denkbar, daß im Ergebnis dieser Synthese bereits arbeitsfähige Programme entstehen, wenn den Knoten des Graphen implementierte Programmbausteine zugeordnet werden können und wenn bei der Bestimmung der Kanten die entsprechenden syntaktischen Regeln und die Paßfähigkeit der Schnittstellen zwischen den Bausteinverbindungen Beachtung finden. Über grafische Arbeitsplätze lassen sich mit Hilfe des Graphenmodells sowohl Programmstrukturen als auch Datenstrukturen von zu speichernden Objekten rechnergestützt entwerfen und untersuchen.

Zur Anwendung von Struktogrammen

Struktogramme [23] sind ein grafisches Entwurfs- und Dokumentationsmittel für wohlstrukturierte Algorithmen (Abb. 10.6). In Anwendung der Digitalgeometrie/Digitalgrafik können auch Struktogramme mit Hilfe der Rechentechnik und ihrer grafischen Peripherie hergestellt werden. Dabei lassen sich ebenfalls wieder die Beziehun-

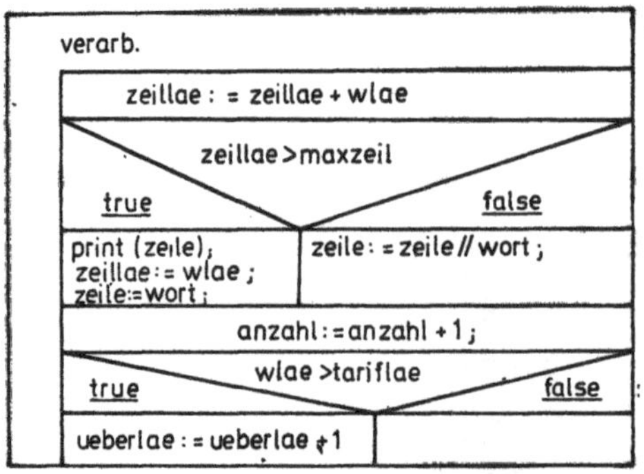

Abb. 10.6. Beispiel für Struktogramme [23]

gen modellieren, die zwischen den Struktureinheiten eines Programmes, ihren Bezeichnungen und ihren geometrischen Repräsentationen bestehen, so daß sowohl für eine bestehende Programmstruktur das zugehörige Struktogramm automatisch erzeugt werden kann als auch auf der Basis eines entworfenen Struktogrammes im Rechner eine bestimmte Programmstruktur aufgebaut wird.

Zur Anwendung von Programmablaufplänen, Datenflußplänen und Blockdiagrammen

Aus verallgemeinerter Sicht ähneln Programmablauf- und Datenflußpläne den Schaltplänen in der Elektronik/Elektrotechnik. Gleichartige Programmschritte und gleichartige Zustände, in denen sich Daten in einem Verarbeitungsprozeß befinden können, werden durch geometrische Symbolfiguren (Rombus, Rechteck, perspektivische Ansicht eines Kreiszylinders usw.) und ihre Beziehungen zueinander durch orthogonale Streckenzüge dargestellt. Die Blockdiagramme stellen einen Sonderfall für die hier beschriebene Art zweidimensionaler geometrischer Modelle dar, indem die Symbolfiguren ausschließlich aus Rechtecken bestehen. Eine günstige Möglichkeit, Programmablauf- und Datenflußpläne sowie Blockdiagramme rechnergestützt zu erzeugen, besteht, wenn man dafür die Menütechnik und die interaktive grafische Arbeitsweise nutzt. Die Symbolfiguren werden in einem Speicher bereitgehalten und über Menüleisten am grafischen Bildschirmgerät angezeigt. Sie sind dann über die Pickfunktion (ggf. mit Lichtstift) aufrufbar und können mit der Locatorfunktion (ggf. über die Positionierkugel) auf dem Bildschirm plaziert werden. Das gilt gleichfalls für die verbindenden Streckenzugelemente (Abb. 10.7). Die Bestimmung und Ausnutzung der Transformationsbeziehungen zwischen den Strukturen der geometrischen Modelle und den durch sie abzubildenden Strukturen der zugeordneten Informatikaufgaben bringen auch in diesem Fall dann erst die wesentlichen Effekte bei der Nutzung der Digitalgeometrie/Digitalgrafik für Entwurfsaufgaben der Informatik.

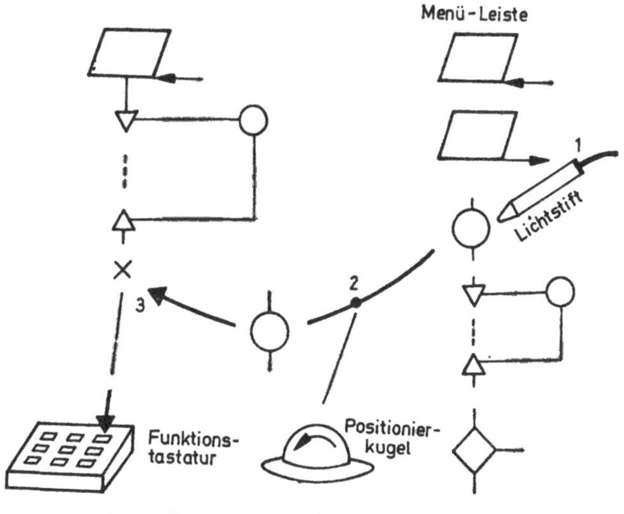

Abb. 10.7. Interaktiver Entwurf eines strukturierten Programmablaufplanes.
1 Lichtstiftidentifikation des Bausteinsymbols
2 Plazierung über Positionierkugel
3 Fixieren über Funktionstaste

Zur geometrischen Modellierung von Informationsmodellen und Informationsstrukturen

In diesem Abschnitt sollen alle die geometrischen Modelle eingeordnet werden, die ein wirksames Hilfsmittel bei der Prozeß- und Systemmodellierung in der Informatik darstellen und bisher noch nicht behandelt wurden. Das sind grafische Darstellungen zur Beschreibung von Objekten und Systemen der Informatik, wie z. B. das Entity-relationship-Modell (Abb. 10.8a) oder zur Beschreibung von Prozessen der Informatik, wie z. B. das Petri-Netz-Modell (Abb. 10.8b).

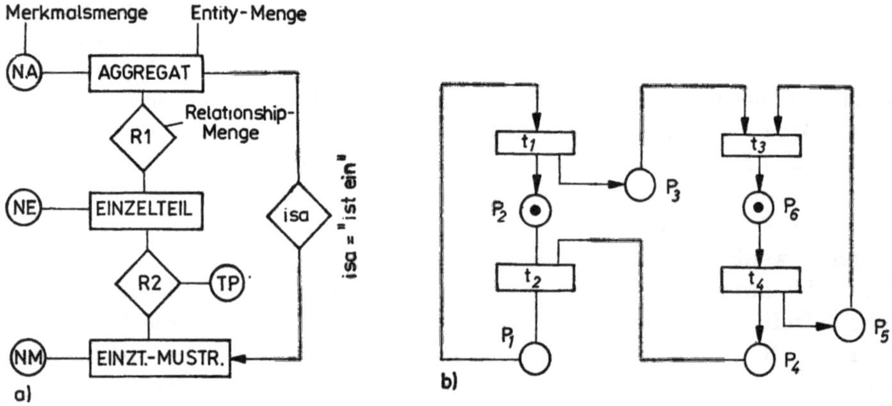

Abb. 10.8. Informations- und Informationsprozeß-Modelle.

a) Entity-relationship-Modell zur vereinfachten Darstellung der Struktur von Abb. 9.6.
NA = Name des Aggregates
NE = Name des Einzelteils
NM = Name des Einzelteilmusters
R1: „setzt sich zusammen aus“
R2: „entsteht durch Transformation aus“
TP: Transformationsparameter

b) Petri-Netz-Modell

Es gibt eine Vielzahl solcher Modellarten, die durch grafische Darstellungen anschaulich abgebildet werden. Für sie gelten die gleichen Grundprinzipien bei ihrer Anwendung wie bei den zuvor genannten Modellen:

- Sie sind günstig in interaktiver grafischer Arbeitsweise, in der Regel über die Menütechnik, zu erzeugen.
- Sie können mit wesentlich erhöhtem Effekt für rechnergestützte Entwurfsaufgaben in der Informatik genutzt werden, wenn die Transformationsbeziehung zwischen den eigentlichen Modellen der Prozesse und Systeme und ihrer geometrischen Abbildung eindeutig bestimmt sind und im rechnergestützten Entwurfsprozeß verwertet werden.

Die im gesamten Abschnitt 10.2.2. aufgezeigten Lösungswege bei der Anwendung der Digitalgeometrie setzen eine umfangreiche und anspruchsvolle Software voraus.

10.2.3. Rechnergestützte Konstruktion, Fertigungsvorbereitung und Fertigung (CAD/CAM)

In diesem Abschnitt soll besonders auf die Probleme des Maschinen-, Fahrzeug- und Anlagenbaus bezüglich der geometrischen Modellierung eingegangen werden, obwohl auch die in den Abschnitten 10.2.1. und 10.2.2. genannten rechnergestützten Entwurfsaufgaben der Elektronik, Elektrotechnik und Informatik dem Gebiet CAD/CAM zugeordnet werden können. Die Gliederung wurde in der Absicht gewählt, an dieser Stelle besonders die dreidimensionalen geometrischen Modelle in ihrer Anwendung zu behandeln, die besonders für den Maschinen-, Fahrzeug- und Anlagenbau typisch sind. Aus der Vielzahl und Vielfalt der Probleme sollen einige wenige der wesentlichsten herausgegriffen werden. Das sind

- unterschiedliche Anforderungen an die geometrische Modellierung und
- die Bereitstellung und Transformation der verschiedenen Existenzformen der geometrischen Modelle.

Zunächst zu den unterschiedlichen Anforderungen an die geometrische Modellierung im Maschinen-, Fahrzeug- und Anlagenbau: Es gibt eine Reihe von Entwurfsaufgaben, wie der Entwurf des Funktionsschemas einer Anlage oder eines Maschinensystems, wobei die geometrische Modellierung des technischen Objektes den Charakter der in den vorangegangenen Abschnitten beschriebenen Schaltpläne hat. Die Funktionseinheiten werden dabei wiederum geometrischen Symbolfiguren zugeordnet und ihre Beziehungen zueinander durch orthogonale Streckenzüge abgebildet. Bezüglich der geometrischen Modellierung gelten hierbei die Aussagen, die allgemein auf Schaltpläne zutreffen. Anders geartet sind die Aufgaben zur Modellierung dreidimensionaler Objekte.
Ein großer Teil der geometrischen Konstruktionsaufgaben im Maschinenbau, aber auch im Fahrzeug- und Anlagenbau, ist auf die Synthese einfacher geometrischer Grundkörper, wie Quader, Kreiszylinder, Kugeln, Prismen, Pyramiden, Kegel und Polyeder, aufgebaut (Abb. 10.9a). Für diese Klasse von Aufgaben werden für eine rechnergestützte geometrische Konstruktion Lösungen nach folgendem Prinzip angegeben [61], [62], [65], [77], [78], [81]:

- die Grundkörper werden durch mathematische Beziehungen volumen- oder flächenrepräsentant als Punktmengen definiert, und
- die zusammengesetzten Körper werden durch die modifizierte Mengenoperation [57], [58], [59] Vereinigung, Durchschnitt und Differenz erzeugt (siehe auch Abschnitt 9.2.).

Auf Grund ihres regelmäßigen geometrischen Aufbaus und ihrer Bedeutung für den Maschinenbau ist die rechnergestützte Konstruktion, Fertigungsvorbereitung und Fertigung für rotationssymmetrische Teile am schnellsten zum Einsatz gekommen und wurden zugehörige geometrische Konstruktionsaufgaben gelöst [82], [83], [84], [85], [87]. Bei der Konstruktion „Dimensionierung, Fertigungsvorbereitung und Fertigung von Tragwerken“ [86] treten als geometrische Modelle sowohl Polyeder mit Kantenrepräsentation („Drahtgitter“- oder „Glaskörper“-Modelle u. a. zur geometrischen Abbildung von Fachwerken) als auch regelmäßig gekrümmte dünnwandige Elemente, und prismatische Körper auf (Abb. 10.9b).
Im Fahrzeugbau, besonders bei der Karosseriekonstruktion und -fertigung, spielen als geometrische Modelle skulpturartig gekrümmte Flächen eine Rolle, an denen durch die Durchschnittsbildung mit ausgewählten Ebenen Schnittlinien (u. a. Höhenlinien) erzeugt werden, um diese Flächen bei zweidimensionalen Abbildungen (Abb. 10.9c) sichtbar zu machen bzw. für die Herstellung der Pressenwerkzeuge den Kurvenverlauf der Fräserbahnen zu bestimmen [88].

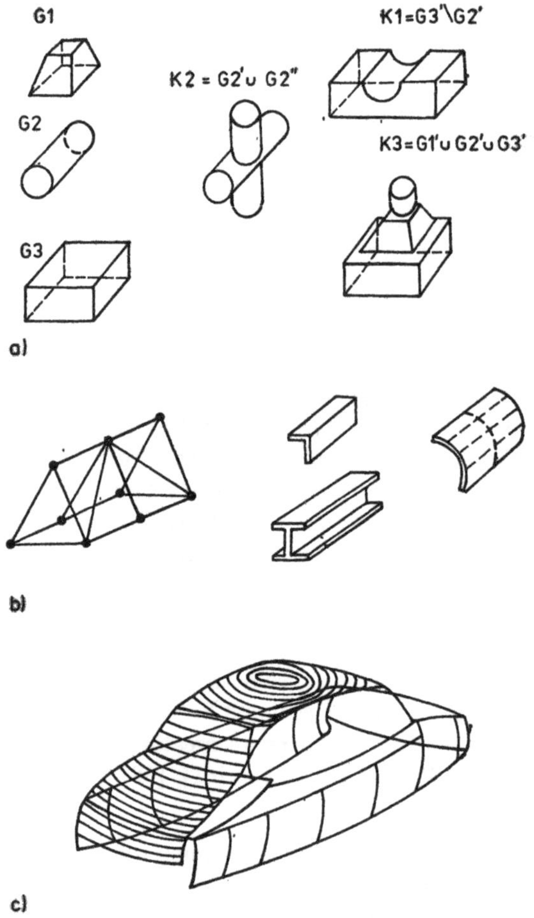

Abb. 10.9. Geometrische Modelle im Maschinen-, Anlagen- und Fahrzeugbau.
a) Synthese von Grundkörpern (G', G'' = beliebige Transformationen von G)
b) Stabtragwerke (prismatische Körper, dünnwandige, gekrümmte Elemente)
c) Schnittdarstellung

Zur Bereitstellung und Transformation der verschiedenen Existenzformen der geometrischen Modelle ergeben sich folgende Schlußfolgerungen: Bei der rechnergestützten geometrischen Konstruktion dreidimensionaler Objekte sind zwei grundlegende Erscheinungen von Bedeutung. Zur rechnerinternen Modellmanipulation sowohl über geometrische Operationen als auch durch nicht-geometrische Verarbeitungsoperationen muß das rechnerinterne dreidimensionale geometrische Objekt iGO^3 (siehe auch Abschnitt 9.1.) Arbeitsgegenstand sein. Zur Kommunikation des Ingenieurs mit dem Rechner und von Ingenieur zu Ingenieur muß das sichtbare externe zweidimensionale geometrische Objekt eGO^2 (siehe auch Abschnitt 9.2.) Arbeitsgegenstand sein. Daraus folgt, daß neben diesen beiden grundlegenden Existenzformen der Objektabbildung weitere Existenzformen und deren Transformationsbeziehungen definiert sein müssen (Abb. 10.10).

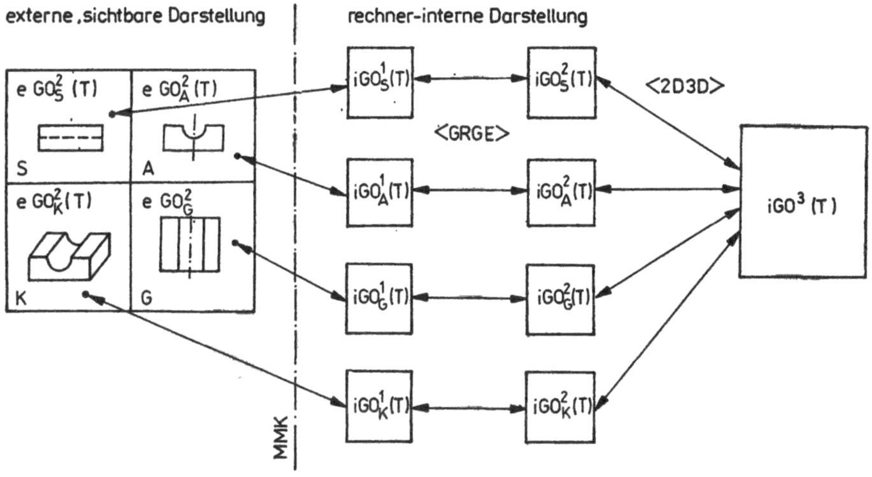

Abb. 10.10. Rechnergestützte geometrische Konstruktion dreidimensionaler Objekte.

MMK = Mensch-Maschine-Kommunikation
⟨GRGE⟩ = Grafik-Geometrie-Transformation
⟨2D3D⟩ = 2D-3D-Transformation
GO(T) = geometrisches Objekt mit Namen „T“
eGO^2 = externes (sichtbares) geometrisches Objekt, 2dimensional
iGO = (rechner-)internes geometrisches Objekt
iGO^1 = iGO 1. Ordnung (ausgabeorientiert)
iGO^2 = iGO 2. Ordnung (2dimensional)
iGO^3 = iGO 3. Ordnung (3dimensional; kanten-, flächen- oder volumenrepräsentiert)

In der Regel wird der Ingenieur über die interaktive grafische Arbeitsweise und damit über das externe zweidimensionale geometrische Objekt eGO^2(NA) Zugriff auf das interne dreidimensionale geometrische Objekt iGO^3(NA) eines bestimmten Namens (NA) haben. Eines bestimmten Namens bedeutet, daß es sich um die Abbildung ein und desselben realen Objektes handelt. Diese Kommunikation muß sich über eine zweidimensionale grafische Definitions- und Manipulationssprache abwickeln.
Auch für diese komplexe Aufgabe der rechnergestützten geometrischen Konstruktion dreidimensionaler Objekte, beginnend bei der Kommunikation des Ingenieurs mit dem Rechner, weitergeleitet über die notwendigen internen Modelltransformationen bis hin zur zielgerichteten Manipulation der internen dreidimensionalen geometrischen Objekte, ist die Entwicklung und Bereitstellung umfangreicher und anspruchsvoller Software [127] erforderlich.

11. Literaturverzeichnis

[1] Klaus, G.: Wörterbuch der Kybernetik. Dietz Verlag, Berlin 1968.

[2] Brockhaus Physik. VEB Brockhausverlag, Leipzig 1977.

[3] Berndt, E., Fehlauer, K.-H., Gendt, G., Kiesewetter, H., Kotzauer, A., Kutschke, K.-H., Lang, R., Schnur, P., Thielcke, H.: DIGRA 73 — Programmiererhandbuch. Institut für Schiffbau Rostock, Rechenzentrum, Rostock 1974.

[4] Monjau, D., Ortleb, R.: Dokumentation Digitalgeometrischer Arbeitsplatz GD 71/KRS 4201 ESER. TU Dresden, Reihe MKR Heft 31/78.

[5] ISO TC97/SC5/WG2 N117, Information Processing-Graphical Kernel System (GKS), Funktional Description, Version 7.0, 14. Januar 1982.

[6] Bulla, F.: Interaktive geometrische Strukturierung. Symposium Nutzer-Rechner-Kommunikation, Frankfurt/O. Mai 1983, Tagungsmaterial Akademie der Wissenschaften der DDR, ZfR Berlin 1987.

[7] Werner, H., Winkler, J.: Arbeitsplatz für Konstruktion und Technologie robotron A 6454 — ein Mittel zur rechnerunterstützten technischen Vorbereitung der Produktion. Neue Technik im Büro Heft 1/1984.

[8] Kretschmar, G.: Die hochauflösenden Digitalisiergeräte robotron — REISS K 6401 und 6402. Neue Technik im Büro Heft 1/1984.

[9] Bulla, F., Koch, L.: Technische Zeichnung in der Informationsverarbeitung. Fernmeldetechnik 17 (1977) 1.

[10] Monjau, D.: Grundlagen der gerätetechnischen Realisierung eines Geometrie-Prozessors. Dissertation B, TU Dresden 1984.

[11] Leich, H., Levchanosky, V., Prikhodko, V.: Multimikroprozessorsystem zur Steuerung eines Intelligenten Graphischen Terminals (IGT). *In*: Nachrichtentechnik Elektronik 33 (1983) 11. Erstveröffentl.: VIK Dubna preprint P10-83-7, Dubna 1983 (in Russisch).

[12] Berndt, E., Fischer, M., Lipinski, B., Ruthenbeck, I.: Charakterisierung und Bewertung graphischer Programmsysteme. KdT-Mitteilung, FUAGS9/1982, FA „Graphische Datenverarbeitung“, FUA „Graphische Software“, Rostock 1982.

[13] Technische Beschreibung DIGIGRAF 1008-3G.1 (EC 7054). Novoborské strojirny n. p., Nový Bor 1978.

[14] GD '71 Intelligentes graphisches Terminal. Forschungsinstitut für Rechentechnik und Automatisierung der ungarischen Akademie der Wissenschaften, Budapest 1971.

[15] GD '80 Graphische Displayfamilie. Forschungsinstitut für Rechentechnik und Automatisierung der ungarischen Akademie der Wissenschaften, Budapest 1980.

[16] Kochan, D.; Bonitz, P., Fichtner, D., Hartmann, I.: Konzeptionelle Grundgedanken zu durchgängig automatisierten Systemen der Konstruktion, Fertigungsvorbereitung und Fertigung in der metallverarbeitenden Industrie. TU Dresden Preprint 14-9-81, Dresden

[17] Wiesmann, S., Interaktive Menüfeldarbeit auf Digitalisiergeräten und ihre Anwendung in der bautechnischen Projektierung. Wissenschaftliche Tagung Digitalgraphik und Dialogsysteme, Rostock-Warnemünde Nov. 1980, Tagungsmaterial Heft 2, Wilhelm-Pieck-Universität Rostock 1982.

[18] Werler, K.-H.: Probleme der grafischen Datenverarbeitung. Akademie-Verlag, Berlin 1975.

[19] Hodoušek, V., Plecháč, V., Mašek, J.: OKP/OS-JSER1- Allgemeines Zeichenprogramm. Kancelařké stroje n. p., Prag 1978.

[20] GIPS — Grafisches interaktives Programmsystem (Programmierhandbuch). Institut für Schiffbau Rostock, Rechenzentrum, Rostock 1979.

[21] Kiesewetter, H.: ALGRA — Eine algebraisch-graphische Programmiersprache für den unifizierten Kern Digitalgraphik. ZfR-Informationen, Akademie der Wissenschaften der DDR, Berlin-Adlershof 1980.

[22] Gould, I. H.: IFIP-Sachwörterbuch der Datenverarbeitung. Schriftenreihe Informationsverarbeitung, BSB G.B. Teubner Verlagsgesellschaft, Leipzig 1977.

[23] Herrlich, O., Lindner, U.: Strukturierte Programmierung. Schriftenreihe Informationsverarbeitung, BSB B. G. Teubner Verlagsgesellschaft, Leipzig 1981.

[24] Schnabel, U., Bräuning, G., Heinold, M.: Informationsverarbeitung für Ingenieure. Verlag Technik, Berlin 1981.

[25] Hetzer, H., Liedtke, H.-G.: Rechnerfamilie ROBOTRON 4000. Schriftenreihe Informationsverarbeitung, Verlag die Wirtschaft, Berlin 1978.

[26] DECGRAPHIK—11. Software — Dokumentation für Rechnersystem PDP 11. DIGITAL EQUIPMENT CORPORATION, Firmenschrift.

[27] Grossmann, R., Monjau, D.: Grundlagen der Kopplung des digitalgeometrischen Arbeitsplatzes (DGA) GD 71/KRS 4201 mit ESER-Anlagen. Symposium Digitalgeometrie und Bildschirmtechnik, Gaußig April 1978, TU Dresden, Reihe MKR Heft 34/78.

[28] Grossmann, R., Monjau, D.: Dokumentation Terminal-Basiszugriffsmethode TEBAM. TU Dresden 1979.

[29] Bulla, F.: Eine Methode zur Programmierung des grafischen Bildschirmterminals GD 71/ KRS 4201 über die gekoppelte ESER-Anlage EC 1040. Wissenschaftliche Zeitschrift der TU Dresden **29** (1980) 3/4.

[30] Bulla, F. (Булла, Ф.): Методика программирования для видеотерминала, состоящего из графического дисплея ГД-71 и ЭВМ KRS-4201 и связанного с ЭВМ ЕС-1040: ОИЯИ препринт 11-80-320, Дубна 1980 г.

[31] Kotzauer, A., Krammer, G.: Standardisierung in der Digitalgraphik. Rechentechnik und Datenverarbeitung **20** (1983) 2.

[32] Kotzauer, A., Krammer, G.: Standardisierung in der Digitalgrafik. Rechentechnik und Datenverarbeitung **18** (1981) 8.

[33] Kutschke, K.-H.: Schnittstellengestaltung und Struktur von CAD-Systemen unter Berücksichtigung einer standardisierten graphischen Grundsoftware. Symposium Computergeometrie und -graphik, Gaußig April 1982, TU Dresden, Reihe MKR Heft 62/82.

[34] Kotzauer, A., Kutschke, K.-H.: Struktur der AKT-Software unter Berücksichtigung der internationalen Standardisierungsbestrebungen. Wiss. Tagung INFO '84, Dresden Februar 1984, Tagungsmaterial Heft 4.

[35] FORTRAN-Interface of GKS 7.2. Erlangen, Nov. 1983.

[36] Mikut, M., Werner, H.: Grafisches Kernsystem GKS 1600. NTB, Heft 1/1984.

[37] Bulla, F.: Rechnergestützte geometrische Modellierung in der Ingenieurtätigkeit. 5. Tagung Mathematik/Rechentechnik, Köthen Oktober 1982, Tagungsmaterial, Ingenieurhochschule Köthen 1982.

[38] Bulla, F.: Entwicklungsstand und Leistungsfähigkeit des grafischen interaktiven Systems für ESER-Anlagen GISES (EXPORT). Problemseminar Computergeometrie und Bildschirmtechnik, Weißig März 1983, TU Dresden, Reihe MKR Heft 66/83.

[39] Bulla, F.: Programme zur vereinfachten Itemerzeugung. Programmdokumentation, Arbeitsmaterial VIK Dubna und TU Dresden 1981.

[40] Beschnitt, J.-U., Bulla, F., Ketzmerick, C., März, H., Utz, B.: Programm zur grafischen interaktiven Bildeingabe. TU Dresden Sektion Informationsverarbeitung Preprint 08-8-83, Dresden 1983.

[41] Ortleb, R.: Dokumentation GD '71-KRS-ESER, Teil N Niveauorientierte Programmierung. TU Dresden 1979.

[42] Bulla, F., Bulla, G.: Grafisches interaktives System für ESER-Anlagen (GISES). TU Dresden Preprint 08-10-80, Dresden 1980.

[43] Bulla, F.: Programme zur vereinfachten Bildmanipulation. Programmdokumentation, VIK Dubna 1982.

[44] Belke, W.: Grundsätze zur Schaffung nationaler Standards auf dem Gebiet der Informationsverarbeitung. Rechentechnik und Datenverarbeitung 22 (1985) 1.

[45] Bulla, F.: Rechnergestützte geometrische Modellierung unter Beachtung der Schichtenarchitektur. Wissenschaftliche Tagung DIGRA '84 Interaktive graphische Systeme, Ahrenshoop Nov. 1984, Tagungsmaterial, Wilhelm-Pieck-Universität Rostock 1984.

[46] Bastian, M.: Datenbanksysteme. Athenäum Verlag, Königstein/Ts 1982.

[47] Schubert, D.: Systemmodellierung. Lehrveranstaltung, TU Dresden Sektion Informationsverarbeitung 1984.

[48] Klos, W. F.: Software — Werkzeuge für graphische interaktive Anwendung im technischen Bereich. Dissertation, TH Darmstadt 1981.

[49] Beschnitt, J.-U.: Ein Beitrag zu Geometriedatenbanken für Ingenieurarbeitsplätze (AKT). Diplomarbeit, TU Dresden Sektion Informationsverarbeitung 1985.

[50] Codd, E. F., A Relational Model of Data for Large Shared Data Banks. Communication of ACM, vol. 13, No. 6, Jun. 1970.

[51] Kiesewetter, H.: Datenmodell und Objektbegriff. Symposium Rechnergestütztes Konstruieren, Gaußig Mai 1984, Tagungsmaterial TU Dresden WBZ/MKR 1984.

[52] Bui The Hing: Vergleichende Untersuchungen von Datenmodellen und Datenbanksystemen. Dissertation, Akademie der Wissenschaften der DDR, Berlin 1983.

[53] Kutschke, K.-H.: Gestaltung von CAD-Systemen. X. Internationaler Kongreß über Anwendung der Mathematik in den Ingenieurwissenschaften, Bericht 1, Weimar 1984.

[54] Döhring, B.: Konzeptuelle Informationsmodelle für den Diskursbereich Geometrie im Konstruktionsprozeß. Großer Beleg, TU Dresden Sektion Informationsverarbeitung Juni 1984.

[55] Lungershausen, G.: Untersuchung und experimentelle Erprobung geeigneter Sprachelemente zur geometrischen Konstruktion und Speicherung technischer Objekte. Diplomarbeit, TU Dresden Sektion Informationsverarbeitung 1985.

[56] Ludwig, M.: Spezielle Probleme bei der Modellierung geometrischer Objekte. Symposium Rechnergestütztes Konstruieren, Gaußig Mai 1984, Tagungsmaterial TU Dresden WBZ/MKR 1984.

[57] Ludwig, M.: Schnittstelle „Geometrie". Wissenschaftliche Tagung DIGRA '84 Interaktive graphische Systeme, Ahrenshoop Nov. 1984, Tagungsmaterial, Wilhelm-Pieck-Universität Rostock 1984.

[58] Ludwig, M.: Modellierung geometrischer Objekte. Dissertation B, TU Dresden 1983.

[59] Richter, Ch.: 2D-Basismoduln zur Geometrieverarbeitung. Symposium Rechnergestütztes Konstruieren, Gaußig Mai 1984, Tagungsmaterial TU Dresden WBZ/MKR 1984.

[60] Gelfert, K.-Ch.: Geometrie-Baustein GBS 1600. Neue Technik im Büro Heft 1/1984.

[61] Hartwig, A., Hernadi, A., Mager, K.: GEKO — geometrische Grundsoftware mit Fachsprache zur Darstellung und Manipulation von Objekten im dreidimensionalen Raum. TU Dresden, Reihe MKR Heft 66/83.

[62] Autorenkollektiv: Geometrische Grundsoftware mit Fachsprache zur Modellierung, Manipulation und Darstellung von Objekten im dreidimensionalen Raum (GEKO). Nutzerdokumentation, TU Dresden Sektion Mathematik, Applikationsgruppe, Sept. 1984.

[63] WERLER, K.-H.: EXSY — Ein Experimentiersystem auf dem Gebiet der interaktiven graphischen und rechnergestützten Ingenieurarbeit. Wissenschaftliche Tagung Digitalgraphik und graphische Dialogsysteme, Rostock-Warnemünde Nov. 1980, Tagungsmaterial Heft 3, Wilhelm-Pieck-Universität Rostock 1982.

[64] WERLER, K.-H.: EXSY — Ein Experimentiersystem auf dem Gebiet der interaktiven graphischen und rechnergestützten Ingenieurarbeit. Wissenschaftliche Zeitschrift der TH Magedeburg **25** (1981) 6.

[65] BÄR, G.: Ein neuer Sichtbarkeitsalgorithmus zur graphischen Darstellung von Polyedern. TU Dresden, Reihe MKR Heft 48/81.

[66] JAKOBS, H.-J.: Schlüsseltechnologie CAD/CAM. TU Dresden, UZ **28** (1985) 5.

[67] REIF, R., SAUPE, G., WILLEMER, W.: Eindimensionale Streuprobleme der Quantenmechanik: Reflexion und Transmission von Wellenpaketen (Hochschullehrfilm T-HF 993). TU Dresden Preprint 05-26-80, Dresden 1980.

[68] BRUDANIN, V. B., BULLA, G., BULLA, F., BYLOV, C., MEDVED', S. V. (Бруданин, В. Б., Булла, Г., Булла, Ф., Былов, Ц., Медведь, С. В.): ГРАНАС — Система графического анализа ядерно-спектрометрической информации. ОИЯИ Дубна препринт 10-82-84, Дубна 1982 г.

[69] BULLA, F.: Programmsysteme der Digitalgraphik zur Unterstützung der physikalischen Forschung. Wissenschaftliche Tagung Digitalgraphik und graphische Dialogsysteme, Rostock-Warnemünde Nov. 1980, Tagungsmaterial Heft 3, Wilhelm-Pieck-Universität Rostock 1982.

[70] JENTSCHEL, I., JENTSCHEL, H.-J., PRAŽAKOVA, L. (Ентшел, И., Ентшел, Х.-И., Пражакова, Л.): Графический интерпретатор INTGD 3. ОИЯИ Дубна препринт 11-83-706, Дубна 1983 г.

[71] BULLA, G., WINKLER, K., KAZAČENKO, O. N., MEDVED', S. V., NEUBERT, P., SINAEV, A. N., ČURIN, I. N., SCHWARZENBERG, F., EBERL, H.-W. (Булла, Г., Винклер, К., Каваченко, О. Н., Медведь, С. В., Нойберт, П., Синаев, А. Н., Чурин, И. Н., Шварценберг, Ф., Эберль, Х.-В.): Многомашинный комплекс для обработки информации получаемой синхроциклотроне. ОИЯИ симпозиум, Алма Ата 1978 г.

[72] BULLA, G., u. a. (Булла, Г., и. др.): Многомашинный комплекс для обработки информации получаемой в лаборатории ядерных проблем. ОИЯИ симпозиум, Дрезден 1980 г.

[73] ELŠIN, JU. M. (Елшин, Ю. М.): Автоматизированные рабочие места при проектировании РЭА. Издательство Радио и связь, Москва 1983 г.

[74] SCHWARZER, W.: Automatische Generierung von Netzwerksprachen aus Schaltplänen. Symposium Rechnergestütztes Konstruieren, Gaußig Mai 1984, Tagungsmaterial TU Dresden WBZ/MKR 1984.

[75] HERRIG, P.: Entwicklungstheorie für CAD-Systeme und CAD-Objekte. VEB Leitzentrum für Anwendungsforschung Berlin, VE Kombinat Datenverarbeitung Berlin, Betriebsteil Schwerin, 1981.

[76] LÖFFLER, H., PENZEL, R.: Ein CAD-System für Rechnerkommunikationsnetzwerke. Wiss. Tagung INFO '84, Dresden Februar 1984, Tagungsmaterial Heft 5.

[77] MONJAU, D.: Anwendung des Obermengenprinzips bei der Schnittstellenberechnung an Polyedern. Symposium Computergeometrie und -graphik, Gaußig April 1982, TU Dresden, Reihe MKR Heft 62/82.

[78] KLIMOV, V. E., KLISIN, V. V.: Rechnergestützter Entwurf der Geometrie dreidimensionaler Objekte im System SIMAK. Symposium Computergeometrie und -graphik, Gaußig April 1982, TU Dresden, Reihe MKR Heft 62/82.

[79] Petrenko, A. I. (Претренко, А. И.): Основы автоматизации проектирования. Издательство Техника, Киев 1982 г.

[80] Werler, K.-H.: Interaktive grafische Systeme in der TEVO. Dissertation B, TH Magdeburg 1980.

[81] Kopincova, E.: Rechnergestützte Konstruktion von Translationsflächen. Symposium Computergeometrie und -graphik, Gaußig April 1982, TU Dresden, Reihe MKR Heft 62/82.

[82] Klose, J.: Rechnergestützte Konstruktion — Möglichkeiten, Probleme, Ziele. Symposium Rechnergestütztes Konstruieren, Gaußig Mai 1984, Tagungsmaterial TU Dresden WBZ/MKR 1984.

[83] Hofmann, M., Lull, B.: AUTEVO-ROTA1 — Rechnerunterstützte Konstruktion und Fertigung rotationssymmetrischer Teile. Neue Technik im Büro Heft 1/1984.

[84] Köhler, K.: Modellierung, Manipulation und grafische Ausgabe geometrischer Objekte im Programmsystem RENDIS. Symposium Rechnergestütztes Konstruieren, Gaußig Mai 1984, Tagungsmaterial TU Dresden WBZ/MKR 1984.

[85] Kochan, D., Sämisch, J., Berndt, I., Michaelis, J., Nestler, A.: PS-AUDRES-Realisierung eines Arbeitsgangprogrammes für die NC-Drehbearbeitung. TU Dresden Sektion Fertigungstechnik und Werkzeugmaschinen Preprint 14-08-84, Dresden 1984.

[86] Ruthenbeck, J.: Digitalgraphische Erweiterung des PS-AUTRA-Untersystems 1 Statik der Stabtragwerke. Wiss. Tagung Digitalgraphik und Dialogsysteme, Rostock-Warnemünde Nov. 1980, Tagungsmaterial Heft 3, Wilhelm-Pieck-Universität Rostock 1982.

[87] Franz, L.: Die CAD/CAM-Lösung AUTEVO-ROTA. Symposium Rechnergestützte Konstruktion, Gaußig Mai 1984, Tagungsmaterial TU Dresden WBZ/MKR 1984.

[88] Bonitz, P., Franz, G.: Anwendung des Software-Systems AUTENT im Automobilbau. IVTB Heft 1/1984.

[89] Schrack, G.: Grafische Datenverarbeitung. Reihe Informatik Bd. 28, Bibliographisches Institut, Mannheim—Wien—Zürich 1978.

[90] Bulla, F.: Eingabe und Speicherung der Geometrie technischer Gebilde. Symposium Rechnergestütztes Konstruieren, Gaußig Mai 1984, Tagungsmaterial TU Dresden WBZ/MKR 1984.

[91] Wolter, M.: Definition, Identifikation und Manipulation geometrischer Objekte im graphischen Dialog. Ing.-Prakt.-Beleg, TU Dresden Sektion Informationsverarbeitung 1985.

[92] Rudolf, F., Tietze, W.: Ein System der digitalgrafischen Verarbeitung technischer Objekte. Wiss. Tagung INFO '84, Dresden Februar 1984, Tagungsmaterial Heft 4.

[93] Friedrich, K.: Beziehungen zwischen technisch-organisatorischen Angaben und der geometrischen Beschreibung bei der Modellierung technischer Objekte. TU Dresden, Reihe MKR Heft 66/83.

[94] Schreiber, P.: Theorie der geometrischen Konstruktion. VEB Deutscher Verlag der Wissenschafte, Berlin 1975.

[95] Autorenkollektiv: Software zur grafischen Darstellung technischer Sachverhalte SOGRATES. Anwenderinformation, Forschungszentrum des Werkzeugmaschinenbaues, Karl-Marx-Stadt 1982.

[96] Lötzsch, J., Slavik, P.: Syntaktische gestützte Verarbeitung von zweidimensionalen Sprachen. Wiss. Tagung INFO '84, Dresden Februar 1984, Tagungsmaterial Heft 3.

[97] Eberlein, W., Wedekind, H.: A methodology for embedding design databases into integrated engineering systems. Universität Erlangen—Nürnberg Informatik VI 1981.

[98] Fischer, W. F.: Datenbanksystem für CAD-Arbeitsplätze. Informatik-Fachberichte, Springer-Verlag, Berlin—Heidelberg—New York—Tokio 1983.

[99] Grabowski, H., Ergner, M.: A data model for a design data base. Institut für Rechneranwendung in Planung und Konstruktion, Universität Karlsruhe (TH) 1981.

[100] Dassler, R., Germer, H.-J.: Krause, F.-L., Pohlmann, G.: Data bases for Geometric Modelling and their application. Fraunhofer-Institut für Produktionsanlagen und Konstruktionstechnik (IPK) Berlin u. Institut für Werkzeugmaschinen und Fertigungstechnik TU Berlin, Berlin (West) 1981.

[101] Masao Managaki: Multi-Lagered Database Architecture for CAD/CAM-Systems. C & C Systems Research Laboratories Nippon Elektric Co. Ltd., Kawasaki Kanagawa (Japan) 1981.

[102] Challis, M. F.: Typing in data base models. CAD Centre Madinglay Road, Cambridge 1981.

[103] Foisseau, J., Valette, F. R.: A computer aided design data model FLOREAL. CERT-DERI, Toulouse 1981.

[104] Baron, N., Bornkessel, E., Cullmann, N., Klos, W. F., Magalhaes, L. P.: An approach to the integration of geometrical capabilities into a data base for CAD application. Fachgebiet grafische interaktive Systeme, TH Darmstadt 1981.

[105] Lillehagen, F. H.: Towards a methodology for constructing product modelling databases in CAD. Central Institute for Industrial Research, Oslo 1981.

[106] Johnson, R. H., Dewhirst, D. L.: The product structured data base, a scheme for design of mechanical systems; Manufacturing data system, incorporated, a division of Schlumberger. Technology Corporation Ann Arbor, Michigan (USA) 1980.

[107] Nestler, Th.: Zwei Modelle für ebenflächig begrenzte Körper — Algorithmen zur Überführung dieser Modelle ineinander. Symposium Rechnergestütztes Konstruieren, Gaußig Mai 1984, Tagungsmaterial TU Dresden WBZ/MKR 1984.

[108] Vogel, V.: Ein Vergleich mathematischer Modelle für die Geometrieverarbeitung. Symposium Rechnergestütztes Konstruieren, Gaußig Mai 1984, Tagungsmaterial TU Dresden WBZ/MKR 1984.

[109] Weigert, H., Friedrich, K.: Ein Beitrag zur rechnerinternen Darstellung technischer Objekte und deren Verarbeitung. Dissertation, TH Karl-Marx-Stadt 1982.

[110] Giloj, W. (Гилой, В.): Интерактивная машинная графика. Издательство Мир, Москва 1981 г.

[111] Slavik, P.: Formale Beschreibung der Übersetzung graphischer Sprachen. TU Dresden, Reihe MKR Heft 62/82.

[112] Herrig, D., u. a.: Digitalgrafikfibel. VEB Leitzentrum für Anwendungsforschung, Betriebsteil Schwerin 1979.

[113] Atkinson, M. P.: Data Management for interactive graphics. University of Edinburgh 1980.

[114] Kehrer, B.: Datenbanksysteme für die rechnergestützte Konstruktion. Dissertation A, Wilhelm-Pieck-Universität Rostock 1981.

[115] Schubert, D.: Informationstechnologien zur Unterstützung geistiger Arbeitsprozesse — eine neue Qualität der Anwendung informationsverarbeitender Technik. Wiss. Zeitschrift der TU Dresden **32** (1983) 6.

[116] Kiesewetter, H.: Vorbereitung von Problemlösungen für den Einsatz rechnergestützter Arbeitsplätze. Rechentechnik und Datenverarbeitung, Heft 2/1982.

[117] Ludwig, M., Richter, Ch., Wiedwald, M.-J.: Architektur und Schnittstellen eines modular aufgebauten CAD-Modells. Wiss. Zeitschrift der TU Dresden **32** (1983) 4.

[118] Ovčarov, L. A., Seletkov, S. N. (Овчаров, Л. А., Селетков, С. Н.): Автоматизированные банки данных. Издательство Финанцы и статистика, Москва 1982 г.

[119] Todoroj, D. N. (Тодорой, Д. Н.): Расширяемые средства машинной графики. Издательство Радио и связь, Москва 1983 г.

[120] Rogov, A. D., Ščinov, B. G. (Рогов, А. Д., Щинов, Б. Г.): Реализация комплекса графических программ ГРАФОР на терминалах типа TEKTRONIX. ОИЯИ Дубна препринт Р 11-11273, Дубна 1978 г.

[121] Bobkov, V. A., Belov, S. B. (Бобков, В. А., Белов, С. Б.): Графический протокол, средства вывода. Институт автоматики и процессов управления с вычислительным центром ДВНЦ АН СССР, препринт № 5, Владивосток 1980г.

[122] Solovych, I. A. (Соловых, И. А.): Интерпретатор графического протокола для ЕС ЭВМ средства вывода. Институт автоматики и процессов управления с вычислительным центром ДВНЦ АН СССР, препринт № 27, Владивосток 1980г.

[123] Bobkov, V. A., Belov, S. B. (Бобков, В. А., Белов, С. Б.): Сетовой графический протокол. Институт автоматики и процессов управления с вычислительным центром ДВНЦ АН СССР, препринт № 23, Владивосток 1980г.

[124] Gorov, V. I., Bobkov, V. A. (Горов, В. И., Бобков, В. А.): Базовое программное обеспечение для графического дисплея ЕППА 5423. Институт автоматики и процессов управления с вычислительным центром ДВНЦ АН СССР, препринт № 29, Владивосток 1980г..

[125] Kravčenko, I. Z. (Кравченко, И. З.): Использование дисплея ЕС-7064 для диалогового выpода результатов моделирования. Институт автоматики и процессов управления с вычислительным центром ДВНЦ АН СССР, препринт № 14, Владивосток 1980г.

[126] Vasil'ev, A. A. (Васильев, А. А.): Аппарат построения графиков много-терминальной интерактивной графической системы ДИСГРАФ. Институт автоматики и процессов управления с вычислительным центром ДВНЦ АН СССР, препринт № 25, Владивосток 1980г.

[127] Artamanov, I.: Software für CAD-Systeme. Symposium Rechnergestütztes Konstruieren, Gaußig Mai 1984, Tagungsmaterial TU Dresden WBZ/MKR 1984.

[128] Bulla, F., Volkov, N. G., Cupko-Sitnikov, V. M., Čurakov, A. K. (Булла, Ф., Волков, Н. Г., Цупко-Ситников, В. М., Чураков, А. К.): Методика автоматизированной обработки трехмерных амплитудно-временных спектров γ-γ-совпадений на ЭВМ ЕС-1040 с использованием графического дисплея. Направлено на XXX Совещание по ядерной спектроскопии и структуре атомного ядра. Ленинград март 1980г., ОИЯИ Дубна препринт 10-80-104, Дубна 1980г.

[129] Sämisch, J., Zimmerling, R.: Datenbanksystem im automatisierten Informationssystem der Technischen Produktionsvorbereitung. Dissertation, TU Dresden 1983.

[130] Belke, W., Sämisch, J., Zimmerling, R.: Datenbanksystem der technischen Produktionsvorbereitung — Erfahrungen bei der Nutzung von DBS/R. Wiss. Tagung INFO '84, Dresden Februar 1984 Tagungsmaterial Heft 4.

[131] Stahn, H.: Ein Beitrag zur Analyse und Synthese automatischer Systeme diskreter technologischer Prozesse. Dissertation B, TU Dresden 1979.

[132] Stoschek, E.: Angewandte Strukturtheorie. Akademie-Verlag, Berlin 1981.

[133] Bulla, F.: Programmierungstechnische Lösungen zur vereinfachten Nutzung des DGA in der Gebildekonstruktion. Symposium Computergeometrie und -graphik, Gaußig April 1982, TU Dresden, Reihe MKR Heft 62/82.

[134] Belke, W., Graichen, M., Starruss, M.: Nichtmetrische Klassifizierung von Informationen. Akademie-Verlag, Berlin 1979.

[135] Rudalics, M.: An intelligent graphics terminal's intermediate database. 'Eurographics 83' Zagreb 1983, VIK Dubna preprint E11-83-393, Dubna 1983.

[136] Schreiber, P.: Grundlagen der konstruktiven Geometrie. VEB Deutscher Verlag der Wissenschaften, Berlin 1984.

[137] Kutschke, K.-H.: Ein Zugang zur rechnergestützten Implementierung von CAD-Systemen. Wiss. Tagung Digitalgraphik und graphische Dialogsysteme, Rostock-Warnemünde Nov. 1980, Tagungsmaterial Heft 1, Wilhelm-Pieck-Universität Rostock 1982.

[138] Stiller, G.: ALGOL 68 — Begriffe und Ausdrucksmittel. Schriftenreihe Informationsverarbeitung, BSB B. G. Teubner Verlagsgesellschaft, Leipzig 1974.

[139] ENCARNACAO, J., SCHLECHTENDAHL, E. G.: Computer Aided Design, Fundamentals and system architectures. Springer-Verlag, Berlin—Heidelberg—New York—Tokyo 1983.

[140] Initial Graphics Exchange Specification (IGES), Version 2.0. Document No. NBSIR 82-2631 (AF), U.S. Department of Commerce, National Bureau of Standard, New York Febr. 1983.

[141] ENCARNACAO, J., BORUFKA, H., NEUMANN, T., PFAFF, G., REHWALD, P., RIX, J., WEBER, H. R.: A reference model for components and interfaces of a CAD System. IFIP — Working Conference Integration of CAD/CAM, Gaußig Nov. 1983, Preprint TU Dresden.

[142] KOCHAN, D., JAKOBS, H.-J., VOELKNER, W.: Fundamental aspects on systems of integrated information processing for manufacturing. IFIP — Working Conference Integration of CAD/CAM, Gaußig Nov. 1983, Preprint TU Dresden.

[143] OTTER, W., LOEPER, H., HAENEL, T., JOIKO, M.: Programmentwicklung mit CDL 1600. Schriftenreihe Informationsverarbeitung, Verlag die Wirtschaft, Berlin 1984.

[144] EIGNER, M., MAIER, H.: CAD-Markt-Übersicht 1984. Fortschrittliche Betriebsführung und Industrial Engineering **33** (1984) 4.

[145] DUUS, W., GULBINS, J.: CAD-Systeme Hardwareaufbau und Einsatz. Springer-Verlag, Berlin—Heidelberg—New York 1983.

[146] LUDWIG, M., RICHTER, CH., KLIX, W.-D.: Ein Interface für geometrische Objekte und Operationen (IGOO). TU Dresden, Sektion Mathematik Preprint Nr. 07-05-85, Dresden 1985.

[147] NIJSSEN, G. M.: On the cross architecture for the next generation data base management system. Proceed. of IFIP-Congress 1977, Toronto, Aug. 1977, in: Information Processing 1977, North Holland Publ. Company, Amsterdam, New York, Oxford.

12. Symbolverzeichnis

12.1. Formelzeichensymbole

$::=$	ist definiert durch oder wird substituiert durch	
$/$	oder	
aN	Algorithmus vom Typ a mit Namen N:	
	eGB_t	Erzeugungsalgorithmus des Gebildes GB_t
	dGB_t	Definitionsalgorithmus des Gebildes GB_t
	qGB_t	Klassifizierungsalgorithmus des Gebildes GB_t
	$e!GB_t$	Vollzug eines aktivierten Algorithmus des Gebildes GB_t
$\forall$	Allquantor	
$\circ$	allgemeine logische Verknüpfung mit $\circ \in \{\vee, \wedge\}$	
$\vee$	Konjunktion	
$\wedge$	Disjunktion bzw. Alternative	
$\leftrightarrow$	Äquivalenz	
$\rightarrow$	Abbildung	
$\overline{D}$	Menge D (überstrichener großer Buchstabe)	
$\in$	Element von	
$\subset$	Teilmenge von	
$\oplus$	allgemeine Verknüpfungsoperation mit $\oplus \in \{\cup, \cap, \setminus\}$	
$\cup$	Vereinigung zweier Mengen	
$\cap$	Durchschnitt zweier Mengen	
$\setminus$	Differenz zweier Mengen	
$\circ$	Positionierung bzw. Anreihung	
$\ominus$	gradlinige Verbindung	
$\overset{\frown}{\cdot}$	kreisförmige Verbindung	
$\overset{\frown}{\cdot}$ (mathematisch positiv)	kreisförmige Verbindung, mathematisch positiv	
$\underset{\smile}{\cdot}$ (mathematisch negativ)	kreisförmige Verbindung, mathematisch negativ	
$\ominus, f$	Interpolationskurve mit f = Interpolationsfunktion bzw. -algorithmus	
'...'	Textausgabe	
$\bigcup_{i=1}^{n}(\cdot\cdot i)$	Folge von n durch gleiche Operatoren miteinander verknüpften Elementen	
$\circledast$	allgemeine Transformationsoperation mit $\circledast \in \{*, \nrightarrow, \circlearrowleft\}$	
$*$	Skalierung	
$\nrightarrow$	Translation	
$\overset{+}{\circlearrowleft}$	Rotation	
$>\mid<$	Spiegelung	
$+<$	Projektion	

$\rightarrow$	unbedingter Sprung
$\rightleftarrows$	unbedingter Sprung mit Rückkehrabsicht
$\rightarrow m$	unbedingter Sprung nach Adresse m
$T(w) \rightarrow m$	bedingter Sprung bei Testbedingung $w = 1$ (wahr)
$\downarrow$	Nutzeraktion
.	Trennsymbol zwischen Adresse und Anweisung
*	Kennzeichen der Verknüpfungsinformation, standardisiert
+	Kennzeichen der Verknüpfungsinformation, nicht standardisiert
Δx	Inkrement von x
$\overrightarrow{P_iP_K}$	Strecke bzw. Vektor von P_i nach P_k
a	aktiv (Eingabegerät)
ā	nicht aktiv (Eingabegerät)
$>\cdots$	Eingabe von ...
$<\cdots$	Ausgabe von ...
+	Punkt (sichtbares Bild)
/	Strecke (sichtbares Bild)
$\sphericalangle$	Winkel
$\rightarrow)$	Krümmungsradius
$+)$	Krümmungsmittelpunkt
$\longrightarrow$	Zugriff auf
$\langle Od \gg Opt \rangle$ Erg	Operation: Operanden (Od), Operator (Opt), Ergebnis (Erg)
$<$	kleiner
$>$	größer
$\parallel$	parallel
$\perp$	orthogonal
q	tangential
$\in$	Inzidenz
$\mapsto$	Abstand

12.2. Verzeichnis wiederholt gebrauchter Abkürzungen

AWA	Auswerteabschnitt
AT	alphanumerische Tastatur
B	Bild
BC	Befehlskode
BCS	Befehlskode (Steuerbefehl)
BD	Bilddatei
BE	Bildelement
BEN	Bildelementname
BHA	Behandlungsabschnitt
BSG	Bildschirmgerät
BSGB	Betriebssystem für grafische Bildschirmgeräte
CAD	Computer aided design
CAE	Computer aided engineering
CAM	Computer aided manufacturing

DC	Gerätekoordinaten
dGB	Definitionsalgorithmus für GB
DGS	datenbezogene geometrische Strukturierung
E, EB	Ebene
EDR	externer Darstellungsraum
eGO	externes geometrisches Objekt
F, FL	Fläche
FT	Funktionstastatur
G	Gerade
GB	geometrisches Gebilde
GBS	Geometriebaustein
GGE	geometrisches Grundelement
GI	Gebildeinformation
GIS	grafisches interaktives System
GISES	GIS für ESER-Anlagen
GKS	grafisches Kernsystem
GM	geometrisches Modell
GO	geometrisches Objekt
GR	geometrischer Raum
HLI	Herstellung der Lichtstiftempfindlichkeit
IDR	interner Darstellungsraum
IGES	Initial Graphics Exchange Specification
iGO	internes geometrisches Objekt
IN	Intensität
K	Kreis
KB	Kreisbogen
KDR	konzeptueller Darstellungsraum
kGO	konzeptuelles geometrisches Objekt
KI	Kenninformation
L	Strahl
LA	Linienart
LS	Lichtstift
LS	Liste der Spezifikationsparameter
MR	Modellierungsraum
NA	Name
NDC	normierte Gerätekoordinaten
P	Punkt
PGS	programmbezogene geometrische Strukturierung
PI	Punktinformation
PK	Positionierkugel
PW	Punktwolke
qGB	Klassifizierungsalgorithmus für GB
R	Raster des Bildschirmes
RID	rechnerinterne Darstellung
RO	reales Objekt
RR	realer Raum
S	Strecke

SI	Strukturinformation
SZ	Streckenzug
TEBAM	Basiszugriffsmethode für Terminalarbeit
TI	Textinformation
UBE	Unterbildelement
VA	Verbindungsart
VIK	Vereinigtes Institut für Kernforschung
VW	Verbindungswort
VZA	Verzweigungsabschnitt
WC	Weltkoordinaten
WVZ	Warte- und Verzweigungszyklus
WZY	Wartezyklus
ZYK	Zyklus
2D	zweidimensional (auch 2d)
3D	dreidimensional (auch 3d)

13. Sachwortverzeichnis

Bei Fragen zur Produktsicherheit wenden Sie sich bitte an:
If you have any questions regarding product safety,
please contact:

Walter de Gruyter GmbH
Genthiner Straße 13
10785 Berlin
productsafety@degruyterbrill.com